汉 语 教 学 名 家 文 选

鲁健骥 卷

鲁健骥 ● 著

北京语言大学出版社
BEIJING LANGUAGE AND CULTURE
UNIVERSITY PRESS

图书在版编目（CIP）数据

汉语教学名家文选．鲁健骥卷 / 鲁健骥著．-- 北京：北京语言大学出版社，2022.12
ISBN 978-7-5619-6196-4

Ⅰ．①汉… Ⅱ．①鲁… Ⅲ．①汉语－对外汉语教学－语言读物 Ⅳ．①H195.5

中国版本图书馆CIP数据核字(2022)第216330号

汉语教学名家文选·鲁健骥卷

HANYU JIAOXUE MINGJIA WENXUAN · LU JIANJI JUAN

排版制作：北京光大印艺文化发展有限公司
责任印制：周 燚

出版发行：北京语言大学出版社
社　　址：北京市海淀区学院路 15 号，100083
网　　址：www.blcup.com
电子信箱：service@blcup.com
电　　话：编 辑 部　8610-82303647/3592/3395
国内发行　8610-82303650/3591/3648
海外发行　8610-82303365/3080/3668
北语书店　8610-82303653
网购咨询　8610-82303908
印　　刷：北京虎彩文化传播有限公司

版　　次：2022 年 12 月第 1 版　印　　次：2022 年 12 月第 1 次印刷
开　　本：787 毫米 × 1092 毫米　1/16　印　　张：14.75
字　　数：289 千字
定　　价：62.00 元

PRINTED IN CHINA

对外汉语教学：理念与教学法体系（自序）

教学理念是教学的统领，是教学的灵魂，是教学的根。尤其是在接触到国外那么些外语教学法体系之后，我逐渐形成了一个观念：没有教学理念的教学，必然照本宣科；没有教学理念的教材，必然照猫画虎。国外的外语教学法体系都是有自己的教学理念的。我们缺乏的就是"自己的"能够统领教学的理念和教学法体系，所以我们总也跟不上外国人的脚步，总也无法跟人家平等对话。这也不是我一个人的看法，吕必松早在1984年就提出要"创造出一个有中国特色的、更加科学的语言教学法体系来"[①]的主张。可惜，多年来人们热衷于引进和跟进外国的教学法体系，而忽视了吕必松的主张，在建立这个有中国特色的、科学的语言教学法体系方面，着力不多。

所谓"自己"的教学理念和教学法体系，我的理解是要有中国特色，更加适合对外汉语教学的特点。我主要考虑到三点：

一、要体现"以学生为中心，以教师为主导"的原则。20世纪60年代，随着西方认知派心理学的回归，教育学发生了一次教育从"以教师为中心"到"以学生为中心"的革命性的转变。随后，外语教学领域出现了层出不穷的以认知派教育心理学为基础的外语教学理念和教学法体系。这些教学理念和教学法体系在20世纪80年代被引入我国的基础教育领域。但在实践过程中，出现了忽视教师作用的偏差。针对这种偏差，我国著名教育家北京师范大学教授王策三提出"教师主导，学生主体"[②]的教学原则。随后，对外汉语教学界提出"以学生为中心，以教师为主导"的原则。我认为，"以教师为主导"是对"以学生为中心"原则的重要和必要的补充和发展。因此，要创立中国对外汉语教学理念和教学法体系，这是一条重要的原则。

二、在教学中，必须明确教师和学生的作用。教师必须激励、发掘学生的语言创造能力。教育心理学告诉我们，人的创造能力是与生俱来的，而语言创造能力是随时随地发生的，语言教学与学习应充分利用语言创造能力。我把教师和学生的关系比喻为戏剧演出中导演和演员的关系，二者互相配合，演员在导演的指导下表演。这一点必须体现

---

① 引自吕必松《漫谈语言教学法的研究》，载《语言教学与研究》1984年第3期。

② 转引自文秋芳《"产出导入法"与对外汉语教学》，载《世界汉语教学》2018年第3期。

在教学理念和教学法体系之中。这样看来，按照激创法的相关理论，我们应该对教师和学生重新定位，特别是对教师，不能强调其“教”的一面，而应强调其“激励、引导、指导学生进行创造性学习”的作用。

三、我们的教学理念和教学法体系应该具有广泛的应用范围。对外汉语教学是一个多层次的完整的教学体系，这是对外汉语教学区别于国外外语教学的特点，因此我们在设计教学理念和教学法体系的时候，必须使其适用于各个层次的对外汉语教学。

我们的对外汉语教学理念和教学法体系，如果突出了以上三点，就有了区别于国外外语教学理念和教学法体系的特色了。我把对外汉语教学理念表述为“教师要激励、引导和指导学生发挥语言的创造能力”，以此为基础提出了激创法，这一名称就体现了上述三项原则。在命名的时候，我们发现，西方的外语教学法体系在“以教师为中心”时期，多以语言要素（如语法—翻译法、结构法 / 句型法等）或语言技能命名（如听说法、视听法等），而在出现了“以学生为中心”的转变之后出现的教学法体系，则多以教学或学习途径命名（如功能法、交际法、任务法、沉默法、社团法 / 咨询法、全浸法等）。这些教学法体系有些并不是专门为外语教学设计的，而是外语教学把这些教学法体系运用到了外语教学中。激创法也属此类，不过，由于它遵循了“以教师为主导，以学生为中心”的原则，因而更能体现出“教”与“学”的关系：“教”起的是“激励、引导、指导”的作用；“学”则是在“教”的激励、引导和指导下创造性地学，这是与西方教学法体系的不同之处。由于激创法是以教学途径命名的，所以它适用于各种层次的对外汉语教学，也适合给外国学生开设的专业课教学，甚至也适用于对中国学生的教学。新冠疫情催生了线上教学这种新形式，假如将激创法引入线上教学，应该是能看到它的优势的。

现在的问题是，如何把激创法付诸实践？就像有的同行提出的，你不能只是“纸上谈兵”，还应该解决如何“激”、如何“创”的问题。比如，如何把激创法运用到各个等级的教学中，运用到各种课型中，运用到教材编写、工具书编写中，等等。我的《对外汉语教学激创法散论》（北京大学出版社，2014 年出版）和本书中的一些文章，都回答了这些问题。

说实在的，这些文章只是我根据自己的经验和对外汉语教学多年实践的经验而提出的设想。因为我已退出教学第一线多年，所以在实践方面很受局限。尽管我运用我提出的教学理念编写过教科书和工具书，但毕竟至今没有经过系统的全面的教学实践的检验；只有经过教学实践的检验，才能验证激创法是否有效、是否能站住脚跟。因此我在谈到激创法的时候，总要说到它还是不成熟的。遗憾的是，我虽然认识到了这个问题，但岁月不饶人，我是没有时间和精力去解决激创法的教学实践问题了。

收在本书里的文章，大多作于2014年以后，最近的一篇发表于2020年。为了使尚未接触过激创法的读者能够了解激创法，我把《对外汉语教学激创法散论》里的三篇相关论文编进来。另有几篇为朋友和学生的著作写的序言，有的与激创法并无直接关系，也编入本书，算是对他们的友情和师生情表达不忘之意吧。

北京语言大学出版社在大疫期间经营受困的情况下，还慨允出版我这本不赚钱的书，令我感佩与感激。责任编辑齐琰为本书的出版做了许多认真、负责、细致的工作，特表感谢。

鲁健骥

2021年8月29日

目 录

叁 访谈录

壹

对外汉语教学理念

教学必须要有理念

今年一月份我曾在北京语言大学人文学部参加了一次讨论新编教材的会。会上，我讲了一个观点，即任何教学，无论是哪个阶段的课，也无论是理论课还是实践课，是对外国学生的课还是对中国学生的课，都应该有某种统摄教学的理念。就对外汉语教学来说，教学理念主要体现在教学法体系（approach）上，也就是通过什么途径，学生才能掌握所学的知识与技能。从语法—翻译法到如今的各种现代外语教学法，无不体现着一种教学理念。教学法体系的发展，其实都是教学理念发展的结果。同一个教学理念，可以引出不同的教学法体系。比如美国自从出现了“以学生为中心”的教育理念之后，就出现了多种外语教学法体系，尽管这些教学法体系有的流行开了，有的没有流行开。

教学法体系制约着教学的各个方面，但主要体现在课堂教学和教材上。不夸张地说，课堂教学水平和教材水平的高低，取决于教师和教材编写者是否有明确的、先进的教学理念，以及是否掌握了教学理念指导下的教学法体系。没有教学理念又没有掌握相应的教学法体系的教学只能照本宣科，没有理念的教材只能照猫画虎。这样的教学和教材，是误人子弟的。这就是上世纪 80 年代以来我们多数对外汉语教材被批评为在做低水平重复的原因。这种状况至今尚未得到根本的改变。

不必讳言，我们今天仍然缺乏一套属于我们自己的适合对外汉语教学的理念，基本上仍然停留在追随国外教学法体系的阶段。实际上，我们现在所提倡的国外的教学法体系，除了功能—意念法由于是欧共体组织研发的教学法体系，从而在欧洲得到比较普遍的认同之外，其他源于美国的众多教学法体系，在欧洲并没有得到普遍的认可。同时，即使是欧洲国家，他们也不完全把功能—意念法奉为圭臬，他们也在探讨适合对外国人教授本国语言的教学法体系，如法国教外国人法语、德国教外国人德语，都有自己的一套教学法体系，意大利教外国人意大利语，也有自己的贝鲁加教学法（意大利贝鲁加外国人大学——跟北语性质类似的院校）。同时，欧洲一些国家的汉语教学界也在思考结合汉语特点进行教学的问题，法国白乐桑主张的字本位教学、德国柯彼德提出的以话题为纲的教学主张，都是比较有特色又考虑了汉语特点的。我还想说一说俄罗斯的情况。俄罗斯的外语教学从苏联时代起就独树一帜，开始提出自觉对比法，后来吸收了西方的一些教学法原则，发展出自觉实践法，至今还是外语教学法的主流，他们的汉语教学基本上也是自觉实践法的路子。莫斯科国立语言大学的一位教师把他们的汉语教学法归纳为“实践性、交际性、选择性、综合性、文化背景、兴趣性”六点。可见，我们的欧洲同行们都在探索汉语教学的路子。我们在汉语故乡进行的对外汉语教学理论研究，更应该急起直追，下大力气建立我们自己的教学理念，建立我们自己的教学法体系，而不是一味跟着外国的路子跑，言必称希腊罗马。不然，我们就很难在国际上跟外国的外语教学同行平等对话，我们一开口，可能炒的是人家二三十年前的冷饭。我说过，走出国门并不一定能跟国际接轨，就是这个道理。

当然，我并不是盲目地排斥外国的教学理念和教学法体系，但那些教学理念和教学法体系只能是参考和借鉴，也可以说是重要的参考和借鉴。外国的东西，是为建立我们自己的教学理念和教学法体系服务的。这个关系必须要摆正。不久前，我读了旅法雕塑家熊秉明先生的《关于罗丹——熊秉明日记择抄》一书，其中 1949 年 9 月 25 日的日记，记的是老师赞扬他的雕塑泥稿，说：“不错，不错！简直比欧洲人还要欧洲风呢，简直有点拉丁味，罗丹的那种拉丁味！”[①] 熊先生想：“我……在这里学习的目的不是欧化、西化，我需要探出自己的道路，并不需要变成欧洲人。”[②] 他问道：“‘欧洲风’，‘拉丁风’，这是说我的成功呢？还是说我的失败呢？我该高兴呢？还是失望呢？”[③] 请注意，这是熊先生 70 多年前的认识，值得我们深思。我们在对待外国的教学理念和教学法体系的时候，也应该有这样的认识。

我也不是说我们在教学法体系的研究方面毫无建树。其实，我们也是在不断地探索的。相比之下，我们在教学理念方面的思考更加不够，这说明我们对其重要性的认识是仍有不足的。这里其实有一个如何对待我们自己提出的教学理念和教学法体系的问题。希望我们能用对待外国那些教学理念和教学法体系的热情去对待我们自己提出的教学理念和教学法体系。诚然，我们提出的一些教学理念和教学法体系可能不那么成熟，但这更需要大家去完善它、改善它，而不是忽略它，要让教学实践去检验它。这有点儿像电影刚发明时的样子，在当时的技术条件下，能让里边的人动起来就很了不起，但动得真的不那么自然，遑论美观，如果那时候因此就把电影扼杀了，那么就不会有今天的电影了。只有一步步地改进，才能使电影逐渐完美起来。对于我们自己提出的教学理念和教学法体系，也应该采取这样的态度才是。

那么，我们的教学理念应该是什么样子呢？在我看来，我们对外汉语教学的理念，就是通过什么途径，引导学生进行创造性的学习；通过创造性的学习掌握知识，创造性地运用知识，并且在这个过程中获得学习与研究的能力。我们的教学法体系应该体现这

① 引自熊秉明《关于罗丹——熊秉明日记择抄》，天津教育出版社，2002 年出版。
② 同上。
③ 同上。

样的理念。我提出的这一教学理念并非无本之木，而是基于四个方面的支撑：一是我们自己（主要是北语）60 多年对外汉语教学的经验，二是我国传统语文教育的一些值得继承的做法，三是国外外语教学法体系中值得借鉴之处，四是现代化外语教学技术手段的发展。

我希望我们能够提出更多的教学理念，并以此为指导形成教学法体系，并通过教学加以实践和检验，集思广益，逐步形成自己的流派。在那种情况下，对外汉语教学就形成了中国的特色，小而言之，就形成了北语特有的教学风格。

（原载《北京语言大学报》第 302 期，2017-10-10）

对外汉语教学的理念与教学法体系
——从朦胧到清晰，从借鉴到探索

一、引言

外语的教学理念与教学法体系是紧密相连的，教学法体系是教学理念的直接体现，二者互为表里，但教学理念是教学法体系的灵魂。就对外汉语教学来说，有自己特有的教学理念和相应的教学法体系是这个学科成熟的重要标志之一。

本文将回顾对外汉语教学的教学理念和教学法体系从朦胧到清晰、从借鉴到探索再到初步形成的过程，并对如何才能使二者走向成熟提出自己的一些建议。

“对外汉语教学理论像任何事物一样，有其发展的过程，从初期的不太成熟、清晰、完善，到后期的比较成熟、清晰、完善，从不太自觉到比较自觉。”（鲁健骥，2014b）对外汉语教学的理念和教学法体系的发展也经历了这样一个过程。回顾历史，我认为对外汉语教学的理念和教学法体系经过了一个朦胧时期、一个以借鉴为主的时期，21 世纪以来，开始进入萌发、创新的时期。我们的讨论将循着这一思路进行。

在进入正题之前，我们先说说什么是外语教学理念。我的看法是，理念即信念，即我们相信，针对某种教学目的或学习目标，如何能使学生掌握和运用所学的外语。西方的外语教学法背后都是有教学理念的，这从教学法体系的名称就可以大致看出。如语法—翻译法，其理念就是通过教语法和两种语言的对译就可以教会或学会一种语言。在当时，这是有道理的，或许也是有效的。因为这种教学法体系主要是针对拉丁文教学的。拉丁文是一种“死”的语言，学习拉丁文主要是解决阅读问题，不需要后来外语教学的“四会”。但这种方法一扩大到“活”的语言，就捉襟见肘了。于是就出现了针对其弱点的直接法，直接法一改语法—翻译法的做法，主张不用翻译，而直接把外语的词与对应的事物联系起来，通过这个方法来教会或者学会一种语言。其他如听说法（句型法、结构法）、功能法（交际法）、任务法等，都可以顾“名”（教学法体系之名）思“义”（相应的教学理念）。一般来说，一种教学法体系总是以某种教学理念为基础的。

二、对外汉语教学理念和教学法体系的朦胧时期

众所周知，新中国的对外汉语教学是从 1950 年开始创立的，到 20 世纪末，整整走过了 50 年。就教学理念和教学法体系的发展来说，这 50 年又可以大致分为两个时期，

前 30 年（大约从 20 世纪 50 年代到 70 年代末、80 年代初）可以说是朦胧时期，后 20 年（从 20 世纪 70 年代末、80 年代初到 90 年代末）是以借鉴为主又有一定探索的时期。

20 世纪 50—70 年代的对外汉语教学理念和教学法体系都处于一种朦胧状态。清华"东欧班"匆匆上马，理论准备不足，当时并没有明确的教学理念和教学法体系。迄今我们还没有发现有正面阐述"东欧班"教学理念和教学法体系的第一手文字。我们可以视之为理念的，只有主持"东欧班"的邓懿的一句话："以实用为目的"（《汉语教科书·说明》），这对当时的教学目标来说是很重要的，教学上的一切做法，如教学的分量、课时的安排、语法点的设置（这一点是非常有创造性的）、讲解等，都"以实用为目的"。但我们认为，"以实用为目的"还不能说是严格意义上的教学理念，更不能形成教学法体系。至于后来对当时的教学法体系的描述和定位，主要是根据当时的实际做法分析出来的，未必准确。从形式上看，邓懿是借鉴了美国陆军特训班赵元任的做法，但在实际的教学中却是比较传统的，以语法为纲就是一个表现。如果把它归结到教学理念的高度去认识，就是想通过教语法达到教学目的，这也体现在 1958 年正式出版的《汉语教科书》中。也就是说，对外汉语教学从初创到 1958 年的 8 年间，这就算是基本的教学理念了。

在对外汉语教学领域中，明确地提出教学法的是周祖谟，他在《教非汉族学生学习汉语的一些问题》（1953）一文中提出了"综合教学法"①，具体做法是"把直接法和翻译法配合着来用"，他认为这样可以兼有直接法和翻译法的长处。在文中，他对这种"综合教学法"的具体实施情况进行了总结，其效果是"经过一个多月的时间，他们（学生）就可以完全直接听讲了"。但周祖谟总结的是他本人主持的一个班的经验，并未听说这种做法得到推广，因此不能算是当时教学的主流。

20 世纪 60 年代初，北京大学留学生班成建制地并入北京外国语学院（今北京外国语大学，以下简称"北外"）外国留学生办公室，对外汉语教学仍然沿袭了 50 年代的教

---

① 本人认为，说"综合教学法"或"综合法"是一种独立的教学法体系，恐怕有点儿勉强，因为它没有一个统一的教学理念的支撑。在本人看来，所谓"综合法"，只是在某一种教学法体系中吸收了前面其他教学法体系的某些具体做法（method）。从这个意义上说，后来的教学法体系都可以说是"综合教学法"。比如直接法，开始时做得比较绝对，后来逐渐发现教学中不能完全排斥母语，于是就把语法—翻译法中的具体做法"综合"进来。后期的直接法已经不那么绝对了。再比如，到了 20 世纪 60 年代，苏联外语教学界吸收了西方外语教学法体系的长处，把实行多年的自觉对比法发展为自觉实践法，一般也认为这是一种综合，但并没有用"综合法"命名。20 世纪 70 年代产生的功能法，也是汲取了直接法和听说法的营养的，这也是一种综合。因此，我们认为，各种教学法体系都具有某种综合性。至于有人把当时的"综合法"归纳为听、说、读、写全面要求的综合教学，那是教学模式的问题，与这里说的教学法体系不是一回事。

学体制。到了“文革”前不久的1965年，可能受了北外英语系听说法实验的影响，对外汉语教学也开始引进听说法，进行句型教学实验。可惜由于“文革”的爆发，实验戛然而止，直到“文革”后期才又重新提起句型教学。毋庸讳言，对外汉语教学在教学理念和教学法体系方面是落后了的（外语教学亦如此）。而且，据我所知，我们当时的句型教学与实际意义上作为教学法体系的“句型法”还是有距离的。句型法“体现了一种新的语言学习理论，一种新的理念，即‘一个人为了学习一种新的语言，必须口头上使该语言的句型成为一种下意识的习惯’”（Lado & Fries，1943）。这体现了听说法或句型法的语言观和教学理念。显然，我们当时并没有这样的语言观和教学理念。话又说回来，即使60年代中期的实验继续搞下去，距离40年代初美国开始实行听说法（句型法）也已经20多年了，70年代重新提起句型教学，则已经落后了30多年。横向比较一下，就可以看得更清楚了。20世纪60年代，西方已经兴起了“以学生为中心”的教学理念，由此引发了一系列教学法体系的产生，如美国的认知法、70年代初欧洲出现的交际法（功能法）等（章兼中，1983）。

至于有的论者根据钟梫撰写的《十五年汉语教学总结》（1979），把60年代的教学法体系归纳为“相对的直接法”，本人也不认同。如果我们仔细研究一下钟梫的文章就可以发现，他是在讲到如何教语法的时候，提到“翻译法”（“教员讲，翻译同志在旁边翻译”）、“相对的直接法”（“有利于教师精讲多练，加强学生的实践活动”）的，他还提到“归纳法”（先“取得大量的感性知识”，“教员再概括地归纳几个重点”）。可见，钟梫所论，并不是从教学理念和教学法体系的全局角度对当时的教学进行总结的，他所指的这几种“教学法”，实际上指的是几种具体的教学方法（method），而且仅限于语法教学这一局部范围。

也有人认为20世纪50—60年代对外汉语教学采用的是翻译法（即那种唱“双簧式”的教学方式）。当时曾经长期担任教学行政领导的李培元在《五六十年代对外汉语教学的主要特点》（1988）一文中说：“从教学法的狭义概念①来说，在一段时间的讲授课上，使用过翻译的方式②。但广义的教学法是指为完成一定的教学目的所采取的一系列教学原则和方法的体系③。从广义教学法的意义来说，50年代的对外汉语教学并不是翻译法。笼统地说50年代的汉语教学是翻译法，极易混淆广义的教学法体系和狭义的具体教学方式的概念，不符合当时的教学实际。”可见，李培元不同意把20世纪50年代的对外

① 本人理解为通常所说的method。
② 注意，他只说是“翻译的方式”。
③ 本人理解为通常所说的approach。

汉语教学法概括为“翻译法”。因此，他在文中只总结了当时对外汉语教学的几个特点：第一，从一开始就重视口语，重视听、说训练；第二，采取必要的强化教学的措施；第三，重视打好基础，练好基本功；第四，重视练习课，在讲授课的课堂教学方法上主张综合采取各种方式方法（他也未提“综合法”）；第五，教师对学生严格要求，热情帮助。作为当时（20 世纪 60 年代）对外汉语教学的参与者，本人认为李培元的意见是实事求是的，符合当时的教学实际。我们没有必要一定要给当时尚处于朦胧阶段的对外汉语教学法冠以某种教学法体系的名目。任何事物在初始阶段都不可能是清晰的、完善的，都会有一个朦胧阶段。对外汉语教学的教学理念和教学法体系也是如此。

对外汉语教学在理念和教学法体系方面的朦胧状态，除了它尚处在初创时期的原因之外，还因为在很长一段时间内，我们国家比较封闭，特别是在学术交流上，与西方国家几乎隔绝。即使是有条件可以了解和借鉴国外新教学理念和教学法体系的国内外语教学界，也没有及时跟上，而对外汉语教学与国内外语教学之间又缺乏交集与沟通，则更要滞后。这是完全可以理解的。还有一个原因是，我们对西方的一些教学理念和教学法体系的理解不够深入，只是按照自己的理解去做，对语法—翻译法、直接法、句型法的理解都是如此。①

三、以借鉴为主又有一定探索的时期

20 世纪 70 年代末，我国实行改革开放，与国外的交往日益频繁，我们与国外语言教学界“走出去、请进来”的交流也逐渐多起来，信息的流通也顺畅起来。国外新出现的教学理念和教学法体系（对我们来说是“新”的，实际上在国外已经不是新东西了）

---

① 比较典型的是对句型法的认识，直到今天，有些论者还认为句型法的弊病是不重视意义。这是误解。我手头有一份 20 世纪 60 年代几位苏联外语教学法专家对句型（当时还有“言语单位”“半成品符号”“言语结构”“语法模式”等替代名称）的解释，比如阿拉金认为：句型“是一种结构上的和意义上的形式，它有固定的概括化的内容和固定的结构，它在言语中是以无数的变式出现的，每个变式既有自己的特点，又有为整个型式所共有的一般特点”。比姆则提出选择句型的三项标准：“（一）交际标准；（二）形式—语义标准；（三）教学法—心理学标准。”可见，句型也是与意义分不开的，说白了，句型就是语法的一种表示方式，怎么可能只给用公式表示的句型，而不涉及意义呢？句型法的创始人帕默说，“替换表”（句型法的主要方式）的目的是：1. 为了使学生能够用最常用的词和短语造出大量的常用句子；2. 为了做机械性的听力练习；3. 为了做语音练习；4. 为了使每一个词都有简单的上下文；5. 提供一大批需要掌握到自动化程度的句型；6. 为了给以后进行的一系列口语的语法练习和词汇练习打下基础。（以上资料参看 1962 年 2 月《外语教学与研究》编辑部编《外语教学参考资料》）可见，句型法并没有忽视意义。在我看来，句型法的根本问题还是出在它所本的行为主义心理学的“刺激—反应”说上。

逐渐被介绍进来。这些都给对外汉语教学带来了清新的气息。我们开始思考对外汉语教学如何在新形势下进行改革、跟上时代的问题了。现在回顾起来，我觉得在教学理念与教学法体系方面，我们的思考是沿着两条路子进行的：一条是总结我们自己的经验，试图把我们前30年的经验总结出来，上升到理论；另一条是着重介绍、研究和借鉴外国的教学理念和教学法体系。

这一时期引进国外（主要是美国的）教学理念和教学法体系的特点是：（1）我们在教学和教材编写中明确地提出了采用某种教学法体系（一般称作教学法）；（2）开始时我们比较关注教学法体系，而较少关注教学法体系背后的教学理念，但一段时间之后，我们也开始注意美国的"以学生为中心"以及以此为支撑的多种教学法体系，主要是广为流传的交际法以及比较晚近的任务法，其他教学法体系则只见于介绍，用于教学的较为少见；（3）难能可贵的是，在引进国外教学法体系的同时，我们又试图根据汉语和对外汉语教学的特点，针对某些教学法体系的不足进行灵活运用。

吕必松（1984）提出"创造出一个有中国特色的、更加科学的语言教学法体系来"的主张。早在20世纪80年代，他就开始对国外外语教学法体系进行系统的研究，对各种教学法体系的特点和不足都有客观的论述。在此基础上，他提出"结构—功能"法，后来又转而提出"功能—结构"法。从形式上看，前者是借鉴结构法，延伸到功能；后者是借鉴功能法，延伸到结构。这两者都避免了单一的结构法和单一的功能法的不足，这是吕必松创造性思考的结果。他对"结构—功能"法和"功能—结构"法的论述，在当时都得到了业界的积极响应，并运用于教材的编写之中（如刘珣的有关论述及其主编的《实用汉语课本》）。这为后来出现的"结构—功能—文化"综合法做了有力的铺垫。

但总体上来说，20世纪的后20年，在教学理念和教学法体系上，我们借鉴多于探索。这与我们整体上创新意识、创新力度不足有关。面对外国众多的教学法体系，少数论者缺乏思考，缺乏辨别，表现出一定的盲目性。我们最需要的，还是吕必松提出的，要"创造出一个有中国特色的、更加科学的语言教学法体系来"。

四、进入新世纪：走向创新的阶段

我们认为，进入21世纪以后，初步建立起来的对外汉语教学学科正逐步走向成熟，主要表现在教学理念和教学法体系方面，其表现就是我们开始重视探索和建立自己的对外汉语教学理念和教学法体系，并已经有了初步的成果。现将本人所见且各具特点的三种教学法体系做一介绍：其一为业界比较熟悉的"结构—功能—文化"综合法，其二是21世纪初出现的颇有影响的"产出导向法"，其三为本人设计的激创法。下面我们主要根据三篇有代表性的论述，对这三种教学法体系及其教学理念做一介绍。

（1）关于“结构—功能—文化”综合法

“综合法”是其主要提出者刘珣在他2014年发表的《“结构—功能—文化相结合”的汉语教学理念再思考》一文中对“结构—功能—文化”的最新定位。此前，“结构—功能—文化”从不同的角度被定位为“教学理念”“教学思路”“教学内容”“教学的基本原则”“课堂教学模式”等。崔永华（2008）在提到这个教学路子时也说，“它既反映了对外汉语教学的主要内容，又反映了基本的教学途径”。这跟交际法有异曲同工之妙，交际法“不仅承认交际是外语教学的目的，而且认为交际应该是教学的内容和方法”（胡文仲，1982）。本文仅从教学法体系及其教学理念的角度，简单介绍这一“综合法”。

应该说，这个教学法体系有一个比较长的酝酿和发展过程，从最初的“结构—功能”到“功能—结构”，最后发展成“结构—功能—文化”的路子。对这一教学路子，刘珣（1997）就做了比较全面的阐述，此后他又在多篇论文中对这一原则进行阐述。而《“结构—功能—文化相结合”的汉语教学理念再思考》（2014）一文，则对此进行了总结性的论述。他在文中第一次明确地把这个路子确定为“结构—功能—文化”综合法。该文认为“结构—功能—文化”综合法既是“汉语教学的理念”，又是“具有中国特色的汉语教学法”。刘珣认为，结构、功能和文化是对外汉语教学的三个主要内容，“恰当地处理结构、功能和文化的关系，并使三者很好地结合起来”，“不要以结构来拒绝功能，也不要因功能而放弃结构，同时还要重视文化的体现”。他认为应处理好三个关系，即学生与教师的关系、“用”和“学”的关系、成人与语法的关系。他还提出，“结构—功能—文化”这种教学思路应体现十大教学元素，或曰十大教学原则：交际、主体、互动、认知、文化、环境、评价、策略、情感、技术。同时，他又概述了“结构—功能—文化相结合”的课堂教学模式：“（1）根据学生的需求，提出明确的学习目标，引起学生的兴趣；（2）热身，激活学生原有的知识，温故而知新，导入新课；（3）展示新课内容，包括处理课文、生词及对语言点和文化点的适当讲解；（4）对新语言点进行操练（不排除机械性操练），达到熟练掌握语言结构的程度；（5）结合本课功能和话题进行有情境的、有意义的双人或小组活动，并根据因材施教的原则，提供拓展性学习；（6）综合运用所学知识和所获能力，以小组形式进行接近生活实际的交际性、任务型活动；（7）自我测评，总结学习收获。”我们认为，当一种教学法体系既有明确的教学理念又有教学原则和课堂教学模式的时候，就说明这一教学法体系已经走向成熟了。崔永华（2016）对这一教学法给予了高度评价，认为“这是一种体现时代精神的高瞻远瞩的思路，对后方法时代汉语教学理论的建设，极具启发意义”。崔永华（2018）又指出，“这种教学思路被国内汉语教学界广泛认同”。可见其影响之广。

（2）关于“产出导向法”

这是北外文秋芳领导的团队2007年创立的一个外语教学法体系，中间几经重大改进，日趋成熟，在国内英语教学界获得了一定的认可，在国外也有一定的影响。最近两年，该校开始尝试把这一教学法体系运用于对外汉语教学，所以我们也可以把它看成对外汉语教学的教学法体系。本人对这一教学法体系理解不深，但当我拜读了文秋芳的《“产出导向法”与对外汉语教学》（2018）一文之后，认为这是一个很有创意并颇具时代感的、相当成熟的教学法体系，有比较深的理论基础，经过了深思熟虑，而且是中国第一个能够与国际对话的外语教学法体系，所以值得重视。这里，我只能根据文秋芳的阐述做一概括的介绍。“产出导向法”可以概括为四个教学理念、四个教学假设和三段式教学流程。

四个教学理念是：学习中心、学用一体、文化交流、关键能力。这四点的提出都是有针对性的。“学习中心说”针对的是学习者中心说；“学用一体说”针对的是我国外语教学中“学用分离”的倾向，强调课堂教学中输入和输出一体化；“文化交流说”旨在正确处理目的语文化和学习者本体文化的关系，认同李泉（2011）所说的“不同文明之间相互对话、相互尊重、相互理解、相互学习”；“关键能力说”指“迁移能力、学习能力和合作能力”，其言自明，无须多叙。

四个教学假设是：第一，输出驱动假设（相对于Swain的输出假设）。该假设试图改变传统的“先输入后输出”的教学顺序，让学生尝试先输出，从输出中发现自己输出（产出）的困难，然后有目的地去接受输入，进而有效地吸收、消化和运用。这种做法是有意地创造学生的“饥饿感，激发学生的学习欲望”。第二，输入促成假设。该假说明确地提出“输入为产出服务”（区别于Krashen），要求输入与输出任务的精准对接，因此输入必须具有针对性、可学性、促成性。第三，选择学习假设。该假说提倡根据产出目标的需要，从输入中选择学习所需要的语言、内容和话语结构，对产出不急需的输入材料可以降低要求。文秋芳（2018）说，这个假设是针对我国外语教学中的精读教学提出的。虽然在对“精读”的认识上我与文先生有所不同①，但我觉得她这里提出的“选择学习”的原则是有意义的。第四，以评为学假设。这是针对传统评价体系中“评和学都出现明显断裂”的现象提出来的，提倡“评与学”或“评与教”的有机结合，主张创造一个全新的评价体系。我认为，以上四个教学假设都是很有创意的，可以看作是“产出导向法”的四项教学原则。

---

① 本人对“精读”的理解与文秋芳不太一致，精读和她提出的“选择学习”似乎并不矛盾，任何课程其实都是根据教学目的和教学对象来“选择学习”的。再者，以本人之拙见，外语教学中所说的“精读”与我国传统语文教学中的“精读”似乎也不是一个概念。

三段式教学流程是指具体的课堂教学的流程，具体讲就是在课堂上把教学设计成“驱动—促成—评价”三个阶段。驱动环节的目的是“通过产出使学生认识到自己的不足，从而调动他们的学习积极性，刺激学习欲望”；驱动环节的质量指标是“交际真实性、认知挑战性和产出目标恰当性”。促成环节的目的是“有针对性地为学生完成产出任务提供脚手架”，要求促成过程能体现“学用一体”理念，促成环节的质量指标包括：一，精准性，要求促成活动对准预设的产出目标，并对准学生产出中的困难；二，渐进性，即循序渐进，语言适合学生的水平，由简到繁，在语言技能上，从接受性技能（听和读）到产出性技能（说和写），最终实现交际性的产出任务，学生能用外语“做事”；三，多样性，即输入活动（听、读、视）和输出活动（说、写、译）要多样，交际类型要多样，活动方式要多样，“使课堂教学丰富多彩，让学生交替使用大脑的不同加工机制，以提高学习效率”。文章把评价环节看作“产出导向法”课堂教学必不可少的环节，既指对学生的产出做出随时评价，也指课后对学生完成的任务和口笔头的“产出”进行“延时评价”。

文秋芳（2018）对如何把“产出导向法”运用到对外汉语教学之中也提出了几点原则性的且很重要的建议。第一，文秋芳认为要“摆脱‘方法已死’的偏见”，“只要教学原则，不要方法”的主张不符合人们社会实践的体验，也不符合教育理论的基本原理。第二，要注意国内外语教学与对外汉语教学各自的特点，注意二者教学环境的不同，同时，她又指出，到了中高级阶段，二者就会同样存在“学用分离”的问题。第三，文秋芳预见到，“产出导向法”可能更适合中高年级的教学，因而要恰当应对初期运用这种体系时的困难：一是缺乏合适的教材，二是学生的不适应。我想，这可能就是现在北外对外汉语教学的“产出导向法”实验从改编或重编教材开始的原因。我认同作者的这几点提醒。实际上，对我们对外汉语教学引进国内外任何其他外语教学法体系，这些都是应该认真思考的问题。

（3）对外汉语教学激创法体系

鲁健骥在2010年发表了《关于创造型对外汉语教学与创造式汉语学习的思考》一文，首次把激创法作为一个对外汉语教学法体系提出来。[①] 这一教学法体系的提出，是

---

① 激创法有一个酝酿过程，其渊源可以追溯到本人主编《初级汉语课本》时提出的一些零散的编写原则，经过逐渐总结、积累，形成了一个教学理念：“培养学生独立学习的能力，引导他们逐步获得自觉观察、吸收语言的能力，整个教学过程都贯穿着给学生任务，让学生在完成任务中学习、在完成任务中去发现和掌握语言知识和技能的理念”（见《初级汉语精读课本》“使用说明”）。在此基础上形成了激创法的框架。本人曾以此为题在北京语言大学做过讲座（2008年），还在越南做过学术报告（2009年）。

基于认知派教育心理学的一个基本认识：创造能力人皆有之，因此任何教学都应该发挥和利用人的创造能力。乔姆斯基认为“创造性”是语言的重要属性（转引自胡文仲，1982）。他还认为，所谓语言的创造性，指的是“能够讲出和听懂在经验中未曾遇到过的句子的能力”，然而“有一部分语言知识和能力必须依靠训练和学习才能获得”（宁春岩，1982）。本人由此引发出一点认识：人的创造能力在语言方面表现得尤为突出，可以说是无时无刻不在创造，这是语言教学的一个最有利的条件。这就是激创法的教学理念。我们注意到，有些国外的教学法体系把“创造性地运用语言”作为一个教学原则提出，而且大多关注教学的结果，而不甚关注学生在教学过程中的创造。激创法则把激励学生发挥他们的创造能力上升到教学理念的高度。在激创法的体系里，我们认为“汉语教学应该是使学生的学习成为一个不断‘创造’的过程：学生在教师的激励、指导与引导下，在‘创造’中理解汉语、掌握汉语”（鲁健骥，2010）。我们的目标不仅是让学生具备运用汉语的能力（包括用汉语进行交际的能力），同时也要发展学生独立地观察、发现、吸收语言的能力。这种能力就是我国传统教育中“授之以渔”的教学理念的体现，我们认为这是可以终生受用的。学习的过程应该是创造的过程，在创造中学习，在学习中创造。我们认同“以教师为主导，以学生为中心”的原则。

回顾历史，我们认为外语教学法体系可以分为两类，一类是专门为外语教学设计的（如直接法、听说法等），另一类不是专门为外语教学设计的，尤其是在西方教育学理论提出“以学生为中心”的理念之后提出的教学法体系，是把某一种教学理念用于外语教学①。激创法属于后一类，就是说，从教学理念说，虽然它源自对外汉语教学，但适用

① 我们注意到一个有趣的现象：自从美国教育界提出“以学生为中心”的理念之后，外语教学界运用这一理念创立了层出不穷的外语教学法体系，而这些教学法体系都不再以语言形式（如结构法、句型法等）或语言技能（听说法、视听法等）命名，而是以教学途径命名，如发现式教学法、交际法、任务法。细想之下，本人认为这是有道理的。因为语言教学的目的是教会学生掌握一种语言，语言形式和技能本身都是学习的内容，而学习内容是跟教学目标相关联的，并不反映学习的途径。

以学习或教学途径命名教学法体系，更好地体现了“以学生为中心”的教学理念（我们将之发展为“以教师为主导，以学生为中心”的教学原则）。比如交际法，按照胡文仲（1982）的介绍，本来是为移民的职业培训和旅游者设计的一种教学法体系。ESP（English for Specific Purpose，专门用途英语）教学是非常有针对性的、将职业培训与语言教学融为一体的教学，而为旅游者设计的交际法，则是为满足旅游者到目的语国家旅游时的语言需要设计的。这样的教学法体系有些并不是专门为外语教学设计的，只是把这种教学理念引入外语教学而创立的一种外语教学法体系。如任务法，其他学科的教学也可以运用，本人在澳大利亚新南威尔士州教育部工作时，就发现小学算数课就是用任务法进行教学的。看来，体现教学途径的教学法体系是一种趋势。

于各种教学，具有广泛的适应性；反映在对外汉语教学中，就是激创法体系，这种教学法体系可以用于各种课型和各个阶段的教学，适应了我国对外汉语教学的特点，避免了国外一些教学法体系主要适合初级最多到中级的语言教学的局限性。我们相信，越是到了中高级阶段，激创法越能显示其优越性。

任何一种教学法体系都必须根据自己的教学理念，处理教学中的各种关系，我们把处理这些关系的方法称作"教学原则"。激创法的教学原则包括以下几个方面。第一，在外语知识与外语能力的关系中，我们认同直接法提出的"我们教的是语言，而不是关于这种语言的知识"。第二，听、说、读、写四种语言能力的获得中，我们认为不必提出划一的要求，而可以根据教学对象、教学目标、教学环境的不同，在不同的教学阶段有不同的侧重，如可以突出听、说，也可以突出听、读。第三，学生母语的作用。激创法主张教学中在必要的时候可以使用学生的母语，所谓"必要的时候"指用目的语（汉语）讲不清楚的时候，不用学生的母语就影响学生理解的时候。第四，教师与学生在学习中的角色。上文已经讲到"以教师为主导，以学生为中心"的原则，这是对外汉语教学界的共识，也是国内对外汉语教学界对"以学生为中心"的思想所做的极为有创造性的发展和补充。第五，对学生偏误的态度。为了引导学生发挥创造能力，就应该允许学生出现偏误。关键是教师在学生出现偏误的时候，能够引导他们认识到自己的偏误，通过进一步的实践与创造，消除偏误。第六，学习能力的培养。教师应树立"授之以渔"的思想，学习能力的获得靠的是教学和学习过程中的培养，而不是靠讲解。第七，让学生做自己力所能及的事。我们的信念是，要学会语言，学生必须付出劳动，教师不能包办一切。这样，就可以提高课堂教学的起点，充分利用有限的教学时间引导学生进行有创造性的学习活动。第八，课内、课外活动相结合，课前、课中、课后活动相结合。课前的预习要使学生明了教师的教学过程、步骤，使课堂教学"透明化"。从预习开始，学生就已经在做有创造性的学习活动了。第九，语言与文化的关系。语言是文化的载体，文化因素是语言教学的不可分割的一部分，应分布在语言教学的各种课型中，各有侧重。[①]

任何一种教学法体系都必须解决在教学中如何实现所提出的教学理念和教学原则的

① 本人认为文化因素的教学是语言教学的题中之意，认同语言教学中的文化因素"主要指教学内容而言"的看法（胡明扬，2002）。胡文仲、高一虹（1997）指出，"现在不少人认为50和60年代的语言教学理论仅仅强调语言方面，这其实并不符合事实"。因此本人认为，"包括听说法以至于其后的各种外语教学法体系，无不包含文化教学的内容，但并不是某一种教学法体系的独有特征"（鲁健骥，2014a）。

问题。激创法提出6点可以激发学生创造能力的具体办法，这些办法既有利于训练学生的交际能力，也有利于培养学生的学习能力。第一，查找。这主要是指引导学生自己解决词语的意义、功能，成语、专名的意义，汉字的意义、构成、书写规律以及背景知识等。我们不主张在教材中设生词表，而主张在书后附突出语素意义的字词表，供学生查阅。在一定阶段，教师可以指导学生自己编制字词表。第二，调查。给学生布置调查任务，学生通过调查来总结通常是通过翻译和注释来理解的内容。第三，比较。开展多种形式的比较，既指汉语和学生母语之间的比较，也指学生自己前后表述的比较、不同学生的表述之间的比较、不同教学媒介之间的比较等。比较的结果不但表现在口头上，同时也表现在书面上。第四，总结归纳。总结归纳课堂讨论中的各种意见。第五，创造性地运用。整个学习过程（课前、课中、课后）都是创造的过程，所以学生随时都可以运用已学和在学的知识创造性地运用语言。当然，我们也要注意在不同的学习阶段和不同的学习环节中创造的任务应有所不同。这就是说，学生的创造活动应该是不断提高的。我们认为，以上几点课堂教学的具体办法并不是穷尽的，教师在教学实践中完全可以创造出更多的办法。同时，这些办法也可以看作是对学生学习能力的训练。

应该说明的是，作为教学法体系，激创法不包含具体的教学方法（method），所谓"教无定法"，应该指的就是这个。具体的教学方法需要教师结合具体的教学对象、教学项目和自己的教学经验去创造，这里面其实也包括其他教学法体系中可以借鉴的做法，比如句型的操练，就是一种非常有效地让学生熟悉句型的方法，但这种操练不是教学的终点，而只是实现激创法的一种手段。

以上三种教学法体系及其所体现的教学理念，虽然彼此不同，各有特点，各有侧重，但我们可以看出，具体内容有不少共同的认识，可以说，这些共同的认识反映了大家对对外汉语教学特点和规律的认识，也说明大家都思考了如何借鉴国外教学法理论、如何对待我们自己的教学经验、如何从传统教育理论中汲取营养等问题。我们认为，我们需要更多的有中国特色的教学理念和教学法体系，实现百家争鸣。我们盼望着看到一个繁荣的局面。

应该说，以上三种教学法体系还都在进一步完善之中，而其中最需要完善的是激创法。我的意思是说，激创法虽然设计出来了，并且在培养学生的交际能力和学习能力方面，其教学理念、教学原则在我们编写的《初级汉语精读课本》中已经有了一些体现（见鲁健骥，2014c），有的教师做了一些局部的试验，但还没有进行过有规模的、全面的试验。只有经过实践的检验，才能说它是一个完善的教学法体系。

五、展望

2001年，在我国对外汉语教学事业开创50周年之际，北京语言大学汉语学院开过一个纪念大会。会前，汉语学院让老教师们写一段话——“寄语对外汉语教学”。本人也忝列老教师之中，就也写了一段话：

> 如果说20世纪后50年是对外汉语教学初步形成学科的时期，那么21世纪的前50年应该将是这一学科走向成熟的时期。学科的成熟有赖于从事这一事业的老、中、青三代教师的不懈努力。

这是我对对外汉语教学事业前50年发展的总体评价和发展前景的预测。现在，21世纪已经过去20年了，回顾一下这20年，我觉得对外汉语教学事业确实是在走向成熟。我相信，再经过30年，即到了本世纪50年代，对外汉语教学将可能作为一个成熟的学科存在。

作为一门语言教学的学科，对外汉语教学学科成熟的标准是什么，这是我们先要解决的问题。我认为，对外汉语教学学科的成熟应该表现在如下几个方面：

一、有自己特有的科学的教学理念；

二、有能够体现教学理念的、具有对外汉语教学特点的教学法体系；

三、有能够体现教学法体系的教学模式；

四、有能够体现教学法体系的成系统的教材；

五、能够为学生和教师提供丰富的、足够学习和教学使用的体现教学理念和教学法体系的工具书和参考书；

六、有一批掌握了教学理念和教学法体系并有丰富的教学经验，又有从事教学研究能力的、有广泛影响力的教师。

上文说到，在教学理念和教学法体系方面，我们的发展是缓慢的，这与今天的对外汉语教学的规模和体量是不相称的，可以说，这种现状在某种程度上减缓了整个对外汉语教学事业的发展。进入21世纪以来，这方面已经有了较大的进步，但要形成更有影响力的、体现对外汉语教学特点的教学理念和教学法体系，从而带动整个对外汉语教学发展，则还要更加努力。我估计，到21世纪中叶，大概可以完成这个过程。

教学理念和教学法体系是一切教学活动的灵魂。上述我提出的标志学科成熟的六点中，教学理念是统摄全局的，而教师则是这一切的实施者。要检验一个教学法体系，就要看它有没有好的教学理念；要检验一个教学模式、一部教材、一种工具书和参考书，要检验一位教师的教学与科研，就要看是不是体现了教学法体系及其背后的教学理念。

拿教材来说，自从 20 世纪 80 年代以来，我们出版了数以千计的对外汉语教材，可谓一派繁荣景象，其中有一些非常优秀的教材。但我们同时也注意到，从那时开始（当时大约有 200 种对外汉语教材），国内外认为我们的教材是“低水平重复”的声音就不绝于耳。这种局面有多大改变呢？我们讲教学技巧、教学规范的参考书也已经不少，但这些参考书中有多少是基于某种教学理念和教学法体系来编写的呢？在我们的教师中，有多少是基于某种教学理念和教学法体系（哪怕是国外的教学理念和教学法体系）在教学的呢？我们确实有优秀的教师，但恐怕为数也不会太多。我曾经说过，没有教学理念的教学只能照本宣科，没有教学理念的教材只能照猫画虎。有无教学理念和教学法体系是衡量一部教材优劣的标准，是衡量一个对外汉语教师合格不合格的标准。

我认为，这种状况的形成固然有历史的原因，但不能否认，这与我们缺乏学科意识、缺乏学科建设意识、缺乏创新意识有极大的关系。而学科意识、学科建设意识的建立，关键就在于我们必须意识到，我们应该做些什么事才能把对外汉语教学事业带入成熟的境地。2019 年 1 月，《世界汉语教学》编辑部举办了一个“汉语国际教育知识体系的特色与构建研讨会”，我做了一个题为《“上天”与“下地”应该平衡》的发言。我的观点是，现在许多对外汉语教学第一线急需解决的基本建设问题——我把它比作“下地”的问题——都没有解决，其中就包括有对外汉语教学特色的教学理念和教学法体系的创立；只有这个问题解决了，我们才能编出有特色的教材，编出有特色的工具书和各种教学参考书；也只有我们的教师都能认同并实践这样的教学理念和教学法体系，我们的总体教学质量才能得到质的飞跃。到那个时候，我们才可以说，中国的对外汉语教学已经成了一个成熟的学科。也只有到了那个时候，我们才能成为对外汉语教学真正的中心，才能跟世界对话。这就是我所期望的，这就是我梦寐以求的新时代的对外汉语教学。

希望我们提高学科意识，提高学科建设意识，切切实实地抓起那些亟待做的“下地”的工作。最后，让我引用任正非的几句话结束这篇文章：“重大创新是无人区的生存法则，没有理论突破，没有技术突破，没有大量的技术积累，是不可能产生爆发性创新的。”[①]

---

① 任正非 2016 年 5 月 30 日在全国科技创新大会上发表的题为《以创新为核心竞争力，为祖国百年科技振兴而奋斗》的演讲，具体参见 http://rss.ndrc.gov.cn/gzdt/201606/t20160630_809850.html。

参考文献

北京大学外国留学生中国语文专修班．汉语教科书 [M]. 北京：时代出版社，1958.

崔永华．对外汉语教学学科 30 年发展报告 [M]// 邢福义、汪国胜．中国高校哲学社会科学发展报告（1978—2008）• 语言学卷．桂林：广西师范大学出版社，2008.

崔永华．后方法时代的汉语教学理论建设 [J]. 国际汉语教学研究，2016（2）.

崔永华．我的汉语教学观 [J]. 国际汉语教学研究，2018（4）.

胡明扬．语言学习散论 [M]. 北京：北京语言大学出版社，2002.

胡文仲．交际教学法初探 [J]. 外国语（上海外国语学院学报），1982（5）.

胡文仲、高一虹．外语教学与文化 [M]. 长沙：湖南教育出版社，1997.

李培元．五六十年代对外汉语教学的主要特点 [C]// 第二届国际汉语教学讨论会组织委员会．第二届国际汉语教学讨论会论文选．北京：北京语言学院出版社，1988.

李　泉．文化内容呈现方式与呈现心态 [J]. 世界汉语教学，2011（3）.

刘　珣．试论汉语作为第二语言教学的基本原则—兼论海内外汉语教学的学科建设 [C]//《第五届国际汉语教学讨论会论文选》编辑委员会．第五届国际汉语教学讨论会论文集．北京：北京大学出版社，1997.

刘　珣．“结构—功能—文化相结合”的汉语教学理念再思考 [J]. 国际汉语教学研究，2014（2）.

鲁健骥．关于创造型对外汉语教学与创造式汉语学习的思考 [J]. 语言教学与研究，2010（4）.

鲁健骥．对外汉语教学“激创法”答问 [M]// 对外汉语教学激创法散论．北京：北京大学出版社，2014a.

鲁健骥．对外汉语教学理论的发展回顾（1950—2000）（上）[J]. 国际汉语教学研究，2014b（2）.

鲁健骥．探索中的实践——《初级汉语精读课本》中的激创法元素 [M]// 对外汉语教学激创法散论．北京：北京大学出版社，2014c.

鲁健骥．“上天”与“下地”应该平衡 [J]. 世界汉语教学，2019（2）.

吕必松．漫谈语言教学法的研究 [J]. 语言教学与研究，1984（3）.

宁春岩．乔姆斯基的语言观和方法论 [G]// 黑龙江大学《外语学刊》编辑部．乔姆斯基语言理论介绍．哈尔滨：黑龙江大学《外语学刊》编辑部，1982.

文秋芳．“产出导向法”与对外汉语教学 [J]. 世界汉语教学，2018（3）.

章兼中．国外外语教学法主要流派 [M]. 上海：华东师范大学出版社，1983.

钟　梫．十五年汉语教学总结 [J]. 语言教学与研究，1979（试 4）.

周祖谟．教非汉族学生学习汉语的一些问题 [J]. 中国语文，1953（7）.

LADOR, FRIES C. *English Pattern Practice* [M]. Ann Arbor: The University of Michigan Press, 1943, 17th printing, 1970.

（原载《国际汉语教学研究》2019 年第 4 期）

对外汉语教学理论的发展

一、引言

教学理论的研究范围一般包括：教学在整个教育活动中的地位和作用，教学的目的和任务，教学规律和教学过程，教学原则，教学方法、手段和组织形式，教学评估等。我们根据对外汉语教学的实际情况，将其研究范围确定为：对外汉语教学的对象、性质、目的、任务、教学设计、原则、教学法体系、教学模式、教学大纲等。本文将对新中国建立以来以上几个方面的历史发展情况分别加以梳理。

对外汉语教学理论像任何事物一样，有其发展的过程，经历了从初期的不太成熟、清晰、完善，到后期的比较成熟、清晰、完善，从不太自觉到比较自觉的发展阶段。对外汉语教学理论的发展状况是检验对外汉语教学作为一个学科是否已经形成、是否已经成熟，以及成熟程度的一个最直接的标志。据此来回顾对外汉语教学的历史，我们就会发现对外汉语教学从初创到学科形成和发展的轨迹。

教学理论受多种因素的影响，主要是当时的教育学、心理学、语言学等基础理论，其次是当时流行的教学法体系以及已有的教学经验。对外汉语教学理论就是这些基础理论与对外汉语教学实际结合的产物。

新中国最早的对外汉语教师基本上由两支力量组成：一支是语言教师，一支是语言学家。语言教师又可分为有对外汉语教学经验的和没有对外汉语教学经验的。有对外汉语教学经验的教师以邓懿、杜荣、王还为代表。

邓懿（1914～2000），北京大学教授。1936年毕业于燕京大学国文系，同年考入清华大学中国文学研究所。1941年曾在美国哈佛大学教授古汉语。1943～1945年受聘作为赵元任的助教参与美国陆军特别训练班（ASTP）的汉语教学工作。1948年回国，1950年在燕京大学教过“华侨汉语”（实际上学生中也有外国人）。前后有10年的教学经验。1950年受命组建清华大学东欧交换生中国语文专修班。

杜荣（1920～2022），北京大学教授。1944年毕业于燕京大学英语专业。1946年曾经在燕京大学担任美国留学生汉语教学工作。1950年在清华大学东欧交换生中国语文专修班任教。

王还（1915～2012），北京语言大学教授。1938年毕业于清华大学外国语言文学系英语专业。曾在昆明西南联合大学及抗战胜利后的北京大学教授英语。1947～1950

年在英国剑桥大学教授汉语。1951 年回国，在清华大学东欧交换生中国语文专修班任教。

这些有经验的教师在教学中是起主导作用的。她们在国内外从事对外汉语教学的经历和经验，使得她们在清华大学东欧交换生中国语文专修班的教学从一开始就在一个比较高的起点上。特别是邓懿，当时负责东欧班的教学筹备工作，在教学的总体安排、教学原则、教学方法上明显能看出美国陆军特别训练班的影子，这种模式的理论支撑是美国的结构主义语言学。她主持编写的教材都以赵元任的《国语入门》为主要参考书。

第二类教师是语言学家，如吕叔湘、郭良夫、周祖谟等。吕叔湘曾担任清华大学东欧交换生中国语文专修班外籍学生管理委员会主席。1952 年 9 月清华大学东欧交换生中国语文专修班调整到北京大学之后，郭良夫担任过副主任兼教研室主任，周祖谟则从中文系借调来主持朝鲜留学生和我国少数民族学生的教学班的工作。语言学家的参与使对外汉语教学更直接地得到语言学研究的支持，也促进了对外汉语教学理论的发展。周祖谟的《教非汉族学生学习汉语的一些问题》（1953）就是对外汉语教学理论研究的发轫之作。

当时语言教学的基础理论之一是当时流行的苏联的语言学理论。20 世纪 50 年代，我国的语言学研究主要是受苏联语言学的影响，而苏联的语言学则视斯大林的《马克思主义与语言学问题》（1950）为圭臬，因而其也成为我国语言学的主流。我们看到，在早期的对外汉语教学理论研究中，这种影响是很明显的（不管这种影响是贴标签式的还是实际的）。周祖谟的《教非汉族学生学习汉语的一些问题》（1953）把斯大林在《马克思主义与语言学问题》（1950）中提出的“语言的语法构造和基本词汇是语言的基础，是语言特点的本质”的观点看成汉语教学的基本原则。王学作、柯炳生的《试论对留学生讲授汉语的几个基本问题》（1957）也提出，要达到教学目的“必须从基本词汇和语法两方面着手”，还批评了某些教材“仍存在着不重视语法和词汇的分析的现象”。这就是 20 世纪 50 ～ 60 年代比较重视语言知识教学的根源。当然对这些，我们应该历史地看，不应该苛求于前人。

因此，我们可以看到，初创时期的对外汉语教学既受到美国语言教学法的影响，同时又受到苏联语言学特别是斯大林《马克思主义与语言学问题》的影响。前者是隐性的，主要存在于课程安排、教学方法等实际教学之中；后者是显性的，主要存在于理论研究等宏观的问题上。这一时期的对外汉语教学理论研究以以下三篇论文为代表。

1. 周祖谟《教非汉族学生学习汉语的一些问题》

周祖谟（1914 ～ 1995），北京大学中文系教授，语言学家。1952 年由中文系借调到外国留学生中国语文专修班，担任朝鲜留学生和部分少数民族学生的汉语教学工作，次年在《中国语文》第7期上发表此文。这篇论文在某种程度上也可以看作是对自1950年开始的对外汉语教学的总结性文字。

论文共分5个部分，依次是汉语教学的基本原则、教学的目标、教学的内容、进行的程序和教学的要点、教学的方法，基本上覆盖了对外汉语教学（由于当时的学生除留学生以外，还有我国的少数民族学生，所以论文中把学生定位为“非汉族学生”）理论的所有方面。

2. 钟梫《十五年汉语教学总结》

钟梫（1931～ ），北京语言大学教授。1950年受聘于清华大学东欧交换生中国语文专修班，是新中国最早的对外汉语教师之一。这篇论文写于1965年，是“在普遍座谈讨论的基础上，由钟梫同志执笔整理成文”的。当时曾油印，由于很快就开始“文革”，未能正式发表，1979年发表于《语言教学与研究》试刊第4辑。此文发表以后产生了极大影响，成为研究20世纪50～60年代对外汉语教学的必读参考文献。

这篇论文从理论上全面总结了新中国对外汉语教学从开创到20世纪60年代中期15年的教学历程和经验，分为4个部分：教学特点以及由此而产生的教学要求、教学原则与教学安排中的几个问题、教材编写中的几个问题、关于教学法的一些问题。

3. 王学作、柯炳生《试论对留学生讲授汉语的几个基本问题》

王学作（1923～1993），北京语言大学副教授。1951年开始从事对外汉语教学，先后在中国人民大学、北京语言学院（今北京语言大学）任教。《试论对留学生讲授汉语的几个基本问题》一文系王学作与柯炳生合作撰写，发表于《教学与研究》1957年第2期，文章分为4个部分：教学的基本任务和步骤、教材的编写、作业问题、教学方法。这篇论文主要总结了中国人民大学对外汉语教学的经验，但所论都是对外汉语教学中的基本问题，因此具有一定的普遍意义。

以上三篇著作，大致可以概括对外汉语教学从肇始到20世纪60年代中期的实践经验与理论研究的情况。周祖谟和钟梫的文章反映了清华大学、北京大学和北京语言学院的情况，王学作、柯炳生的文章则基本上是中国人民大学的情况。可以看出，三篇文章有共同性，都注意到了汉语的特点，同时也可以看出后者受苏联语言学和外语教学法的影响比较大。就其对后来的影响来说，显然前面两篇文章的影响更大一些，因为清华大学是新中国对外汉语教学的发祥地，北京大学、北京语言学院是院系调整之后外国留学生集中的高等学校，因而可以说代表了对外汉语教学的主流。这种影响甚至可以达及20世纪70～80年代。

二、关于对外汉语教学的对象与性质

2.1 对象

对外汉语教学的对象是外国人，因为是外国人，所以与以中国人为对象的教学不同，这一点对外汉语教师从一开始就是明确的、有共识的。周祖谟在《教非汉族学生学习汉语的一些问题》（1953）中一开始就把外国学生和我国的少数民族学生区别开来。虽然他本人班上只有朝鲜留学生，但他着眼于当时北京大学所有的外国学生，也就是他在文中说的“各兄弟国家”的学生。这成为他整篇文章论述的总出发点，文中各部分都考虑到了外国人的特点。

在 20 世纪 50 ～ 60 年代，虽然我国总体上还处于对外封闭状态，但是对外交往还是有的。清华大学东欧交换生中国语文专修班只有罗马尼亚等五个东欧社会主义国家的学生，院系调整后转到北京大学，增加了西欧和朝鲜、越南等国家的学生。1960 年我国又通过各种渠道接收了人数较多的非洲多个国家的留学生。到“文革”前夕，又陆续接收了许多亚洲国家的学生、拉丁美洲国家（主要是古巴）的学生，以及西欧的法国、瑞士、瑞典、西班牙的学生，学生的国别大大增加，教学对象比初创时期复杂得多。

钟梫在《十五年汉语教学总结》（1979）中谈到教学对象的时候，把当时的留学生分为三类：

（1）正规留学生——在我校[①] 接受 1 至 2 年汉语预备教育，结业后入我国高等院校用汉语学习大学课程。（理工专业的，在我校学习一年汉语，文史哲的学习两年汉语）

（2）专学实践汉语或进修汉语的学生——这一类学生又各有各的特点，有的从头学起，学两三年实践汉语回国当翻译或汉语教师；有的在国内学过一些，来我校专门进修汉语；或一边进修汉语，一边写自己的研究论文。

（3）进行短期汉语会话训练的学生——学两三个月汉语会话后离校从事某种技术训练。

20 世纪 50 ～ 60 年代对外汉语教学的主要对象是第一类，即接受 1 ～ 2 年汉语预备教育的学生，第二、三两类学生为数不多。

20 世纪 70 年代初，随着中美、中日关系的正常化，我国与西欧各国也陆续建立了外交关系，很快，对外汉语教学就开始恢复，学生数量、国别都大大超过 60 年代，学生的专业也逐步多样化起来。1978 年，当时的北京语言学院成立了我国第一个短期对

---

① 指当时的北京语言学院。

外汉语教学班，1976～1978年该院又创办了对外汉语本科专业。这对我们深化对对外汉语教学对象和性质的认识起到了很大作用，同时也加深了对外汉语教学的理论研究。从对外汉语教学事业初创到20世纪70年代末，对外汉语教学的理论研究始终都是以汉语预备教育为出发点的，70年代末对外汉语教学对象出现了多元局面，理论研究也因此逐渐多元化了。

吕必松（1986）将教学对象列为总体设计的第一构件，并加以阐述与分析。吕必松认为，对于教学对象，应从年龄、文化程度、汉语水平、母语跟汉语的关系、学习目的等方面进行分析，并据此制订培养目标、教学要求、教学内容、教学法原则等。吕必松将此前对教学对象的认识进行了系统的总结。

以上所说都是指我国高等学校中的对外汉语教学。20世纪70年代末之前主要是预备教育，此后又增加了汉语速成教学和汉语本科专业教育。除此之外，以外交人员为对象的对外汉语教学、对外汉语广播电视教学、中小学对外汉语教学，也都有各自的教学对象和教学特点。

2.2 性质

早期的论述对于对外汉语教学的性质提得比较模糊，如“教非汉族人学习汉语”（周祖谟，1953）、“教外国留学生学习汉语”（邓懿，1956）、“对留学生讲授汉语”（王学作、柯炳生，1957）。第一次明确地将对外汉语教学归入外语教学的，当属钟梫，他在《十五年汉语教学总结》（1979）中反复强调，“对外国留学生来说，汉语就是外语”、“实际上，学生学的是外语（汉语对他们来说就是外语）”、“学生学的是外语，不是母语文字（不同于速成识字法的对象）”、“学外语的规律是，要从具体的平日常看的事、常听的话入手”。这些都说明，到了20世纪60年代中期，关于对外汉语教学的外语教学性质在认识上已经比较清晰了，只是还没有进行深入的研究与分析。

此后，由于“文革”的干扰，对外汉语教学中断了七年，而对外汉语教学的理论研究遭受破坏的时间更长。对外汉语教学界学术活动的复苏应该是从20世纪70年代后期开始的，其标志是北京语言学院创办学术刊物《语言教学与研究》。此前，1974年为迎接来访的美国语言学家代表团，吕必松撰写了《汉语作为外语教学的实践性原则》（1977），毛成栋、王还、房玉清撰写了《建国以来汉语词汇的发展变化》（1977）。但这并不意味着对外汉语教学理论研究的复苏。在当时的历史条件下，科学研究仍然受到压制。上述两篇文章也仅仅是对美国语言学家代表团宣读，并没有发表的机会，直到1977年2月北京语言学院创办《语言教学与研究》，这两篇论文才得以发表。正是在这种形势下，吕必松开始思考对外汉语教学的一些基本理论问题，发表了一系列的论文，于1987年由华语教学出版社结集出版。这些论文中就包括发表于1983年的《谈谈对外汉语教学的性质和特点》，这是对外汉语教学界讨论对外汉语教学性质的第一篇论文。近10年之后，即1991年，他又发表了《再论对外汉语教学的性质和特点》。两篇论文互相呼应，总结了新中国对外汉语教学创始以来对教学性质的认识，即对外汉语教学是一种第二语言教学，是一种外语教学，是汉语教学，这决定了它区别于其他外语教学也区别于第一语言教学和汉语作为母语的教学。

三、关于对外汉语教学的任务、目的和要求

据程裕祯主编的《新中国对外汉语教学发展史》（2005）记载，20世纪50年代，清华大学东欧交换生中国语文专修班建立伊始，就制定了《暂时规程》和《教学计划（草案）》，这是新中国对外汉语教学史上最早的两个文件。前者将“培养东欧交换生掌握中国语文的一般能力”定为专修班的宗旨，后者则将“培养外籍学生掌握中国语文的一般能力，包括听、说、读、写”和“使对中国政治文化及其他方面获得初步认识”作为教学任务。这两个文件说明：（1）当时对教学对象的认识是明确的，那就是“东欧交换生”“外籍学生”；（2）从这样的教学对象出发，教学目的是培养语言能力；（3）提出了语言教学与中国政治文化介绍结合的问题。关于最后一点，《教学计划（草案）》对第二年的教学目标具体规定为“系统与扼要地介绍中国文化，使学生对我国情况获得初步的认识”。由此可见，《暂时规程》和《教学计划（草案）》不但在教学上成为新中国对外汉语教学理论的起点，而且在语言教学与文化和国情教学的结合上也为后来对外汉语教学格局的确立起到了奠基的作用。国情教学后来发展成为中国概况课。至于文化教学，在当时所处的历史阶段，可能还是限于介绍中国传统文化，是语言教学与文化教学相结合的初级形态。

关于对外汉语教学的任务和目标，周祖谟（1953）认为：“教学的目标是随客观的要求来决定的。……但是学习一种语言要达到能够应用的目的，也是要有一定的基础的。根据一般的要求来看，能做日常生活会话，能听政治报告，能读懂《中国青年报》《人民日报》和浅近的读物，能写简短的叙事文和学习笔记，都是很必要的。这就是很具体的目标，也是一般学习汉语要达到的水平。”在这里，周祖谟将“达到应用的目的”具体化为说、听、读、写的具体目标。至于这些目标的实现情况，我们没有见到后续的报告。

王学作、柯炳生（1957）认为：“语言教学的基本任务是要教会学生实际运用语言，对学汉语的留学生而言则是要教会实际应用汉语。要达到这一目的必须从基本词汇和语

法两方面着手。”①

《汉语教科书》(1958)“前言”中提得则比较笼统：“以初学汉语的外国学生为对象，并以实用为目的。”

赵淑华、马欣华、董慧君（1963）认为：“留学生学习的专业极为广泛，但无论学习哪一种专业，必须先掌握我国的语言和文字。因此，教留学生掌握汉语和汉字就成为我们培养留学生的首要任务。”

钟梫（1979）对此的说明是：“教学要求：短期，学以致用。……从这个教学要求来看，我们不能像某些理工院校教中国学生外语那样，只培养阅读专业书籍的能力，我们还必须让学生掌握必要的日常生活、学习生活方面的东西，同时又必须适当结合专业的东西，而这个专业的东西又不是太细、太专的，它只是一般的数理化的东西。”钟梫（1979）关于汉语教学与数理化专业的关系的提法，主要是20世纪60年代的经验。60年代初，大批亚非国家的留学生来华，他们几乎所有人都是学习理工农医专业的，为了适应这种需要，才在预备阶段的后期增加了数理化的内容。

从以上的引述中我们可以看到，在20世纪60年代中期以前，(1)对于对外汉语教学的任务、目标，都提出了“实用的目的”、“能够应用”、能够“实际运用汉语”、“掌握汉语和汉字”;(2)对于各种语言能力的要求，有的提得比较具体，有的提得比较笼统；而对于什么是“掌握”、什么是“实际运用”，理解也不完全一致，如王学作、柯炳生(1957)认为要从“基本词汇和语法两方面着手”，显然是受了斯大林语言学理论的影响。

总的来看，20世纪50～60年代，甚至到了70年代，对外汉语教学界关于教学任务、目的的提法都还比较简单，缺乏深入的研究。这也是受当时的条件限制造成的。

四、关于对外汉语教学的教学设计

一般认为，教学设计的构想是由美国教育学家杜威（J. Dewey）于1900年提出来的，而教学设计的理论则形成于20世纪60年代，并于80年代介绍到我国。(参看武惠华、2006；崔永华，2006）虽然这种理论介绍到我国的时间比较晚，但这不等于我们的教学此前就完全没有设计。在对外汉语教学各个时期的各种教学大纲、教学计划、教学方案之中有许多内容都属于教学设计的范畴，只是缺乏理性的认识与整合。

在对外汉语界，最早提倡对教学要进行总体设计的是吕必松。他于1985年发表了《基础汉语教学课型设计和教材编写的新尝试》一文，1986年发表了《试论对外汉语教

① 此处的“语言教学”指对外汉语教学。

学的总体设计》，随后，1991 年又发表了《再论对外汉语教学的总体设计》。这三篇文章奠定了对外汉语教学学科教学设计的基础。

崔永华在《试论对外汉语综合课课堂教学设计》（2006）一文中首次将教学设计理论引入对外汉语教学，他认为："教学设计以优化教学效果为目的，依据教育学、心理学、传播学和相关学科的理论，运用系统方法，分析教学系统中各个要素及要素之间的联系，据此确定教学目标，建立不同层次的教学方案，设计的对象包括课程计划、课程标准教材、多媒体课件、课堂教学方案等。"我们大体可以以此为依据对我国对外汉语教学的教学设计做一历史的考察。

对外汉语教学的教学设计可以针对整个学科，也可以针对某一类别的教学或教学的某一方面。吕必松的《试论对外汉语教学的总体设计》（1986）、《再论对外汉语教学的总体设计》（1991b）属于前者，而李杨、康玉华、田桂文的《四年制对外汉语教学总体设计提要》（1990），吕必松的《基础汉语教学课型设计和教材编写的新尝试》（1985）以及崔永华的《略论汉语速成教学的设计》（1996），李开的《对外汉语教学中的词汇教学与设计》（2002），杨翼的《对外汉语综合课动态教学设计模型》（2004），武惠华的《外国研究生专业汉语课程教学设计》（2006）等都属于后者。此外还有课堂教学设计、教案设计、课堂教学规范等也都属于教学设计之列，只是更加微观而已，在这方面，比较有代表性的成果有：崔永华、杨寄洲主编的《对外汉语课堂教学技巧》（1997），王钟华主编的《对外汉语教学初级阶段课程规范》（1999），陈田顺主编的《对外汉语教学中高级阶段课程规范》（1999），陈宏、吴勇毅主编的《对外汉语教学课堂教案设计》（2003）等。

从以上所涉及的著述可以看出，从 20 世纪 80 年代末开始，我们对基础汉语教学、四年制本科汉语专业教学、短期速成汉语教学都已经有了总体设计，并成为此后教学和教材编写的基础。

五、关于对外汉语教学的原则

从对外汉语教学一开始出现，就产生了教学原则的问题。关于对外汉语教学原则的表述，学界虽大致有共识，但在共识之中却有不少分歧，内涵差别也很大，原因是对"原则"的认识角度和理解不同，也跟所处的历史时期不同、人们的认识深度有别有关。

对外汉语教学界对教学原则的认识也有一个发展过程。开始时的教学原则一般都比较笼统，也缺乏理论的论述，多为教育学上的普遍原则。

1951 年制订的《清华大学东欧交换生中国语文专修班两年教学计划（草案）》提出

的教学原则是："运用科学的观点与方法，力求理论与实际相结合。"（程裕祯，2005）这个提法过于概括，只是使用比较"新"的语言反映了教育学的原则，并没有表现出对外汉语教学的特点。

周祖谟（1953）提出"注重词汇教学和语法教学，这是汉语教学"的基本原则，同时又从祁建华速成识字法的教学原则得到启示，认为要"发挥……学生的积极性、主动性，并且做好群众性的互助辅导工作，这样才能收到最大的效果"。前一个原则实际上反映了语言学家对语言教学的看法，即比较重视语言知识的传授；后一原则实质上也是教育学普遍教学原则的反映。发挥学生的积极性与主动性当然是非常重要的，这为以后教学原则的深入研究打下了基础。

钟梫（1979）提出了几条教学原则，即：实践性原则；全面要求，四会并举；精讲多练；从实际出发，学以致用。这是对20世纪50～60年代对外汉语教学原则的总结。实践性原则是针对过去"讲语音理论太多，讲语法理论太多，讲近义词的比较太多……影响了学生实际运用汉语的技能的提高"而提出来的，这一原则的提出使对外汉语教学发生了一次质的改变，即从重语言知识转变为重语言实践，对外汉语教学从此走上了真正的外语教学或第二语言教学的道路。

关于对外汉语教学原则问题的研究，吕必松做出了很大贡献。早在1974年，吕必松就对实践性教学原则进行了理论探讨，认为实践性原则贯穿在整个教学体系中，是汉语作为外语教学的基本原则之一。（参见吕必松，1977）1981年，他又发表了《语言教学中结构、意义和功能的结合》一文，提出了在对外汉语教学中将结构、意义和交际功能相结合的构想，得到了对外汉语教学界的广泛认同和积极响应。1993年，吕必松在《对外汉语教学概论（讲义）（续四）》中提出他对"教学原则"的界定："教学原则是指从宏观上指导整个教学过程和全部教学活动的总原则，具体内容包括怎样处理对教学全局有重要影响的各种关系。"接着他阐述了对外汉语教学中处理七种关系的原则，即：处理教师和学生的关系的原则是"以教师为主导，以学生为中心"；处理教学内容和教学方法的关系的原则是"教学内容决定教学方法"；处理教学内容中语言与文化的关系的原则是二者相结合；处理形式结构教学和语义结构教学的关系的原则是二者统一；处理语言要素教学与言语技能和言语交际技能训练之间的关系的原则是以言语技能和言语交际技能训练为中心；处理理论讲解与言语操练的关系的原则是精讲多练；处理目的语与媒介语的关系的原则是适度使用媒介语。

20世纪80～90年代，随着国家改革开放政策的实行，国际间的学术交流也日益增多，国外的外语教学理论相继介绍进来，促进了我国外语教学的理论研究，也促进了对外汉语教学的理论研究。对外汉语教学原则是理论研究的热点之一。继吕必松（1993）提出上述七大原则之后，刘珣（1997）又提出了十大原则，即：培养运用汉语进行交际的能力；以学生为中心，教师为主导；结构、功能、文化相结合；强化汉语学习环境，扩大学生对汉语的接触面；精讲多练，以言语技能和交际技能训练为中心；以句子和话语为重点，语音、语法、词汇、汉字综合教学；听、说、读、写全面要求，分阶段侧重；利用但控制使用母语或媒介语；循序渐进，螺旋式提高，加强重现率；充分利用现代化教学技术手段。可以看出，这十大原则，吸收了外语教学研究成果，试图总结此前针对教学原则的各种研究成果和我国的实践经验。

但是，李泉（2001）认为，尽管以上所提出的这些原则"在不同的时期都产生过各自应有的作用，许多原则至今仍然并将继续对教学实践和理论研究发挥重要作用。但是，这诸多原则是有层次的，适用的范围有宽有窄。……尽管它们都是有联系的，但到底是不同层面上的。对'原则'不加区分也就不可能发挥各自应有的作用。有的尽管很有针对性，也是值得重视的，但能否因此而看成是教学原则、应该看成是哪个层面的教学原则都是值得研究的"。这篇论文的贡献是把此前学界提出的诸多教学原则进行了一次非常清晰的梳理，使之成为一个体系，更具可操作性。

李泉（2001）在将"教学原则"定义为"教学工作和教学活动应当遵循的基本要求"之后，拟定了对外汉语教学的原则体系：

（1）常规教学原则：如因材施教、循序渐进、精讲多练；

（2）上位（总／大）教学原则：如目前流行的"以学生为主体，教师为主导"的原则；

（3）中位（分／亚）教学原则：如课堂教学原则、课型教学原则、教材编写原则；

（4）下位（单／微）教学原则：如技能训练机会均等原则，搞活课堂的意识。

接着，李泉（2001）把对外汉语教学的上位原则即总原则确定为：

（1）以学生为中心的原则；

（2）以交际能力的培养为重点的原则；

（3）以结构—功能—文化相结合为框架的原则。

这三项总原则大体上是得到认同的，但既然是原则，在表述上就需要仔细地推敲，使之更加严密、科学。如第（1）项，历来的提法是"以学生为中心，以教师为主导"，但李泉（2001）认为这样会产生"双中心"，其实这是不必要的担心。无论是在理论上还是实践上，二者都是可以分清的。再如第（2）项，吕必松（1993）的提法是"语言交际能力"，作为对外汉语教学的原则，不妨更进一步，改为"汉语交际能力"，更加明确。

六、关于对外汉语教学的教学法体系与教学模式

在汉语中，教学法可涵盖教学法体系（approach）和具体的教学方法（method）。无论是教学法体系还是具体的教学方法，在任何时期都是教学理论研究的热点。在谈到教学法的时候，应对教学法体系和具体的教学方法加以区分。本节只讲前者。

在对外汉语教学初创时，教学上反映的是美国的听说法，如短期强化、注重口头训练，都是早期听说法的特点。但当时对于教学法体系的意识并不十分清晰。我们从《清华大学东欧交换生中国语文专修班两年教学计划（草案）》（见程裕祯，2005）对教学法的说明中知道，当时的教学方法指的是听课、练习、习字、单授[①]、录音、唱歌等具体方法。邓懿（1994）回顾当初的教学时说："虽然在ASTP有两年教学，但教学对象不同、培养目标有异，……赵元任先生着重口头练习的传统是保留下来了。"

最早明确地提出教学法体系的是周祖谟，他在讲到教学方法时，第一条讲的就是"综合教学法"。周祖谟（1953）在分析了直接法与翻译法的优缺点之后，提出将两种方法配合使用。具体做法是训练学生直接听讲，教师上课时说话要慢，发音要清晰，要使用学生已经熟悉的句法和词汇来讲，始终以口语为基础，往复练习；只有难懂的或者很抽象的概念，才可以使用翻译法。我们可以体会出，周祖谟（1953）所说的综合教学法是一种以直接法为主、翻译法为辅的教学方法。

王学作、柯炳生（1957）提出"应以比较法为主"，"比较法是主要的方法，但它并不排斥直接法"。这里我们可以看出，王学作、柯炳生（1957）是引进了苏联的自觉对比法——一种与语法—翻译法有着渊源关系的外语教学法，并吸收了直接法的长处。这与周祖谟（1953）所说的"综合教学法"的侧重点不同。王学作、柯炳生（1957）之所以采用对比法，一是他们在考虑教学法的时候主要参考的是苏联的外语教学法，如该文引述了苏联外语教育家拉赫曼诺夫的论文《论当前外语教学法的任务》；另外一点比较重要的是，当时他们的教学对象是苏联留学生。王学作、柯炳生（1957）在引进自觉对比法的时候，比较注意考虑汉语的特点，如汉字问题始终是他们强调的教学内容，不但通过与拼音文字（如俄文）的比较讲授汉字的书写、认读，而且指出汉语是在构词法的层面上区别字与词的。

钟梫（1979）在谈了语音、语法、短文的具体教学方法之后，谈到了"相对直接法"，讲到曾经使用翻译法（指"说双簧"式的课堂教学方式）。这样概括当时的教学法其实并不准确，与翻译法的实际内涵不相符。关于"相对直接法"，钟梫（1979）特别说明"并

① 即个别辅导。

不完全排斥翻译法的一切环节”。

综观 20 世纪 50 ～ 60 年代的对外汉语教学法，似乎可以概括为“综合法”，即翻译法与直接法的配合使用，不同学校有不同的侧重点，但主要倾向是直接法。问题是，当时无论是对翻译法还是对直接法的理解，都与这两种教学法的实际内涵不尽相同，只是基于字面的理解，而且这种理解是这两种教学法的早期做法。因为到了 50 ～ 60 年代，这两种教学法早已经不是它们最初的形态了，所谓“相对直接法”，可能比较接近改进后的直接法。但对外汉语教学的实际操作与直接法仍然是有距离的，这可能是由于对直接法（包括翻译法）的理论了解得不够透彻吧。

因此，李培元（1988）对把 20 世纪 50 ～ 60 年代的对外汉语教学法归纳为“相对直接法”持有异议，他对当时的教学法采取了描写的方法：（1）从一开始就重视口语，重视听、说；（2）采取必要的强化教学的措施（课程集中，小班上课，多课时，教学进度快、量多）；（3）重视打好基础，练好基本功（语音语调正确、自然，能正确、熟练地运用基本语法，牢固掌握 700 ～ 800 个常用的词语和汉字）；（4）重视练习课，在课堂教学方法上主张综合采取各种方式方法；（5）教师对学生严格要求，热情帮助。最后他把当时的教学法归纳为“以综合法为基础，以实践性原则为中心”，同时指出当时教学中的缺点是形成了以语法为中心的倾向，具体表现是教材中出现了一些只说明语法结构而在实际生活中极少使用的例句，讲授课上也产生了讲解语法知识过多的现象。虽然这是 20 世纪 80 年代回顾 50 ～ 60 年代对外汉语教学时的后话，但却比较准确地反映了当时的教学法体系。分析起来，我们可以看出当时的教学法有以下几点值得注意：

（1）当时的教学体系确实受到美国听说法的影响，李培元（1988）提到的前四点与听说法的基本做法是一脉相传的（除了没有采用句型）。

（2）第五点讲到教师对学生要严格要求，热情帮助，是有我们的特色的。

（3）当时教学的缺点也有其渊源。美国听说法的课程安排是语言学家大课讲知识，由本族人进行小课操练；清华留学生班的课程安排大同小异，所以当时的“讲练课”很容易成为“讲授课”；同时，这种以讲解知识为主的课程模式，既和语法—翻译法的影响有关，也与传统的语文教学的影响有关。当然后者主要是教师的因素造成的。

听说法是 20 世纪 50 ～ 60 年代国外较为流行的外语教学法，对外汉语教学开始时是按听说法设计的教学模式，由于并不是建立在非常自觉的基础上的，因而没有延续下来，以至于对外汉语教学后来始终把综合法作为主要的教学法体系。60 年代中期，国内外语教学界曾经引进并运用过听说法的理论，虽然此时法国的视听法和美国的认知法已经兴起，听说法在国外已经开始走下坡路。对外汉语教学也受到这种形势的影响，虽然进行了句型法（听说法亦称句型法）的实验，但未及总结与推广。后来，由于“文革”，教学法体系的研究与应用随着对外汉语教学的中断也停滞下来。

当20世纪70年代初我国对外汉语教学中断了七年之后重新恢复的时候，国外已经进入功能法（或称功能—意念法、交际法）的时代。限于当时的社会环境，我国的外语教学没有跟上时代的脚步，对外汉语教学的教学法体系研究就更加滞后了。整个70年代的对外汉语教学法，就其体系来讲，基本上继承了60年代的做法，但有所发展，其表现是：（1）更加自觉地强调实践；（2）更加自觉地强调语言能力的培养，接过我国外语教学的口号——听、说、读、写全面要求，突出听、说。

70年代末，汉语预备教育分技能教学模式的出现打破了原有教学模式，并在几年之后得到推广，成为我国对外汉语教学的主流教学模式之一。任何新事物的产生和发展都是有其诱因的。关于这个模式产生的经过，鲁健骥在《基础汉语教学的一次新的尝试——教学实验报告》（1993）一文中写道：

> 由于现代语言学和语言教学法理论的发展，也由于近几年来学生成分的变化（如文科学生、欧美学生比例大大增加），我们的教学面临着许多新的问题。这些问题，概括地说，就是教学与客观需要不够适应，具体地说，就是我们以往提出的教学目的要求与学生入系学习在语言方面的要求不够协调。

由此可知，当时我国对外汉语教学界受到国外外语教学法的影响，从中吸取了营养，重新审视与思考对外汉语教学，从而产生了改革的动力，促进了按技能分科模式的出现。而其客观的原因则有两个方面：一方面是来自学生对教学内容的意见，一方面是外国学生接收单位对汉语预备教育教学质量的质疑。这两方面的原因迫使我们不得不认真对待，考虑改革，以适应客观的需要。

分技能教学的目的是加强听、读能力的训练，这是针对学生进入专业学习时的主要困难提出的，具体措施就是听力理解与阅读（前期是汉字读写课，后期是阅读理解课）单独设课，并且改变过去消极听力的做法，初步设计了听力和阅读理解的训练方法，同时建立起汉字教学体系的雏形。

七、关于对外汉语教学大纲

教学大纲是根据教学计划规定的一门学科的目的、任务而编写的指导教学的文件，其内容包括学科知识，技能的范围、深度及其体系、结构，教学的进度和基本的教学法等。就对外汉语教学来说，从1950年清华大学开办东欧交换生中国语文专修班开始时，就已经有了教学大纲，以后各个时期也都制定了教学大纲。但如果用典型的教学大纲的要求来衡量，直至 20 世纪 90 年代以前，对外汉语教学的教学大纲都只能说是雏形，内容简单，不够规范，而且界定不甚清晰，特别是教学计划与教学大纲的界限不清楚，互有交叉。90 年代以后才陆续制定了比较完善的教学大纲。至于对教学大纲的研究，也是这个时期才开始的。

对外汉语教学大纲的制定与研究之所以出现这种情况，有以下原因。第一，教学仓促上马，无暇按部就班地先坐下来研究教学大纲再开课。据当时负责筹备教学工作的邓懿在《难忘的岁月》(1994)一文中的回忆，1950 年七八月份接受任务，准备九月就开学，后因学生迟至第二年春天才到齐，开学时间也推迟了。即使是 1951 年春季开学，准备时间也只有半年，在半年的时间里根本就来不及对教学进行很完备的准备。当务之急是教材。杜荣（1994）指出，当时“几乎是现编现教”。在这种情况下，可以想见，很难先出大纲再开始教学。第二，尽管当时有几位有实践经验的对外汉语教师，但教学管理方面的经验却不足。我们现在看到的当时的教学计划也好，纲要（可以理解为教学大纲）也好，都可以看出这一点。第三，教学对象相对单一，教学规模较小，使得制定教学大纲的要求暂时显得不那么迫切。第四，对教学大纲的理论研究阙如。

7.1 对外汉语教学初创时期的几份教学大纲

从 20 世纪 50 年代初对外汉语教学事业开创到 70 年代末，对外汉语教学的对象很单纯，都属于对外汉语预备教育的范畴，因此这一时期的教学大纲也都是汉语预备教育的大纲。下面我们介绍其中的几份大纲。

1.《清华大学东欧交换生中国语文专修班两年教学计划（草案）》

这是根据《清华大学东欧交换生中国语文专修班暂行规程》制定、1951 年 6 月 5 日经教育部批准实施的“教学计划”。但从内容看，应属教学大纲的范畴。

《清华大学东欧交换生中国语文专修班两年教学计划（草案）》包括“实施总则”以及“第一年教学实施方案”和“第二年教学计划纲领”。“实施总则”非常简单地规定了教学任务、教学原则、实施步骤。其中，实施步骤规定第一年以打稳语文基础为中心工作，第二年除“巩固并提高已有的语文能力外，并辅以其他有关的文化科目”。第一年教学实施方案规定了教学目标、进度、教学内容，将一学年分为三个阶段，第一阶段是语音阶段，第二阶段是日常生活会话阶段，第三阶段是“扩大与增加字汇并在语法上作比较深入的学习”阶段。一、二阶段占一学期，第三阶段占一学期。方案还规定了课程分配与教学方法：每日四五小时，每周二十七八小时。每周学时分配是：听课 6 小时，练习 12 ～ 18 小时，习字 5 学时（第一学期），其余还安排了“单授”、“录音”、每周一次的“唱歌”和每周 5 小时的“时事学习”。第二年教学计划纲领规定了教学目标、课程配置与比重，其中语文课程占 40%，包括基本读物、文法与修辞、作文；文化课程占 60%，包括中国地理、中国历史、新民主主义革命运动简史、中国文学作品选读、时事专题报告、文艺专题报告等。纲领对授课提出四点实施原则：（1）政治与文化课程概以直接讲授法进行，但须随时顾及学生语文水平，必要时由助教采取各种方法协助；（2）上述课程要深入浅出，着重简明，扼要与全面；（3）讲授应使用普通国语；（4）除语文课程外，其他课程配置的时间、先后、长短应具适当的 灵活性。

2.《（桂林）中国语文专修学校 1954 学年度语文班教学计划》

《（桂林）中国语文专修学校 1954 学年度语文班教学计划》的规定比较全面。就其内容看，这份教学计划也应该是教学大纲。其中规定了教学目的和要求，既有总的要求，又有对听、说、读、写四种能力的具体要求；关于语文课的教学内容，则包括发音、会话、词汇、语法、写汉字、阅读、写作；规定了学习时间和进度，将一学年按学期分为两个阶段，第一学期有 21 周，分为发音（第一周）、会话（第二周至第七周）、突击词汇（第九周到第十八周）三个阶段，此外，第八周安排复习测验、期中小结，第十九到第二十周安排期终复习及考试，第二十一周安排教学总结。第二学期有 22 周，分为阅读写作阶段（第一周到第十二周）、复习考试阶段（第十三周到第十五周）和数理化课程阶段（第十六到第二十二周）。“教学方法”一项提出“针对需要，重点讲解”“集体辅导与个别辅导相结合”的原则，明确提出采取综合教学法，先用翻译法，再用直接法。这里说的并非真正意义上的翻译法和直接法，这跟周祖谟（1953）和钟梫（1979）的提法是一致的。该计划还对课堂教学、复习、备课、了解学生情况等提出具体要求，对教材编写及内容、检查制度做出了原则上的规定。

3. 1965 年越南留学生汉语教学大纲

1965 年国家接收大批越南留学生，北京语言学院制定了一份教学大纲，提供给全国接收这些留学生的高校。

以上几种教学大纲都是在教学门类单纯的情况下制定的，实际上都是汉语预备教育的教学大纲。在 1978 年创办汉语短期培训和汉语本科专业时，这样的大纲显然是不适用的。

7.2 90 年代以来关于教学大纲的研究

20 世纪 70 年代末对外汉语教学有了很大的发展，这表现在来华留学生的人数大量增加，开办对外汉语教学的学校大量增加，并且为了适应客观的需要，对外汉语教学突破了原来只有预备教育的格局，汉语短期培训班和汉语本科专业相继创办。这种形势使得原有的教学计划、教学大纲都不适用了，需要针对这些新的教学类型制定新大纲。另一方面，这一时期，对外汉语教学的理论研究已经开展起来，对外汉语教学界的理论意识空前增强。因此，在制定新的教学大纲的时候，必然是理论研究先行。

较早比较全面地论述对外汉语教学大纲的是李杨写的《略论教学大纲》（1996）一文。

李杨，北京语言大学教授。1966 年毕业于北京大学中文系。曾长期担任北京语言大学汉语学院院长。在任期间，她对中高级对外汉语教学和对外汉语本科专业教学进行了系统、全面的研究，先后出版了专著《中高级对外汉语教学论》（北京大学出版社，1993 年）和《对外汉语本科教育研究》（北京语言文化大学出版社，1999 年）。她为汉语专业教学大纲的理论研究和制定做出了很大贡献。她不但做了很多组织工作，还亲自担任《高等学校外国留学生汉语言专业教学大纲》（国家对外汉语教学领导小组办公室，2002c）的主编。

李杨（1996）对汉语水平等级大纲、教学等级大纲和课程大纲三者的关系提出了自己的认识。李杨认为，“水平等级大纲指导与适用范围最广，教学等级大纲次之，……它与水平等级大纲的区别主要在‘教学’上。当然，水平等级大纲……具有泛教学的一般、普遍的特点。但它不易[①]使用于某一门具体课程的教学之中”。

李杨（1996）对教学等级大纲和课程大纲做了定位，认为“教学等级大纲……立足于教学，直接服务教学”，“它既有阶段性又有课型性特点，既体现本阶段（如四年制本科专业的二年级）在语言结构和语言技能上的共同要求，又要对本阶段不同课程（如二年级的中级汉语、听力口语、新闻听力、报刊语言基础等）有特殊要求”。而课程大纲则“是与教学关系最直接、最实用的”。她对课程大纲的制定提出了一些原则性的意见，包括对课程体系的宏观认识、突出课型特点、提出数据等级要求等。

李杨对教学大纲的论述总结了此前各种大纲的经验，为此后制定大纲起着指导性的作用。

李杨在《对外汉语本科教育研究》（1999）中专门论述了对外汉语本科专业的教学大纲和课程大纲。李杨认为，“专业教学大纲包括两大部分：一是总体设计，起宏观指导作用；一是对教学具体内容及学习具体结果的定量分级，起到微观控制作用”。她提出了定量与定量分级的五项原则：（1）从教学实际需要出发指导教学；（2）低年级宜细，高年级宜粗；由易到难、循序渐进；注重重现与循环；（3）《水平与等级标准大纲》[②]为

① “易”疑应为“宜”。

② 李杨对 1988 年《汉语水平等级标准和等级大纲（试行）》、1992 年《汉语水平词汇与汉字等级大纲》和 1996 年《汉语水平等级标准与语法等级大纲》的统称。详见参考文献。

重要参照，取其长处、避其短处；（4）注重调查、统计、分析等实证研究过程；（5）注重先进理论研究做指导。李杨（1999）认为专业教学大纲的作用有如下几个方面：指导教材编写，保证实施教学，教学的准绳，教学评估的标尺，考试命题的依据。关于课程大纲的制定，李杨（1999）提出，专业大纲、先进的理论、教学经验是三大依据。至于课程大纲的内容，李杨（1999）认为应该包括课程性质、课程目的、课程内容、教学环境与方法、测试等。

李杨的这些意见，后来都在各种教学大纲的制定中得到了贯彻，保证了教学大纲的完善和规范。

7.3 90 年代以来制定的教学大纲

随着对外汉语教学理论研究的蓬勃发展，教学大纲的制定也建立在更加科学的基础上。90 年代以来制定的教学大纲有如下几种：王还主编的《对外汉语教学语法大纲》（1995），孙瑞珍主编的《中高级对外汉语教学等级大纲（词汇·语法）》（1995），杨寄洲主编的《对外汉语教学初级阶段教学大纲》（1999），国家对外汉语教学领导小组办公室编的《高等学校外国留学生汉语言专业教学大纲》（2002c）、《高等学校外国留学生汉语教学大纲·长期进修》（2002a）、《高等学校外国留学生汉语教学大纲·短期强化》（2002b）。其中《对外汉语教学语法大纲》和《中高级对外汉语教学等级大纲（词汇·语法）》只是对某个教学阶段所涉及的某方面的知识（教什么、教哪些）所做的规范，应该是教学大纲的组成部分。比较完善的是《对外汉语教学初级阶段教学大纲》和国家汉办 2002 年编的三种教学大纲。

根据《对外汉语教学初级阶段教学大纲》的说明，我们知道，该大纲所说的初级阶段实际上就是从零开始的一个学年。教学阶段与学年不一定总是重合的，但该大纲的初级阶段与第一学年是重合的。该大纲规定了对外汉语教学初级阶段的教学对象、教学时间、教学目的、教学要求、教学原则，还规定了课程设置、教学安排和考试安排。可见，该大纲是符合教学大纲规范的。该大纲吸收了当时对外汉语教学研究的成果和以往的教学经验。例如：将言语交际能力确定为教学目的；在教学要求方面，对各阶段的语言知识和语言技能都提出了具体的要求；在教学原则方面，提出要处理好六种关系，即教和学的关系，语言能力与交际能力的关系，语言结构、语义和语用之间的关系，听、说、读、写四项语言技能之间的关系，教学内容与教学方法之间的关系，教学内容中语言与文化的关系。同时，提出了课堂教学的三项原则：以学生为中心、以教师为主导；实践性；交际化。这些都是若干年来对外汉语教学界多次讨论并已达成共识的，该大纲做了比较全面的总结。

但这个大纲毕竟是北京语言大学一个学校编写的，而且只有初级阶段的大纲，就其影响来说，不及 2002 年由国家汉办编写的成套的大纲。国家汉办编写的这一套教学大纲，涵盖高等学校外国留学生汉语言本科专业、长期进修汉语教学和短期强化汉语教学，也就是说，使当时对外汉语教学的主要门类都有了教学大纲。

《高等学校外国留学生汉语言专业教学大纲》包括教学对象、培养目标、教学内容、教学安排、教学原则、课程设置、教学要求等方面的内容，附词汇表、汉字表、语法项目表、功能项目表。《高等学校外国留学生汉语教学大纲·长期进修》包括教学性质与特点、教学对象、教学目标、等级结构与教学内容、教学途径、教学原则、教材编写与选用、测试等方面的内容，附词汇表、汉字表、语法项目表、功能项目表。《高等学校外国留学生汉语教学大纲·短期强化》包括教学性质、教学对象、教学周期和教学时间、教学目标、教学内容和教学要求、教学原则、教学途径、教材的选编、测试和教学质量评估等方面的内容，附汉语交际任务项目表。

90 年代以来制定的这些大纲的共同特点是：

（1）都经过了周密充分的论证，有比较坚实的理论准备。《对外汉语教学初级阶段教学大纲》从 1993 年开始研制，1996 年写出初稿，征求意见，1999 年才正式出版。国家汉办编的一套大纲，分别于 1997 年（本科专业大纲）和 1998 年（长期进修和短期强化大纲）着手制定，先召开大纲研讨会，成立研制小组，由研制小组提出论证报告，再行起草，几经修改，定稿后再验收。这样制定出来的大纲是比较规范、比较完善的，也比较符合每个门类教学的特点。

（2）都能够反映当时的研究成果，总结了当时的教学经验。

（3）国家汉办编的一套大纲是第一套由我国对外汉语教学主管部门主持编写的、面向全国的教学大纲，因而具有权威性。

（4）这些大纲为将来制定各种课程大纲创造了条件。

总之，20 世纪 90 年代末至本世纪初，我们无论是教学大纲的制定还是理论研究都取得了长足的进步，已经制定的教学大纲可以相对稳定地适用一段时间；理论研究也在逐步深入。当然，都仍有不足，大纲的制定仍然不够完备，比如，按照要求应该是“一课一纲”，可是目前还没有做到；再如，知识课和技能课的有机结合如何体现在教学大纲中，也还缺乏可操作的办法。以下几点不足是未来需要重点考虑的。第一，课程体系还存在着一些不确定性，有待进一步完善，这包括某些宏观因素，如本科专业教学与硕士研究生教学的衔接至今没有得到很好的解决；第二，对各门课程本身的研究还不到位；第三，对各门课程的教学经验总结得还不够；第四，在理论研究方面，也有值得进一步探讨之处，如到底如何认识各种大纲的关系，特别是如何正确认识水平大纲和课程大纲的关系，以防止或消除教学中应试教育的影响，以及如何认识教学大纲的制定与教学法体系的关系等。

对外汉语教学法体系如何既能跟上教学法体系发展的形势，又能总结出反映对外汉语教学特点的教学法体系，这是一个重要课题。

参考文献

北京大学外国留学生中国语文专修班．汉语教科书 [M]. 北京：时代出版社，1958.

陈　宏、吴勇毅主编．对外汉语教学课堂教案设计 [M]. 北京：华语教学出版社，2003.

陈田顺主编．对外汉语教学中高级阶段课程规范 [M]. 北京：北京语言文化大学出版社，1999.

程裕祯主编．新中国对外汉语教学发展史 [M]. 北京：北京大学出版社，2005.

崔永华．略论汉语速成教学的设计 [J]. 语言教学与研究，1996（2）.

崔永华．试论对外汉语综合课课堂教学设计 [M]// 语言研究与应用（第 4 辑）. 北京：中国社会科学出版社，2006.

崔永华、杨寄洲主编．对外汉语课堂教学技巧 [M]. 北京：北京语言文化大学出版社，1997.

邓　懿．教外国留学生学习汉语遇到的困难问题 [C]// 现代汉语规范问题学术会议文件汇编．北京：科学出版社，1956.

邓　懿．难忘的岁月 [N]// 北京大学学报 · 对外汉语教学中心成立十周年纪念专刊．北京：北京大学出版社，1994.

杜　荣．对外汉语话沧桑 [N]// 北京大学学报 · 对外汉语教学中心成立十周年纪念专刊．北京：北京大学出版社，1994.

国家对外汉语教学领导小组办公室．高等学校外国留学生汉语教学大纲 · 长期进修 [M]. 北京：北京语言文化大学出版社，2002a.

国家对外汉语教学领导小组办公室．高等学校外国留学生汉语教学大纲 · 短期强化 [M]. 北京：北京语言文化大学出版社，2002b.

国家对外汉语教学领导小组办公室．高等学校外国留学生汉语言专业教学大纲 [M]. 北京：北京语言文化大学出版社，2002c.

国家对外汉语教学领导小组办公室汉语水平考试部．汉语水平词汇与汉字等级大纲 [M]. 北京：北京语言文化大学出版社，1992.

国家对外汉语教学领导小组办公室汉语水平考试部．汉语水平等级标准与语法等级大纲 [M]. 北京：北京语言学院出版社，1996.

李　开．对外汉语教学中的词汇教学与设计 [J]. 语言教学与研究，2002（5）.

李培元．五六十年代对外汉语教学的主要特点 [C]// 第二届国际汉语教学讨论会论文选．北京：北京语言学院出版社，1988.

李　泉．试论对外汉语教学的教学原则 [C]// 中国对外汉语教学学会北京分会第二届学术年会论文集．北京：北京语言文化大学出版社，2001.

李　杨．略论教学大纲 [C]// 中国对外汉语教学学会第五次学术讨论会论文选．北京：北京语言文化大学出版社，1996.

李　杨．对外汉语本科教育研究 [M]. 北京：北京语言文化大学出版社，1999.

李杨、康玉华、田桂文．四年制对外汉语教学总体设计提要 [C]// 中国对外汉语教学学会第三次学术讨论会论文选．北京：北京语言学院出版社，1990.

刘　珣．试论汉语作为第二语言教学的基本原则——兼论海内外汉语教学的学科建设 [J]. 世界汉语教学，1997（1）.

鲁健骥．基础汉语教学的一次新的尝试——教学实验报告 [M]// 盛炎、沙砾编．对外汉语教学论文评选（第一集）. 北京：北京语言学院出版社，1993.

吕必松．汉语作为外语教学的实践性原则 [J]. 语言教学与研究（试刊）第 1 辑，1977.

吕必松．语言教学中结构、意义和功能的结合 [J]. 中国语文教师学会学报，1981（2）.

吕必松．谈谈对外汉语教学的性质和特点 [J]. 语言教学与研究，1983（2）.

吕必松．基础汉语教学课型设计和教材编写的新尝试 [J]. 语言教学与研究，1985（4）.

吕必松．试论对外汉语教学的总体设计 [J]. 语言教学与研究，1986（4）.

吕必松．再论对外汉语教学的性质和特点 [J]. 语言教学与研究，1991a（2）.

吕必松．再论对外汉语教学的总体设计 [C]// 第三届国际汉语教学讨论会论文选．北京：北京语言学院出版社，1991b.

吕必松．对外汉语教学概论（讲义）（续四）[J]. 世界汉语教学，1993（2）.

毛成栋、王还、房玉清．建国以来汉语词汇的发展变化 [J]. 语言教学与研究（试刊）（第 1 辑），1977.

孙瑞珍主编．中高级对外汉语教学等级大纲（词汇・语法）[M]. 北京：北京大学出版社，1995.

王　还．对外汉语教学语法大纲 [M]. 北京：北京语言学院出版社，1995.

王学作、柯炳生．试论对留学生讲授汉语的几个基本问题 [J]. 教学与研究，1957（2）.

王钟华主编．对外汉语教学初级阶段课程规范 [M]. 北京：北京语言文化大学出版社，1999.

武惠华．外国研究生专业汉语课程教学设计 [C]// 语言研究与应用（第 4 辑）. 北京：中国社会科学出版社，2006.

杨寄洲主编．对外汉语教学初级阶段教学大纲 [M]. 北京：北京语言文化大学出版社，1999.

杨　翼．对外汉语综合课动态教学设计模型 [C]// 数字化对外汉语教学理论与方法研究．北京：清华大学出版社，2004.

赵淑华、马欣华、董慧君 . 外国留学生利用拼音字母学习汉语、汉字 [N]// 光明日报，1963-6-26.

中国对外汉语教学学会汉语水平等级标准研究小组 . 汉语水平等级标准和等级大纲（试行）[M]. 北京：北京语言学院出版社，1988.

钟　梫 . 十五年汉语教学总结 [J]. 语言教学与研究（试刊）（第 4 辑），1979.

周祖谟 . 教非汉族学生学习汉语的一些问题 [J]. 中国语文，1953（7）.

斯大林 . 马克思主义与语言学问题 [M]. 北京：人民出版社，1950.

（原题为《对外汉语教学理论的发展回顾（1950—2000 年）》，
原载于《国际汉语教学研究》2014 年第 2、3 期）

“对外汉语教学”的内涵

“对外汉语教学”这一名称，据吕必松（1993）和施光亨（2012）回忆，是1982年筹备中国对外汉语教学学会时确定的，至今使用了30余年，已为学界认可，是这门新学科的正式名称。自从它出现之日起，就有对这一名称表述不够理想的议论，但又想不出更好的名称，只好沿用。

但据我看来，“不够理想”的应该不是这个名称本身，而是对这个名称内涵的表述不够清楚。《中国大百科全书·语言文字卷》（1988）中的“对外汉语教学”条（王还、常宝儒、施光亨撰）对“对外汉语教学”的解释是“对外国人的汉语教学”，这应该是比较正式的说法。当然学界还有解释为“对外国留学生的汉语教学”的。

我个人觉得这样解释“对外汉语教学”未免过于简单、过于宽泛，不足以解释其实际的内涵。因此，我于2013年提出，“需要对‘对外汉语教学’的内涵进行重新诠释”，当时是从研究对外汉语教学史的角度提出的。2014年我进一步指出：“对外汉语教学有四个要素：（1）教学对象是外国人；（2）汉语是作为外语教的；（3）教学活动主要在中国国内进行（出国教师在海外教汉语也可在此列）；（4）教师是中国人（不管是中国籍还是外国籍）。”

这四个要素中，除第三点以外（下面将有说明），都应该体现在对“对外汉语教学”这一学科的阐释中，也即“谁教”“教谁”“教什么”这三个要素。

现在，我尝试着按照这三个要素对“对外汉语教学”的内涵做一阐释：

对外汉语教学，即中国人把自己的母语汉语作为外语教给母语非汉语的外国人。

下面对此略做说明。

这一界说中所说的“中国人”（当然是从事对外汉语教学的中国人），应该是指对外汉语教师的族群归属，而非“国籍”归属。因此我在上述第四个要素后面特别注出“不管是中国籍还是外国籍”。这有两方面的意义。第一方面是区别了母语非汉语的外国汉语教师。这样区分是非常重要的。因为同样是教母语非汉语的外国人汉语，中国教师教和母语非汉语的外国教师教，是很不一样的，各有短长（参见鲁健骥，2014），这与教师的国籍没有关系。第二方面的意义是，我们过去习惯上把从事对外汉语教学的具有外国国籍的中国教师排除在“对外汉语教师”之外，在实践上会遇到不少尴尬。比如赵元任先生，就因为他是美国籍，就不承认他是对外汉语教师，是说不过去的。像赵先生这样在对外汉语教学事业中做出杰出贡献的，不仅在美国有，在其他国家也有。这种划分的方法在国际交流越来越密切、频繁的今天，尤其说不通。比如国内的一位对外汉语教师，出国并且加入了外国国籍，一夜之间就不是对外汉语教师了，这不是很可笑吗?

关于把汉语作为外语教，是“对外汉语教学”的应有之义，不必多加解释。我们多年来对这一点已经研究得很多了，这方面最有代表性的是赵元任的《中国话的文法》（中文大学出版社，1980）和他编写的课本《国语入门》（哈佛大学出版社，1948）。吕叔湘先生在翻译《中国话的文法》（吕译书名为《汉语口语语法》）时，“把不必对中国人说的话跟例子都删去了”[①]，而这些“不必对中国人说的话跟例子”恰恰是针对外国人学汉语的特点说的，正是对外汉语教学要研究的。大概是20世纪80年代末90年代初，华东师范大学潘文国教授组织人把这些“不必对中国人说的话跟例子”整理出来，做了一件好事（后来是否出版，不得而知）。再一个堪称典范的例子是1958年出版的《汉语教科书》（时代出版社），其教学体系，特别是讲解部分，很好地体现了“把汉语作为外语教”的特点，至今仍为业界所称道。这些都是我们应该继承的。要了解如何“把汉语作为外语教”，仔细研究一下这些著作和教材，是会有体会的。尽管我们今天对“把汉语作为外语教”的认识与早期相比已经有了长足的进步，但在理论上、实践上，仍然有待深化和改进。

关于对外汉语教学的对象，我特别把它限定为“母语非汉语的外国人”，因为有些外国人，如华裔外国人，其母语是汉语，对他们的汉语教学不能算是“对外汉语教学”。这方面的情况比较复杂，不能一概而论，我们这里说的只是一般情况，还是要具体情况具体分析。

我的界说里，为什么放弃了“教学活动主要在中国国内进行（出国教师在海外教汉语也可在此列）”这一条呢?这是我的一点新认识，现在看来，教学活动在中国国内还是在国外，并不是决定对外汉语教学性质的因素。我2014年所说，是沿袭了成说，也反映了新中国这一学科肇始之后二三十年的实际情况。自20世纪50年代初以降，对外汉语教学基本上是针对来华留学生的，当然可以说是“对外汉语教学”，而“走出去”的对外汉语教师凤毛麟角（虽然新中国成立以前在外国从事汉语教学的人并不在少数），即使是20世纪60年代以后，出国任教的对外汉语教师人数有所增加，但那时对外汉语教学还没有形成学科，更没有这个名称，所以没有考虑他们在国外教汉语算是什么性质，也是可以理解的。今天我们国内对留学生进行的汉语教学，自然还是对外汉语教学，但同时我们每年都要派出数以千计的汉语教师，这种形势使我们必须对这些汉语

---

① 赵元任语，转引自赵金铭（2012）。

教师的性质加以定位。我们必须承认，他们和我国那些取得了外国国籍、在外国从事汉语教学的教师，都是对外汉语教师。因为不管在国内还是在国外，他们从事的都是“对外汉语教学”。我认为，决定是不是对外汉语教学的关键因素是教师，而不是教学环境。

但是，我们的界说中没有提及教学环境，不等于这个问题不重要。在国内教和在国外教，虽然对中国教师而言都是对外汉语教学，但各有不同，很值得研究。对外汉语教师只有把握两者的特点，才能成为一个合格的对外汉语教师。

现在出现了一个新情况，就是进入 21 世纪以来，“走出去”的力度和规模都空前加大，于是又出现了“汉语国际推广”的说法，后来又改为现在已经通用的“国际汉语教学”“汉语国际教育”。问题是，这两个提法与“对外汉语教学”之间是什么关系？二者是否互相对立、排斥？还是前者可以对后者取而代之？这是值得讨论的。我的看法是，二者并不是互相对立、排斥的关系，“对外汉语教学”更不能被“国际汉语教学”和“汉语国际教育”所代替。我想，我提出的“对外汉语教学”的界说，应该能够解释我的看法。

先说“国际汉语教学”。这个说法显然不完全具备“对外汉语教学”的三个要素。从“国际汉语教学”这一提法的来源来看，它是为了适应中国在海外设立孔子学院和孔子课堂的情况而出现的，至今它的内涵仍然给人专指在国外的汉语教学（包括外国的汉语教学和我们设立在国外的孔子学院等）的印象。所谓“国际汉语教师”，实际上是指被派出国任教的教师，那么在国内从事“对外汉语教学”的教师呢？这就模糊了我们国内的对外汉语教学和外国的汉语教学的界线。特别是，这个概念不能明确“谁教”这一关键因素。

与“国际汉语教学”相比，“汉语国际教育”这一说法侧重于从教育学的角度给这一学科定位。吴勇毅（2014）对此从学和教两个方面进行了阐述，学的方面包括学习者、学习过程和结果、学习环境等，教的方面则涉及教师的素质与发展、教学过程、教学媒介与教材等。虽然几十年的对外汉语教学历史告诉我们，这些实际上也都是“对外汉语教学”的题中之意，只要我们看看吕必松、刘珣以及业界多位先生过往的论述，就不难发现这一点，而且随着时代的进步和对外汉语教学学科的发展，这些研究也会越来越深入、细致，但是，“汉语国际教育”仍然代替不了“对外汉语教学”。理由同前。

刘珣多年以来都主张设立“对外汉语教育学”（国外也有“语言教育学”）学科，认为这样更能突出对外汉语教学理论的教育学特点。从他的研究中可以看到，“对外汉语教育学”与“对外汉语教学”可以并行不悖，二者都有“对外”，所以仍然体现了这一学科的根本特点，只是一个是“教学”，一个是“教育”，侧重点不同。也可以按照他的说法，“对外汉语教育（学）”与“对外汉语教学”是上下位概念的关系。（刘珣，2000）

参考文献

刘　珣．对外汉语教育学引论 [M]．北京：北京语言文化大学出版社，2000。

鲁健骥．对外汉语教学史研究综述 [M]// 汉学研究（第十五集）．北京：学苑出版社，2013.

鲁健骥．重视研究中国人教外国人汉语的优势和弱点 [M]// 对外汉语教学激创法散论．北京：北京大学出版社，2014.

吕必松．对外汉语教学的学科理论研究 [M]// 对外汉语教学研究．北京：北京语言学院出版社，1993.

施光亨．“对外汉语教学”的由来 [M]// 北语记忆 · 北京语言大学建校五十周年纪念文集．北京：北京语言大学出版社，2012.

王　还、常宝儒、施光亨．对外汉语教学 [M]// 中国大百科全书 · 语言文学卷．北京：中国大百科全书出版社，1988.

吴勇毅．汉语国际教育学科研究什么 [J]．国际汉语教学研究，2014（1）.

赵金铭．对外汉语教学核心语法 · 序 [M]// 赵金铭国际汉语教育论文集．北京：北京语言大学出版社，2012.

（原题为《“对外汉语教学”的内涵应该如何表述？》，
原载《国际汉语教学研究》2017 年第 1 期）

胡明扬先生心目中的对外汉语教学

胡明扬先生离开我们已经半载有余了。在这段时间里，我一直在想，胡先生作为一位杰出的语言学家和语言教学专家，给后人留下了丰富的、享用不尽的学术遗产。那么，他给我们从事对外汉语教学工作的人留下的是什么呢？

我们知道，胡明扬先生与对外汉语教学结缘，始于20世纪80年代担任中国人民大学对外汉语教学中心主任的时候。从那时开始，他就活跃于对外汉语教学的舞台上，与对外汉语教学相关的各种场合都留下了他的身影。由于他是一位语言学和语言教学一身兼二任的著名学者，所以，他一涉足对外汉语教学，就引起业界瞩目。我由于工作的缘故，经常能够在对外汉语教学的各种学术会议、审稿会上与他见面，有幸聆听他对对外汉语教学的深刻思考。当然，我也很关注他发表的有关对外汉语教学的论著。久之，我领会到，胡先生关于对外汉语教学的思想是很系统、很全面的，反映了他的独到见解和高远的学术理想。他的这些思想果然得到实现，那么对外汉语教学的面貌将会发生根本性的改观。我想，这就是胡先生给我们对外汉语教学界留下的至为宝贵的财富。

胡先生很提倡面向对外汉语教学的科学研究。这是针对对外汉语教学界曾经有过的或者忽视科研或者脱离对外汉语教学搞科研的偏向提出来的。他强调，对外汉语教学应该以汉语的本体研究为支撑，但必须是跟对外汉语教学有关系的本体研究。而目前的状况是，我们对汉语的基本语言事实还没有完全研究清楚，在这种情况下，对外汉语教学的提高是没有保证的，靠教学法解决不了这个问题。这跟英语教学的情况不同。“从19世纪末到20世纪20年代经过一大批学者的辛勤努力，把英语的基本语言现象描写清楚了。”（胡明扬，2002）胡明扬（2002）提出一个有趣的现象，即做这一工作的，许多都是外国从事英语教学的教师，通过对英语基本语言现象的描写，成了语言学大师。我在几个不同的场合不止一次地听他讲到过丹麦语言学家、英语教学家叶斯柏森的七卷本《现代英语语法》（*A Modern English Grammar on Historical Principles*）。他说，这部鸿篇巨制简直就是英语语法的百科全书，教英语的人有了这样一部语法，什么问题都可以得到解决，特别是用法的问题。他还非常欣赏荷恩毕等编纂的《现代高级英语词典》(*The Advanced Learner's Dictionary of Current English*) 和《朗文现代英语词典》（*Longman Dictionary of Contemporary English*），这是两部专门给外国人学英语编的词典。“他不无遗憾地说：‘可惜，我们现在还没有给对外汉语教学提供这样的汉语语法书和工具书。'他说，要编出这样的百科全书式的汉语语法书和工具书，不能靠别人，更不能靠外国人，而非'熟知对外汉语教学又有丰富教学经验的人'莫属。"（林勤明，2014）他说："我只有一个心愿，就是经过一两代人的努力，把现代汉语的基本语言事实，也就是70%左右的常规的语言事实基本上描述清楚，出版一批高质量的辞书和语法参考书，为进一步地面向汉语教学和中文信息处理的汉语研究打下一个扎实的基础。这是我们义不容辞的责任，我们没有理由不重视，更没有理由把这方面的研究排斥在对外汉语教学领域的研究范围之外。"（胡明扬，2002）

在这方面，胡先生是很务实的，做了许多具体的实际工作，实践着他的理想，为我们做出了示范。比如，无论是语法还是语汇，针对对外汉语教学的特点，他一贯强调用法的研究。他认为，叶斯柏森之所以成为英语教学的大师，就是因为他始终把重点放在用法上。胡先生写的《问候语的心理文化背景》（1987）、《对外汉语教学中的文化因素》（1995），都体现了他的这种思想。哪怕是在一些论文中举的用法方面的正面和反面的例子，也无不反映着他观察问题的独特视角，给我们以启发。而最能反映科学研究成果的就是教材。胡先生对对外汉语教材的现状是不满意的。他不仅指出了当前教材的问题，还身体力行，正面提出他心目中的对外汉语教材应该是什么样子的、应该如何编写，细致到教材的体例、结构以至许多技术性问题，他都给予指导。据说，他曾经要与哈佛大学合作，主编一套汉语教材。不知是否实现。

胡先生在提倡面向对外汉语教学的科学研究的同时，也对对外汉语教学法的研究提出了很高的目标。我的印象是，早在他涉足对外汉语教学初期，已经在思考研究对外汉语教学法的问题了。20世纪90年代初，我还在北京语言学院出版社工作时，中国人民大学对外汉语教学中心的一位老师来找我谈书稿，他告诉我，胡先生曾经跟他谈起过总结、研究对外汉语教学法体系（approach）的设想。我听了为之一震：是啊，新中国的对外汉语教学事业已经存在了半个世纪，积累了丰富的经验，在教学理论研究上也颇有建树，理应在教学法体系的研究上有所突破，可是我们却总是跟着外国的教学法亦步亦趋，真使我们从事对外汉语教学几十年的人汗颜，也无法向后人交代啊。胡先生及时地给我们提出这一个课题，无异于给我们指出了一个需要攀登的理论"高地"，是抓住了对外汉语教学法研究的"牛鼻子"。2001年在中国对外汉语教学学会第七次学术讨论会上，我有幸聆听了他就教学法研究发表的讲话，他再次呼吁国家汉办组织和支持教学法的研究。这篇讲话后来成为讨论会论文集的首篇，足见其重要性。

关于对外汉语教学法的研究，胡先生有很深刻的思考。比如，他认为对外汉语教学要充分考虑中国的国情、汉语的特点，而不能一味地跟着西方的语言教学法走。西方的外语教学以语法为纲，是因为印欧语是屈折语，他们的做法是符合印欧语的特点的。对外汉语教学不应该也以语法为纲，因为汉语缺乏形态变化。如果我们也以语法为纲，就是南辕北辙。他主张对外汉语教学应该以语汇为纲。他预见到，这是一个根本性的改变，而且牵一发而动全身，将会引起对外汉语教学的全局性的变化。他在多次讲话中都对语汇教学进行了细致的分析。这对我们是非常有启发的。他认为，教学法是和教学目的、教学对象相联系的，不同的教学目的适用不同的教学法。他反复强调，不存在一种"普遍适用的、放之四海而皆准的教学方法"（胡明扬，2002）。他多次提到听说法等教学方法的局限性，似乎在提醒我们，一定要根据对外汉语教学的实际，研究适合我们教学对象和教学目的的教学法体系。他还认为，教学法是为培养外国学生的汉语听说读写能力服务的，而在培养这四种能力时，一定要遵从输入大于输出这一语言教学的常规。

胡先生之所以对教学法问题如此重视，可以说"念念不忘"，其实反映了他的一种心结。在2008年为《北京语言大学对外汉语教学名师访谈录・李培元卷》（2010）写的"序"中，他还谆谆嘱咐要总结老一辈对外汉语教师的经验，鼓励年轻一代学习教学方法。如今，他的这种心结，也已经成了他的遗愿。

胡先生深知，对外汉语教学事业，归根结底是要人来做的；他的那些设想，也是要人来实现的，因此，他非常重视人才的培养工作。他认为关键是解决对对外汉语教学的性质和任务的认识问题，在此基础上不断提高业务水平和教学水平。他告诫年轻的对外汉语教师，不要只看到眼前的利益，而不去进取。在人才的培养方面，他也希望有一种务实的态度，提倡朴实的学风。记得商务印书馆对外汉语教学研究中心成立大会上，有人提出了一个对外汉语教学方向硕士研究生教材的编写计划，一下子列入二十几种"学"。胡先生发言说，不要搞那么多"学"，而要多讲些实用的知识，要让学生学了有用。这体现了他一贯的不管做什么都要务实的思想，他这样要求自己，也这样要求别人。我们要切记胡先生的教导，不尚空谈，多做些切实的工作，把年轻人带出来。

进行面向对外汉语教学的本体研究、创立对外汉语教学法体系，是胡先生关于对外汉语教学的学术追求和学术理想，是他未竟的事业。对我们来说，这是很高的要求和期望。他设想要经过"一两代人的努力"才能达到。作为后学，我们应该把他的理想当做我们努力的方向和工作的动力。我虽然也已年过古稀，但始终记得他的遗愿。每当夜深人静，思念起先生时，他的身影就似乎出现在我的面前。他还是像往常一样，几乎不分场合地穿着那一件朴素的灰中带绿的夹克衫，我像是看见他透过无框眼镜把期待的目光投向我们这些后学，听见他用略带鼻音和乡音的普通话阐述着他对对外汉语教学的深刻思考。我感到我们这一代人的责任之重大，更希望对外汉语教学年轻的一代、两代人，也能担负起这个责任。有朝一日实现了他提出的目标，我们就可以告慰先生的在天之灵了。

参考文献

崔希亮主编．北京语言大学对外汉语教学名师访谈录・李培元卷 [M]. 北京：北京语言大学出版社，2010.

胡明扬．问候语的心理文化背景 [J]. 世界汉语教学，1987（2）.

胡明扬．对外汉语教学中的文化因素 [C]// 第四届国际汉语教学讨论会论文选．北京：北京语言学院出版社，1995.

胡明扬．对外汉语教学领域应加强科学研究 [M]// 语言学习散论．北京：北京语言大学出版社，2002.

林勤明．胡明扬传记 [M]. 北京：对外经济贸易大学出版社，2014.

（原题为《高远的学术理想 殷切的期望——胡明扬先生心中的对外汉语教学》，原载《烛照学林——胡明扬先生纪念文集》，商务印书馆，2013 年）

吕必松对对外汉语教学学科理论的思考

吕必松先生的离世是我国对外汉语教学事业无可弥补的损失，随着时光的推移，我们对于这一点的感受会越来越深。

吕先生的学术地位是凭着他深厚的学术底蕴和突出的学科贡献而被确认的。纵观他几十年的学术生涯，可以看到，他在对外汉语教学理论研究中涉猎全面，为对外汉语教学理论建设奠定了坚实的基础，是无可争辩的开拓者。

一个学科仰仗其学科本体理论、学科史以及教学体系而存在与发展。在吕必松之前，我国的对外汉语教学虽然已经有了二十余年的历史，但理论的研究十分薄弱，在那么长的时间里，几乎没有理论研究成果，仅有的几篇论文也都是经验总结，很零散，几乎没有什么影响。在这种情况下，当时的教学由于缺乏系统的理论指导，带有一定的盲目性，因而对外汉语教学还不能称之为一个学科。

吕必松从20世纪70年代中期就开始思考对外汉语教学的理论建设问题，连续发表了一系列的论文。吕必松（1985）论述了对外汉语教学的性质和特点，明确对外汉语教学是一种第二语言教学或是外语教学，提出理论建设和教师队伍建设是对外汉语教学学科建设的两个主要问题。吕必松（1986）又进一步论述了对外汉语教学总体设计的必要性、基本任务、基本原则。这些理论思考在当时是超前的、具有开创性的，对教学具有指导意义。这一时期，吕必松的最大贡献就是在他的推动下，语言学界肯定了“应当把对外国人的汉语教学作为一个专门的学科”（吕必松，2017），从此，对外汉语教学正式成为一个学科，学科建设自此上路。也是在这一时期，吕必松先生确立了他的学术地位，并得到语言学界的认可。

从此，吕先生在对外汉语教学理论研究的领域中不断开拓。他的研究是围绕着教学的基本理论、教学实践理论和教学史三个方面进行的。这三个方面的研究是一个学科的三个支柱，也是学科从确立到成熟的关键所在。从这一点来看，吕先生是对外汉语教学学科当之无愧的开创者、开拓者，他的成就至今无人能出其右。

吕必松先生在教学实践理论领域也有突出的贡献，如他的专著《对外汉语教学概论（讲义）》，以及他赴菲律宾讲学的讲义《华语教学讲习》，都为培养对外汉语教学的新人起到了引路的作用，都得到了对外汉语教学界的高度评价，成为“推广汉语作为第二语言教学的指南”①。他的《对外汉语教学发展概要》2017年经修订改名为《对外汉语教学

---

① 颜长城语，引自吕必松（1992）。

发展史（上编）》再版，第一次对我国从20世纪50年代到80年代末的对外汉语教学发展史做了总结性的回顾，开辟了学科史研究的新领域，至今仍然是研究对外汉语教学史的必读书。

吕必松先生在以上三个领域的成就，使得对外汉语教学成为一个立体的、丰满的学科，创立了一个理论研究的体系。

吕先生的对外汉语教学理论研究坚持理论联系实际、不尚空谈的学风，但他最突出的特点是，始终坚持以我为主，走自己的路。吕必松对于外国的语言教学理论不可谓不熟悉，从他对听说法的全面而深入的分析便可知一二。但他从不盲从照搬外国的语言教学理论。这一点也得到了外国同行的认同。记得1974年他与来访的美国语言学家代表团座谈时，宣读了他的论文《汉语作为外语教学的实践性原则》（1993），阐述了我校（北京语言大学，当时叫北京语言学院）长期以来的一个教学原则，说的是中国对外汉语教学"自己的话"，所以美国的同行听了有一种新鲜感，回国以后，他们立即把这篇论文刊登到《中国语言学报》（王士元主编）上，不久之后《美国中文教师学会学报》又将该文译成英文发表。可见，哪怕是一点点有新意的论述，也会得到国际的承认。近些年来，他对对外汉语教学的"路子"，有了自己的新认识，提出以"字本位"为基础的"组合汉语语法"的教学"路子"。（吕必松，2012）对此，学术界赞成者有之，持异议者亦有之。但我认为，"组合汉语"理论是他基于"走自己的路"的原则提出来的。他坚持的原则是正确的。他有一段话，给了我很深的印象，他说："我国对外汉语教学用过和还在使用的教学法，例如相对直接法、听说法、功能法等等，都是从西方引进的。西方语言教学法基本上都奉行'先语后文'的语言习得理念，我们也是照用不误。实际上，我们一直用英语教学法教汉语。英语教学法往前跨一步，我们也跟着跨一步。"他问道："是不是需要根据汉语的特点创造汉语教学法？"（吕必松，2015）这些话说得多么好啊！他坚持的这个原则，应该是有共识的，我也很赞同这个原则。在这个原则之下的"教学路子"，可以而且应该是多元的。吕必松先生提出的问题，可以看作是他的遗愿。我们应该以这种精神去研究对外汉语教学的理论，去创造适合汉语特点的教学法体系；也只有这样，才能提高教学效果和教学效率，才能真正与世界对话。到那时，我们就可以告慰吕必松先生的在天之灵了。

吕必松先生千古！

参考文献

吕必松 . 谈谈对外汉语教学的性质和特点 [C]// 对外汉语教学论集（1979—1984）. 北京：北京语言学院出版社，1985.

吕必松 . 试论对外汉语教学的总体设计 [J]. 语言教学与研究，1986（4）.

吕必松 . 华语教学讲习 [M]. 北京：北京语言学院出版社，1992.

吕必松 . 汉语作为外语教学的实践性原则 [C]// 对外汉语教学论文选评（第一集）1949—1990. 北京：北京语言学院出版社，1993.

吕必松 . 华语教学新探 [M]. 北京：北京语言大学出版社，2012.

吕必松 . 我为什么赞成“字本位”汉语观——兼论组合汉语教学法 [OL].（2015-03-16）[2022-10-16]. https://www.sohu.com/a/6335003_108102.

吕必松 . 对外汉语教学发展史（上编）[M]. 北京：北京语言大学出版社，2017.

（原题为《对外汉语教学学科的开拓者——吕必松》，
原载《北京语言大学报》第 304 期，2017-12-10）

“上天”与“下地”应该平衡

我对汉语国际教育学科和学术的发展有一个想法：我们要既能“上天”，又能“下地”。什么意思呢？我觉得，我们在学科研究上，既要搞高精尖，深入地搞局部的研究，这是“上天”；也要接第一线教学的“地气”，给第一线提供充足的、丰富的资源，这是“下地”。据我观察，我们现在是“上天”的研究多，而“下地”给教学第一线提供的资源不足。我觉得二者应该平衡。

其实，老一辈的专家们早就注意到这个问题了。胡明扬先生认为我们现在针对对外汉语教学的汉语研究还不能满足对外汉语教学的需要。他曾经说过，英语教师很幸运，他们可参考的东西非常多，因为英语语言学家们已经对英语做了全面的研究和描写，英语教师在教学中遇到什么问题，很方便地就可以找到答案。而这些工作，多数都是英语作为外语教学的专家们做的，甚至是从事英语教学的外国学者做的。他两次举的例子都是 Otto Jespersen 的七卷本《现代英语语法》（我国曾经影印过这一巨著，八开七大本）。说它是英语语法的百科全书，一点儿不为过。我还记得张志公先生在 20 世纪 70 年代末有一次来北语演讲，也曾经说过，我们需要一部很厚很厚的语法和一本很薄很薄的语法。我想，他说的很厚很厚的语法，应该就是 Otto Jespersen 的《现代英语语法》那样的汉语语法。假如我们对外汉语教学中有这样一部百科全书式的现代汉语语法，那我们的教师会多么方便！除了语法，英语教学中还有 Daniel Jones1917 年出版的《英语发音词典》，以及 Hornby 早在 20 世纪 40 年代就编出的专门给外国人学英语用的 Learners’词典，后来又有了 Longman、Collins 等词典。我们还能举出一系列这方面的专家的名字，如英国的 M. West、H. Palmer，美国的 C. Fries、R. Lado，他们对英语教学的贡献可以说是不朽的。更具体的，像英国的英语教学专家 L. G. Alexander 在我校开办讲座时说，他的理想是编出两万种英语简易读物，建立一个英语简易读物图书馆。相比之下，我们对外汉语教学第一线需要的资源有多少呢？

我说的“下地”，绝不是搞一些大路货，而是要为教学第一线提供丰富的、充足的、与时俱进的资源，这些资源的学术价值绝不低于那些高精尖的研究。

我看到我们的科研立项、刊物上发表的论文，都是就某个局部甚至是细微的问题进行研究。我们也不乏追随国外最新的语言学流派或思潮的研究者。我认为，这些都是必要的，但不可忽视接地气的工作。特别是像北京语言大学这样以语言教学为主要任务的学校，从教学第一线的需要看，我们更需要“下地”的东西，我们的专家们应该在这方面下功夫，这应该是我们学校学科、学术研究的重点。“下地”也要能全面反映某方面的最新研究成果，我们需要做一些转换工作，对外汉语教学领域需要一批善于把高精尖的研究成果转换为教学需要的人才。我们主要的学术力量应该转向这方面。

高精尖的局部的理论研究虽然必要，但无论如何也承担不了支撑对外汉语教学的任务，也不能直接对教学起作用，因此对教学是不“解渴”的。正如吕叔湘（1979）所说，现在真正对英语进行了全面描写的，只有传统语法。吕叔湘认为，许多现代语言学只能说是“思潮”，还没有看见哪一种“思潮”像传统语言学那样全面地描写了一种语言。这样的研究当然无法用于教学第一线。我说一件我在澳大利亚亲历的事。韩礼德的功能语法对语言的描写，比起其他的“思潮”来还是比较全面的，影响也很大，尤其是澳大利亚语言学界，对他很是崇拜。他在澳大利亚麦夸瑞大学任语言学系系主任时，功能语法在全澳风行一时，跟当初乔姆斯基的转换生成语法在美国的架势一样，连中小学讲英语语法，都要按功能语法讲。可是当韩礼德 1997 年退休之后，新南威尔士州教育部（当时我在那里任中文教学顾问）马上做出决定，中小学恢复传统语法。所以，“上天”代替不了“下地”。其实，现在的一些语言学思潮的创立者，如乔姆斯基，就明白声明他的理论不是为语言教学服务的。再如，大家熟悉的蒙塔古语法（Montague grammar），也是无法用于教学的，但它对计算机科学的用处很大，据说，80 年代第五代计算机的突破就得益于蒙塔古语法。我建议，我们学校不要占用那么多学术力量去搞“上天”，要把主要的力量用于“下地”。

既不要看低“下地”，也不要认为“下地”无可作为。如果我们把编写一部“很厚很厚”的语法立项，就够我们许多专家忙活一阵子的（我想我们还没有像 Otto Jespersen 那样能够单枪匹马搞出七大卷英语语法的人）。除此之外，我们有许多第一线需要的基础工作都研究得不够，比如我建议的研制汉语最低限度词汇表和最低限度汉字表（参见鲁健骥，2018）。再如，为了开展语素教学，应该编写汉语语素大全之类的工具书，汉语词汇、语音、汉字等也都需要为第一线的教学做些切实的工作；为开展泛读教学，对泛读展开研究，编写系列简易读物、简易原文助读等，不说编两万种吧，几千种总可以吧。万事开头难，但不能因为难就不开头，不开头就永远没有。我们对外汉语教学已经搞了快 70 年了，许多应该做的“下地”的工作，总是放在那里不动是说不过去的，不利于学科的发展，也与学科的发展形势很不相称。我们要有紧迫感。

希望我说的这些没有跑题。谢谢大家！

参考文献

鲁健骥 . 汉考漫议——对改进 HSK 的几点建议 [J]. 华文教学与研究，2018（4）.

吕叔湘 . 汉语语法分析问题 [M]. 北京：商务印书馆，1979.

附记：

本文是我在 2019 年 1 月 10 日《世界汉语教学》编辑部举办的“汉语国际教育知识体系的特色与构建研讨会”上的发言。编辑部要求发言控制在 10 分钟之内，于是就对本文进行了压缩，并将压缩稿发表在《世界汉语教学》2019 年第 2 期上，现恢复原文。

学术传承——一个不新的话题

近几年常看养生节目，发现主讲的许多老中医都是过去名医的传人，而已届古稀或耄耋之年的他们，也都有了年轻的一代甚至两代学术传承人，因此感到中医界挺讲究学术的传承。后来又想到戏曲界，也很讲究艺术的传承，所以各大流派如今仍然薪火长传。

实际上，在高校中，特别是那些老校、名校，也很注意学术传承，他们把学术的传承看成保持本校学术优势的重要一环。

一个学校的学术优势，往往是经过几代名师、学术精英的努力创造出来的，他们经营的学科，是其他学校同类学科无法相比的。因此，一个学校要保持自己在某一学术领域的优势，必须想方设法培养新人；及至老一代退下去之后，能有人接上他们的班。

学术的传承牵涉到两代人，甚至三代人。这就要求这两代人、三代人一定要配合默契。对老一代人（或是某个学科的创始人，或是上代的传人）来说，他们一定要愿意把自己的学术专长传下去，而不能像老舍笔下的神枪沙子龙那样“不传！不传！”，让自己的“绝活儿”烂到肚子里，带进棺材里。不过据我观察，在学术界这样的人真不多，更多的人是希望将自己的学术专长传给后人的，而且常为找不到传人而苦恼。而对于年轻一代的学者，则要有强烈的向老一辈人学习的愿望，把老一代人创造的学术财富继承下来。

学术上的传承，需要“传”和“承”双方相互选择。“传”的一方通过考察，认为“承”者在学业上、品格上可以信赖，能够把传承的重任托付给他 / 她；“承”的一方也确实认可“传”的一方有自己可以“承”的学问，而且自己也有志向、有兴趣把前辈的学术继承下来，并且发扬开去。应该说，找到这样的传人是不容易的，建立这样的传承关系更不容易。

上面是一些简单的认识。从这些认识出发，反观我校（北京语言大学），感觉在学术传承方面有所欠缺。一是这个问题至今尚未得到重视，因而提不到议事日程上来；二是实际上我校有些优势学科确实已经自生自灭，后继无人，这不能不说是很大的损失。比如，对外汉语教学是我校的优势学科，这是由于我们在很长一个时期内，是全国的唯一，哪个学校要开展对外汉语教学，必得到我们这儿来“取经”；更重要的是，我们有一批“元老”级的当之无愧的对外汉语教学专家，王还先生就是其中的佼佼者，她在国内外汉语教学界都有一定影响，是我校学术优势的一张无可争议的“名片”。王先生在多个领域，如对外汉语教学语法及汉英语法对比、教材编写、辞书编写等方面的学术成就，为学界所公认，这些本来都是应该有人继承的。可惜的是，随着她的离世，这些都后继无人。而跟她同时的几位对外汉语教学的精英，有的也已故去，有的因年龄或健康原因，已经力不从心。而他们下面的一代人中也不乏学有专长者，现在也都退休多年，他们的学术同样面临着自生自灭的命运。近一二十年来，我们已经感到我校在对外汉语教学领域正在失去学科优势，起码在其他学校的心目中，认为我们跟他们现在是“在同一条起跑线上”。这种危机感日益迫切。

在其他领域，如语言学、文学等，我校也都有一批知名的专家，可惜他们也都是单枪匹马（我不是指的一般的师生关系或者课题组。这些可以发展成传承关系，但不等于就是学术传承），后继乏人，他们的学术也在自生自灭。如张清常先生，在语言学上是一位“多面手”，可他在我校就没有一位传人。他晚年在《战国策》研究和北京街巷研究上，都独树一帜，在学术界有一定影响力。然而《战国策》的研究他是在南开大学带出了几位专家，北京街巷研究在我校也没有人继承。其他专家也一样，虽然成绩斐然，但并无人接班。所以，他们今天的学术优势，很可能明天就失去了。

因此，我认为，学术传承的工作应该提到日程上来了，应该受到重视了。我们一些在职教授的学术地位在一些领域已经确立了，在学界已经产生了较大影响，应该趁着他们还年富力强的时候开始选择学术传人，使这些学科的领先地位能够保持下去，并不断发扬光大，保持我校在高校中、在学术界的优势地位。

学术传承的事应该列入学校的发展战略。这就要求学校的领导给予足够的重视，否则还是会落空的。

（原载《北京语言大学报》第 284 期，2015-12-10）

序《畅听——汉语听力教程》

匡昕把《畅听——汉语听力教程》(以下简称《畅听》)的书稿拿给我，让我写序。我很高兴能够成为这本对外汉语听力教材的第一读者。对于这本教材，我并不陌生，因为匡昕在策划时曾经征求过我的意见。此后我一直关注着她编写的进展。现在，这本书名很别致的教材终于很快可以付梓，是很值得庆贺的事情，所以我就欣然地接下写序的邀请。

我国的对外汉语教学一直把听、说、读、写四种能力的掌握当作训练的目标，但就听力训练而言，却有个发展过程，大致可以分为两个阶段，这两个阶段以1980年为分界，此前是所谓的“消极听力”(passive listening)阶段，即只在课堂上用几分钟的时间让学生听生词和课文的录音，做些模仿性的练习，并没有真正意义上的技能训练，因此也没有技能上的目标和要求，即使在教学大纲或教学计划里提到，其实也是落实不了的，因为没有真正的训练。自1980年对外汉语教学领域开始分技能设课，为了培养和提高学生的听、读能力，单独设立了听力理解和阅读理解课，初步设计了一套听和读的技能训练模式，对外汉语教学的听力训练才进入了第二阶段，即“积极听力”(active listening)的阶段，此后，听力技能的训练逐步普及开来。总的看，“积极听力”的训练优于“消极听力”的训练，学生的听力技能大大提高，效果比较明显。

倏忽35年过去，当我们回顾这一时期的听力教学的时候就会发现，随着听力教学手段的现代化，训练的方式也在发展。20世纪80年代，课堂上主要使用的还是录音机，后来虽有了录像设备，也拍摄了教学录像，但用得并不普遍，再后来又有了电脑，有了互联网。进入90年代，多媒体课件进入课堂，使得教学手段，包括听力教学的手段，大为改观，自然教学效果也有了相应的提高。

但我们也不能不指出，听力教学手段的现代化并没有相应地带来教学方式的巨大进步。我们到课堂上看一看就会发现，本应与时俱进、丰富多彩的听力教学仍然没有放出异彩。从教的方面说，教师创新与探索不够，缺乏对学生创造能力的激发；从学的方面说，学生仍然处于被动的地位，因而在课堂上缺乏积极性和创造性。因此，我认为，听力教学仍有很大的改进空间，需要听力课的教师和教材编写者对这门课程进行深入研究，大胆创新，使听力教学不断地“更上一层楼”。

读了《畅听》的稿子，我觉得匡昕是有创新和探索意识的，这是很可贵的。在编写过程中，她对外语教学的一些新的理念、新的思潮进行了研究和思考，并在教材中加以借鉴。要创新，就势必要突破一些固有的模式。如今的对外汉语教材，特别是听力教材，多标榜如何紧跟HSK，我不认为这是一种正常现象，这是应试教育对对外汉语教学的影响。日常教学比HSK不知要丰富多少，听力技能的训练也是如此。HSK的听力测试部分远远不能涵盖听力技能训练的内容。比如《畅听》中设计的由教师直接讲述的练习和每一课的“拓展”部分让学生课外做调查的练习，就都是HSK做不到的，这对于训练学生面对面地听真实中国人的口头表达是一种非常有效的做法，很值得提倡。

听力技能的训练不应是单一的，只有经过多种方式反复训练，学生才能达到听力理解的熟巧。所谓多种方式的训练，应该有两个层面：一是同一专题内容上要“滚雪球”，二是要善于变换训练方式。“滚雪球”是要很高的教学（包括教材编写）技巧的，要做到不使学生感到听觉疲劳，不感到絮叨，这很不容易。而训练方式的变换则需要教师的灵活操作。就初级阶段的听力训练而言，语速、听话的距离、听话的条件（用设备与不用设备直接听）等，都要靠教师来操作。《畅听》显然已经注意到了这两方面的问题，并做了有益的尝试。教材每一课的练习环环相扣，紧紧围绕一个主题，为“滚雪球”创造了条件，对教师可以做哪些训练方式的变换，“前言”中也做了必要的提示，这形成了《畅听》的特色。

对外汉语教学界有一个共识，就是教学内容必须贴近学生的生活，许多教材在这方面也都做了努力。但在如何做才能算是“贴近”学生的生活这个问题上，则见仁见智，迄今我们见到的教材仍以“大路货”为主，即编写者都尽量使自己的教材适应面广一些。这样做自然有其好处，但往往特色也就体现得不够。于是，出现了一个长期解决不了的问题：教材雷同的很多（当然，这不是教材雷同的唯一原因）。《畅听》则另辟蹊径，将教材的对象定为在中国学习体育的外国留学生，而教材内容又不十分局限，也不过于专业，恰到好处。看起来，这本教材的适用面是窄了一些，但由于其针对性强，其内容方面的特色也就突显出来了。从另一方面说，适用面窄也是相对的，因为来华留学的外国学生都是年轻人，喜爱运动是年轻人的特点，他们既然学习汉语，就会很自然地希望学会跟体育运动有关的汉语。这样，《畅听》或许会成为他们喜欢的教材。

教材内容贴近学生的生活，除了题材之外，材料的语言表达也很重要。《畅听》中的听力材料，使用的都是鲜活的年轻人的语言，能反映年轻人的语言特点，这是会使外国学生感到亲切和实用的。这与编写者都是年轻人有关。我想，这样的语言表达我是做不出来的。若是让我来写课文，肯定是老气横秋的，学生肯定不喜欢。我要说的是，在这方面，我们有些教材不太讲究，或者说没有意识到，所以写课文时（主要是初级阶段），通常都写得四平八稳，常常缺乏特点，读起来味同嚼蜡，引不起学生的兴趣。

教学如何使学生不断增强信心、有成就感，是教师要经常研究的问题，因为这直接关系到教学的总体效果。现代教育学主张对学生要多鼓励，少批评。有研究表明，多鼓励学生，学生学起来就轻松、主动、积极、有信心、不会有挫折感，进步往往更快。特别是对那些学习有一定困难的学生，作用更大。我想起在澳大利亚新南威尔士州教育部当教学顾问时观察到的一件事。当时我常常到中小学走访汉语老师，发现每一位老师每次授课之后，都会为每个学生填一份表格，记录该生在这一节课上学会了什么。这样，一个学期结束后，把每个学生的表装订成册，交给学生家长。我问过一位老师为什么这样做。她告诉我，这是教育部规定的，目的是使学生了解自己的进步，从而增强学生的学习信心，激励他们更努力地学习。借助这份表格，老师可以对学生做出客观的评价，家长可以具体了解自己的孩子在汉语方面的进步。我感到很有道理。现在读《畅听》，发现每一课最后都有一项“我的学习档案”，与澳大利亚教育部要求教师记录学生进步的做法有异曲同工之妙。不同的是，《畅听》让学生自己总结自己的进步，这是大学生可以做到的，也更能对他们起到激励作用。看起来是一个小小的环节，但我觉得是一个非常重要的环节。当然，要使学生产生成就感，这不是唯一的做法，每位教师都有创造的空间，《畅听》中的这个环节，无疑开了一个很好的先例。

关于《畅听》的编写理念、编写方法，匡昕已经在“前言”中做了介绍，该对使用《畅听》的教师和学生说的话，她也分别做了交代。我上面说的，不过是我读了这本教材后的几点随想和感受。一本教材的成功，其实是一个系统工程。听力教材更要与其他教学手段相配合，如一般教材都配备录音或多媒体课件，制作时都是很讲究的，不完全是“照本宣科”（“照本宣科”式的录音仍有消极听力之嫌）。我期待着看到《畅听》有一套别具特色的、突破了一般制作方式的、出彩的录音和课件与它配套。

匡昕上学的时候是一个特别爱笑的学生。如今，她已经毕业好几年了，教龄也有好几年了，还有了国内外的教学经历。可是，她爱笑的天性一点儿没有改变。她有时给她的导师吕文华和我打电话，还没说话先“咯咯”地笑起来，只要我们听到这笑声，就知道是匡昕来电话了。今天，面对着这本《畅听》，她应该有理由开怀地笑一场了。因为她践行了自己的教学理念，这就占据了一个制高点，这也是一个很好的起点、一次非常宝贵的编教实践。作为她曾经的老师，吕文华和我也为她高兴，应该向她表示祝贺。当然，我不能说这本书是十全十美的，“取法其上，得乎其中”，这是规律，但只要有了一个好的起点，锲而不舍，再接再厉，我想，她下一次再编写别的教材，一定能够达到一个新的高度。

是为序。

鲁健骥

2015 年 11 月 12 日

（原载匡昕主编《畅听——汉语听力教程》，北京体育大学出版社，2016）

贰

对外汉语教学法体系

关于对外汉语教学“激创法”与创造式汉语学习的思考

一、缘起

本文是我最近一个时期对对外汉语教学法的一些思考，主要是在考虑如何进一步提高教学质量的时候，应该从什么入手？是跟在别人后面亦步亦趋呢，还是借鉴别人的理论去探索一套自己的对外汉语教学法体系？我这里说“借鉴”，意思是不能照搬，只能吸收其长处，而避免其短处。再有，我们要清楚我们自己的经验有哪些是要继承的，哪些是要抛弃的。在此基础上使对外汉语教学法有所创新，有所发展。

本文主要谈三个方面的问题：

1. 教学理念；2. 教学原则；3. 教学实践。

二、教学理念

教育心理学告诉我们，只要头脑健全，创造能力人皆有之，只有程度上的不同。不管什么教学，都应该发挥和利用人的创造力。张德琇（1981）认为，“在学校教学中，教师须引导学生自己探索新境界，自己去追求新知识，自己去发现新的原则原理；这乃是启发创造性思维与培养创造能力的必要途径……在教学方面，教师要安排适当的情境，引导学生运用思考学习，而非仅只通过感官学习；要引导学生考虑问题，或大家讨论，而非专事模仿，或机械记忆；要将学生引向自己探索发现的道路，而非完全接受教师的传授”。

这是认知派教育心理学的一个具有普遍意义的理念，也就是说，这个理念应该是对各种教育都适用的，当然也包括外语教学和作为外语或第二语言的汉语教学，即对外汉语教学。根据这一理念，我们认为，汉语教学应该使学生的学习成为一个不断“创造”的过程：学生在教师的激励、指导与引导下，在“创造”中理解汉语、掌握汉语，就是在对汉语认知与理解的基础上形成汉语的言语能力，包括用汉语进行交际的能力；同时发展独立地观察、发现、吸收语言的能力，不可偏废任何一个方面。这里，教师的激励、指导与引导是关键，是对外汉语教学的核心问题，是教师非常重要的职责，是“以教师为主导，以学生为中心”的真谛所在。我们可以以此为基础建立一种新的对外汉语教学法体系，可以将其称作“激创法”，把这样的汉语学习称作“创造式”学习。

在这里，发展学生独立地观察、发现、吸收语言的能力是激创法汉语教学理念中非常重要的一点，也是教学的最终目标之一。因为只有具备了这种能力，学生才能独立地学习，终生受用。这就是中国古训“授人以渔”的道理。

我们今天提出激创法汉语教学和创造式的汉语学习是基于以下几点考虑：

第一，目前中国的对外汉语教学有一种应试教育的倾向，即教学将汉语水平考试视为圭臬，把通过汉语水平考试作为对外汉语教学的目标。这种倾向制约了汉语教学，弄不好会使教学成为汉语水平考试的考前训练班，从而偏离了应有的教学目标，也限制了学生创造力的发展。汉语水平考试，包括为其服务的水平大纲，都是为了某种目的（主要是入学）而设立的，而各种门类的对外汉语教学也都有各自的培养目标和教学内容，这是汉语水平考试的目标和内容涵盖不了的。如果说我们可以以水平大纲来衡量学生的水平的话，那也只有在汉语预备阶段，也就是在正式进入专业学习之前，用来考查学生的汉语水平是否已经达到入学要求。

第二，迄今为止西方的一些外语教学法，如听说法、视听法之类，多侧重于初级阶段的教学，最多到中级阶段，而对高级阶段的教学则较少涉及。从我们现在接触到的文献和教材（包括英语教材）可以发现，到了高级阶段他们没有什么新的“招数”，练习方式简单，甚至还停留在初级阶段的做法。这可能与他们的外语教学基本观念有关。中国的对外汉语教学则是一个从初级到高级的完整的教学。以北京语言大学四年制的对外汉语专业为例，该专业开设了 8 个专业方向的课程。这些课程围绕语言训练，还有多样的语言知识课程、文化课程、专业课程。而以上提到的教学法，无法涵盖如此丰富多样的汉语教学。因此应该认真研究和总结我们自己的经验，把它提高到理论的高度，建立自己的教学法体系。我认为，激创法汉语教学和创造式的汉语学习可能是建立这个教学法体系的一个切入点和突破口。因为这样的教学和学习适应各种类型、各种课型、各个阶段的教学和学习，而且程度越高，越能体现出其优越性。在这方面，我们还有很大的创新空间。

第三，近些年来，我们重视语言教学的交际性，引进了交际法，提出汉语教学要培养学生用汉语进行交际的能力的要求，也提出了课堂教学“交际化”的要求。这都对汉语教学的发展起到了促进作用。但同时我们也注意到，我们对交际性的理解有偏颇，往往把“交际”仅仅理解为“口头交际”，而忽视了整体上应该让学生在理解的基础上掌握汉语、运用汉语。这或许与交际法主要面向特有的对象有关。胡文仲（1982）在谈到交际法时，曾经说过：“在国外，交际法的教学对象往往是准备去英美旅行或居住的人，或者至少在国内有机会与英美人有接触的人，用外语交际是现实的需要。”可见，交际法是有其特定对象的。就汉语教学的情况来说，对属于以上对象的教学，当然使用交际法很合适，对于不属于以上的对象，在教学的某一个阶段或者某些课型（如口语课）中使用交际法也是合适的。但若把交际法用于所有对象、所有课型、任何阶段，未免捉襟见肘，方凿圆枘。

第四，目前，任务型教学得到了汉语教学界的关注，对外汉语教学界也开始了一些探索。但主流的任务型教学理论似乎不承认“交际任务”或“口头交际任务”之外的任务是“任务”。我们认为，“交际任务”固然是“任务”的一个重要组成部分，但绝不是全部，在“交际任务”之外，还有其他的任务，不然就有将教学肢解的危险。我们认为，对任务型教学，应有以下两方面的理解。首先，任务型教学所说的任务，不应该仅仅指口头交际任务。任务应该贯穿教学的全过程，即在口头交际任务之外，在教学的各个环节上都应该有所体现，如思考性的任务、查找性的任务等。我们也认为应该让学生做事，但学生要做的事不只是交际上的事。其次，要注意任务的质的方面，即是否有利于学生调动已学过的知识进行“创造”，是否有利于他们观察语言、吸收语言、发现规律。

第五，我们所说的激创法教学与创造式学习，并不是要完全否定与排斥其他教学法，只是针对它们的不足提出来的。它们的某些具体做法（如操练方法），在教学的某些环节仍然可以使用。激创法教学与创造式学习同交际法、任务法并不矛盾，而是与它们有密切的关系，是对它们的借鉴与延伸，突显了应该突显而它们突显得不够之处。我们认为，假如说交际法、任务型教学法应该有一个统领思想的话，那么这个统领思想就应该是激发和发展学习者的创造力。只有这样的交际和任务才是有意义的。

第六，上述理念也有助于我们对“发现式”学习的理解。“发现”本身就带有创造的色彩，问题是，作为一种学习类型，学生的“发现”应该是教师指导下的“发现”。学生的每一步“发现”，都是激创法教学和创造式学习的结果，也是进一步创造的开端。

归纳起来，我们对激创法教学和创造式的汉语学习，可以有如下的认识：

（1）激创法教学讲的是教学过程中应该激发学生的创造能力，教师的作用也在于此。创造式的汉语学习，指学生要在教师的激励、指导和引导下，使自己的学习成为“创造”的过程，学习的结果（如用汉语进行交际的能力）则是“创造”的成果。

（2）我们这里所说的激创法教学、创造式学习，像任务型教学法、发现式学习一样，本身都是教与学的理念，本来都不是专门为外语教学（包括汉语教学在内）设计的，因而它的适用面比较广。在汉语教学中，它适用于汉语教学的各个阶段、各种课型、各个环节。现行的一些教学法比较强调课堂教学的交际化，那是指学生的操练。对于语言知识的讲解，则大多只有一些原则性的要求，如精讲多练、讲解不得超过教学时间的20%、少而精、由易到难、由简到繁、以旧带新等，至于如何使讲解过程也成为学生的

“创造”过程，则大多忽视。我们认为，语言知识的讲解是教学不可分割的组成部分（但这丝毫也没有要把讲解作为课堂教学的主体的意思），也是我们所说的创造式学习的重要元素。

（3）激创法教学和创造式学习符合人的认知规律。像认知类型的教学法一样，我们主张要使学生在理解的基础上学会汉语，只要是有利于学生“创造”的办法，我们都加以利用，因此我们并不简单地排斥具体教学环节中的操练、重复和机械的训练，更不排斥在必要的时候使用学生的母语，而是要把这些都纳入创造式学习的整体中，为学生的“创造”服务。

（4）由于在汉语教学中给了学生创造的机会，他们是在不断地探求、发现中学习的，因而能够产生持续的成就感，这样就会提高他们学习的积极性、主动性和兴趣。

（5）在创造式的学习过程中，学生也学会了学习语言的方法，学会了如何观察和吸收语言，而这正是激创法教学的目标。这对他们后面的学习和离开学校之后的继续学习大有裨益。

三、教学原则

任何一种教学法体系不仅要提出一种理念，而且要处理好教学中的各种关系，这就形成了一些教学原则。后出现的教学法体系总是对前面的教学法体系有所继承与借鉴。当然，由于教学理念的不同，对教学中各种关系的处理自然也不会完全相同，有的甚至会截然相反，但这正反映了它们各自的特点。我们所说的激创法汉语教学与创造式汉语学习也必须考虑到教学原则的问题。除了那些教育学上的普遍原则以外，与对外汉语教学直接相关的原则有以下几项。

1. 外语知识与外语能力（包括外语交际能力）的关系

我们坚持认为，我们教的是语言，而不是关于这种语言的知识。直接法的先驱们提出的这一论断是具有普遍意义的。但外语知识在外语能力获得中的作用仍然是不可忽视的。成年人获得外语能力是建立在理解的基础上的。外语能力的获得固然要靠大量的实践，因此在外语课堂上，知识讲解在时间上所占的比例总是尽量控制在最小，这就是“精讲多练”的含义。但这还不够，不应该单纯地靠讲解使学生理解，还应该把学生获得外语知识的过程变成语言实践的过程，这不单是操练的过程，而且是一个在教师的指导与引导下进行创造性工作的过程。

2. 听、说、读、写四种语言能力的获得

我们对外汉语教学安排四种技能训练的时候，一直有“突出听、说”和“突出听、读”的区别。其实这可以根据教学目的的不同灵活处理。但我们现在要强调的是，训练语言能力的过程中应该创造条件，让学生做一些有创造性的事情。

3. 学生母语的作用

现代的任何外语教学法都不像初期的直接法那样排斥学生的母语了。即使是直接法，经过改进之后，也已经改变了早期绝对排斥母语的做法。因此，我们同意“在必要的时候可以使用母语”的提法。这对于本文所论的教学与学习尤其重要。什么是“必要”的时候？就是用目的语（汉语）讲不清楚的时候，为了不影响学生理解，不管是讲知识还是布置任务、提出要求，都可以使用母语。举例说，在基础阶段，学生为了做创造性的工作，需要准确地理解教师的指令，但学生的汉语水平还不足以听懂或看懂这些指令，这时候就可以使用学生的母语。

4. 教师与学生在学习中的角色

“以教师为主导，以学生为中心”已经成为对外汉语教学界的共识。我们认为，教师的主导作用体现在对学生的激励、指导和引导上，教师是课堂活动的“导演”，学生是“演员”，是课堂上的主要活动者，但他们的活动一定要在教师的指导和引导下进行。在活动中学生一步步地“创造”，最后形成用汉语进行交际的能力与学习能力。

5. 对学生偏误的态度

我们既然引导学生、要求学生通过“创造”来学习和掌握汉语，那么他们在创造中就不可避免地会出现偏误。因此我们要允许学生出现偏误，并且在出现偏误时，通过分析、讲解、进一步地实践，消除偏误，达到掌握的目的。

6. 学习能力的培养

“授人以渔”而不是“授人以鱼”，这是中国传统的教育理念。具体到汉语教学，教会学生如何观察汉语的语言现象、发现汉语的规律、吸收新的汉语知识，就是学习能力。这种能力的获得不是靠讲解，而是在教学与学习过程中培养。

7. 让学生做自己力所能及的事

学生要通过自己的努力去学习，而不是教师把什么都给他们准备好，他们不花费劳动，就可以“不劳而获”。实际上，是没有“不劳而获”的事的，自己不劳动是学不好任何事情的。我们提出这一点是有针对性的。目前的教学现状往往是一切都由教师和教材“包办”。这样做，学生上课非常被动，只要带着一张嘴、两只耳朵、一双眼睛来上课就够了。这与我们提出的教学方法和学习方法是相悖的。这样上课的起点接近于“零”——学生对老师教什么、怎么教心中无数：学了这一步，不知道下一步干什么。教师在课堂上做的许多工作其实都是学生在课前自己有能力做的，课上做这些事浪费了宝贵的时间，教学效率低下。

8. 课内、课外活动相结合，课前、课中、课后的活动相结合

课内的活动指课堂教学，课外的活动指复习与预习。这是任务型教学的原则之一。但我们这里所说与任务型教学略有不同。主要的不同就是我们不仅让学生完成交际的任务，如课前的预习，而且必须使学生明确课上教师每一步都要做什么，就是说，教师上课对学生是“透明”的。这样学生上课时的思想就变被动为主动。为了做到这一点，教师就必须对预习提出具体的要求，让学生做他们力所能及的工作。这就需要给学生一份详细、具体的预习任务提纲。从预习开始，学生就已经在做“创造性”的工作了。只有经过这样的预习，学生上课才是“有备而来”的，才能带着一种探求的心理走进课堂。课堂教学的起点高了，教学效率也会相应地提高。

四、教学实践

教学理念和原则要贯彻到教学实践中去证明其有效性，因此我们在提出教学理念和原则的同时，必须解决教学实践的问题。

前面我们讲过，对外汉语教学的目的是既要培养学生的语言交际能力，还要培养他们的学习能力。从这两方面的目的出发，在教学中要让学生做他们力所能及的、能发挥他们创造能力的事。那么，学生能做哪些事呢？大致以下几个方面：

1. 查找

查找的范围很广，如：初级阶段从教材或教材所附的字词表中查找语素意义或词义，中高级阶段从词典中查找生词的意义、成语的出处等；查找课文作者的介绍，专名的解释，若是文学作品，可以查找有关的背景等；从课文或已经学过的课文中查找出现的某一语言现象（使用某一句型的句子、词语搭配等）；在汉字教学中，从已经学过的汉字中查找含有某个偏旁（声旁或形旁）的汉字；等等。

2. 调查

给学生布置课外的调查任务。譬如“打招呼”，现在的做法是通过翻译或解释，把汉语的招呼语介绍给学生，并说明某些招呼语的使用范围、时间、对象等。激创法教学则要求学生去调查，从最简单的“你好”“您好”，到“你……呢”之类，都要求学生通过自己调查，总结出以往通常是通过讲解所给的规律。课上学生报告调查和总结的结果，互相补充，教师总结。在国外教学时，由于语言环境的关系，调查受到限制，这时就要发挥多媒体的作用，制作或者下载一些相关的画面，让学生观看后总结规律。

3. 比较

一说起比较，我们就会想起比较学生母语和汉语的不同，或者是比较相近的汉语项目之间的异同。这仅是比较的一种，但这种比较受学生汉语水平的限制比较大，最好是在知识课上使用。在以掌握汉语为目的的语言课上，我们所说的是另外一类比较。比如在学习新课之前，让学生根据课文的题目（或插图）猜测课文的内容（如果是叙述性的课文，学生的猜测就是根据自己的想象讲一个故事）。这是一步创造性的工作。因为学生在猜测时需要调动他学过的词汇、语法等语言手段。既然是猜测，学生就可能猜测得五花八门，而这正是我们所希望的，这说明学生的猜测是经过思考的，同时他们的猜测也给上课创造了条件。上课的时候，学生要报告自己猜测的内容，而后粗读课文，与自己猜测的内容做比较，进行讨论，说出自己猜测的故事与课文故事的不同。这是第二步的创造。每一步都可以先口头做，经过纠正再笔头做。从口头到笔头也是进一步创造的过程。这类的比较很能调动学生的积极性与创造性，引起他们对新课的好奇心，为进入课文的教学做铺垫。但这里说的仅是这类比较的一种形式，教师在这方面大有创新的空间。前不久我听过一次课，教师在讲完一则成语故事之后，放了该故事的动画片，然后让学生找出课文和动画片的不同之处。学生非常积极，发言踊跃，他们找出的不同甚至超过了教师课前准备的。这就是成功的例子。

4. 总结归纳

主要是课上要求学生总结归纳讨论（前面的查找、调查、比较的结果都在此列）中的各种意见、看法，互相补充，不断“滚雪球”，最后形成完整的总结。教师的作用是在学生总结的过程中不断给予启发，最后再强化总结的内容，使之更全面、更系统。

5. 创造性运用

由于整个学习过程（无论是课前、课中、课后）就是创造的过程，所以学生随时都在创造性地运用已经学过的和正在学的知识。但在不同的学习阶段和不同的学习环节，创造有程度的不同。在开始阶段、初级阶段，教师的引导、控制会多一些，像变换人称的复述、变换体裁的复述就是初级阶段后期以及中高级阶段常常涉及的创造性运用。之后过渡到较高程度的创造，如学生独立地设计情景、根据所学内容独立地创造新的类似的内容。假如学的课文是一位作家的小传，那么学生在学习的最后应该可以口头或笔头做其他作家的小传。假如教了按时间顺序安排的篇章的结构规律，我们就可以让学生运用这种规律说或写一篇作文。

以上这几种能力的训练既是语言的训练，又是学习能力的培养。教师应该采用各种手段给学生创造“创造”的条件，包括整个教学（课前预习、课上环节与步骤、课后复习）的设计。教具和多媒体课件的应用，使得这种创造条件的工作更加方便。教师还应该有意识地培养学生使用工具书和互联网的能力和习惯。我们特别提倡让学生尽早地使用原文词典（当然主要是专门为外国学习者编写的原文词典），这是提高他们语言水平、语言能力和学习能力的一个非常重要的手段。

五、结语

本文所阐述的激创法教学与创造式汉语学习方法，虽然是在说对外汉语教学，但其理念具有较强的适应性，特别是对外国学生开设的专业课、知识课，也应该而且完全可以贯彻，让学生在“创造”中学习。本文旨在探索一种教学法体系及其在课堂教学中的可操作性，尚未涉及教材的编写和测试。我们初步设想，假如这个教学法体系基本上可以成立，那么将会给教材和测试带来一些相应的变化。我们以上所说的教学理念、原则和方法，虽然有一定的理论和实践基础，但仍然属于“刍议”的性质，旨在抛砖引玉。我们认为这里提出的问题或许对建立我们自己的对外汉语教学法体系有些用处。一个教学法体系的形成要靠群体的智慧与实践。本文提出的许多问题都有待通过进一步的理论阐发和教学实践加以充实、深化、细化。希望能够引起业内同行的兴趣，更希望得到批评。

参考文献

胡文仲．交际教学法初探 [J]. 外国语（上海外国语学院学报），1982（5）.

张德琇．教育心理研究 [M]. 北京：教育科学出版社，1981.

（原题为《关于创造型对外汉语教学与创造式汉语学习的思考》，
原载《语言教学与研究》2010 年第 4 期）

附记：

本文的撰写有一个过程。最初的想法来自做北京语言大学教学督导员听课后的一些思考。2008 年底以此为题在北京语言大学人文学院做了一次讲座，2009 年 11 月应邀在越南河内大学举办的“50 年汉语教学与研究国际研讨会”上做学术报告，还是以此为题。本文就是在讲座和报告内容的基础上整理而成的。

对外汉语教学“激创法”答问

客：鲁先生，我注意到，近几年来，您一直在讲创造性的汉语学习和如何引导学生在创造中学习的问题。去年您又把您的想法写成文章发表①。读了您的文章，对您提出的激创法产生了兴趣，有几个问题想再听听您的看法。

鲁：谢谢您对拙文的关注，很愿意听到您的反馈，也很愿意跟您讨论。这样的讨论肯定能对我们建立自己的教学法体系起推动作用。

客：激创法，按照您的意思，即激励学生在创造中学习汉语的教学法体系。这个名称倒是能够体现这种教学法的内涵，那么，我就几个有关激创法的问题，跟您探讨。

鲁：非常欢迎，请不吝指教。

客：别客气。首先，我觉得您的文章中没怎么对激创法的理论基础进行阐述。

鲁：是的，而且没有展开的也不仅是理论基础，因为我这篇文章只是对激创法搭了一个教学法体系的架子，一般教学法体系应该涉及的问题都提到了。至于理论基础的问题，我想你从文章中可能也看出了一些端倪。文中几处提到认知派教育心理学的观点，正是这些观点，激发了我对对外汉语教学法的一些思考。我曾经向一位从事心理学研究的老师咨询过，目前心理学研究是否还是以认知派为主流，他做了肯定的回答。我想你大概可以发现，自功能教学法以来的几种教学法体系都是以认知派心理学作为心理学基础的。比如认知派教育心理学的学习理论，我就觉得很有道理，发挥学生在学习过程中的创造能力，也是认知派教育心理学一个很重要的思想。我想，在我们研究自己的教学法体系的时候，这些都是值得借鉴的。

至于语言学的基础，我认为可以分成两个层次。一个是宏观的、基本的，如对语言本质的认识，这直接影响外语教学的任务、目标，当然不可忽视。另一个层次是微观的、具体的语言学，如汉语语言学以及语言学的各分支学科对对外汉语教学的指导作用。当然，这种指导作用并不是照搬，而是要清楚各派的语言学对语言教学能够起什么作用。比如，乔姆斯基的转换生成理论以及与其唱反调的一些非转换生成学派的理论，据说对电子计算机的研究起了很大作用，而对语言教学，由于这些语言学理论都没有形成体系，所以实际上对语言教学是起不了指导作用的。说句玩笑话，谁见过用树形图来教外语的？实际上，乔姆斯基本人就宣称他的理论不是为外语教学服务的。但从心理语言学

---

① 参见鲁健骥（2010）。

的角度，乔姆斯基区分语言能力和语言行为，对语言教学是有用的，所以为现代一些外语教学法体系所吸收。我还可以举一个例子，韩礼德的功能语法也是很有影响的，韩礼德曾经在澳大利亚麦夸瑞大学担任语言学系系主任，其间，澳大利亚新南威尔士州的中小学就是按功能语法的路子教学的，可是1997年韩礼德退休后，新南威尔士州教育部很快就发出通知，改回教传统语法，理由是功能语法不适合教学。真正成了体系的，其实还是传统语法。英语教学，包括《英语900句》这样的教材和夸克等编写的教学语法在内，在我看来基本上是在传统语法体系的基础上，突出了交际功能和用法，这对教学特别有指导意义。在汉语语法研究中，近十几年来，有三个平面之说，也是把形式、意义与语用结合起来，这已经引起了对外汉语教学界的重视，并运用到研究与教学之中，对语法教学起了推动作用。即使是这样，这些理论也要经过消化才能用于教学，还得想出教学的路数。2008年我和几位老师一起重编了《初级汉语课本》第三册，改名为《初级汉语精读课本》，比较突出的一点是试图落实在初级阶段后期进行语素和语篇教学的想法，除了讲法之外，我们还设计了若干种练习方式。所以，问题还不全在于教什么，还要解决怎么教的问题。

一些语言学的分支学科，如社会语言学、语用学、篇章语言学、话语分析等，都对现代外语教学法影响很大，包括我们说的激创法，只要我们能够做好这些理论向教学的转化工作，就一定能发挥它们对教学的指导与推动作用。

客：我发现，您最近几年一直在说“授人以渔”的理念，这次在文章中，又把它提到很高的地位。这是咱们中国的古训，如何运用到现代的对外汉语教学中，倒还真是很值得研究的。

鲁：是呀。不过我要说明，注意到“授人以渔”并不是从我开始的，而是对外汉语界近些年来一直在说的。我只是把它纳入激创法，并把它看成是教学目标之一。这也符合现代教学法的理念。我们不能教一句让学生学一句，而是要通过学习学会怎么学、怎么吸收，学生应该具有这种能力。这样他们出了校门，碰到新的语言现象才能够自觉地学习和吸收。所以我说这是可以终身受用的。

“授人以渔”，古人的这个提法太好了，而且很形象。我觉得，我们其实可以从传统的语文教育中汲取不少营养，古代的一些教学理念、教学方法，哪些可以借鉴到对外汉语教学中，值得挖掘。我读过一本《中国古代语文教育史》，很受启发。比如，背诵是传统语文教学的办法，最受现代教育诟病。可是我们许多外语教育专家，包括一些外国人，都认为背诵是学外语的一种好方法。北京外国语大学已故的王佐良教授20世纪50年代就说过，从某种意义上说，你会说会写的，就是你会背的。胡明扬先生也说，“背诵是学习语言的一种好方法”（胡明扬，2002）。美国黎天睦教授（Timothy Light）也说他主张要让学生背一些东西。可是从学生方面说，西方学生，特别是美国学生，最不愿意背书。怎么办？我觉得其实可以想一些变通的办法，学生又背了书，又不厌烦，甚至还挺感兴趣，我称它作“裹着糖衣的背诵”。我在澳大利亚工作时，有一次一位小学中文老师用中文翻译了几本儿童读物做汉语教材，让我审稿，其中的一些做法让我很受启发。比如有一本《海蒂和狐狸》，故事是：

第一页：海蒂是一只小母鸡。一天早上，她抬头一看，说：“天哪！我看到丛林里有一个鼻子！”

第二页：“（重复第一页的话）还有两只眼睛呢！”

第三页：“（重复第二页的话）还有两只耳朵呢！”

第四页：“（重复第三页的话）还有两条腿呢！”

第五页：“（重复第四页的话）还有身子呢！”

第六页：“真的？”鹅说。

第七页：“是吗？是吗？”猫说。

第八页：“管它呢！”羊说。

第九页：“那有什么关系呢？”马说。

第十页：“那又怎样呢？”牛说。

第十一页：海蒂说：“（重复第一～五页的话）还有一条尾巴呢！那是一只狐狸，那是一只狐狸！”

我觉得这是很巧妙的重复和背诵，可以起到“裹着糖衣的背诵”的作用。我们对外汉语教学是不是也可以想一些这样的巧办法让学生背诵呢？

再比如我在文章中提出的学生可以做的工作中有“总结归纳”一项，其实这是我国古代语文教育里识字教材的传统做法。汉代的《仓颉篇》《急就篇》以及后来类似的书，都把字按意义或字形分类，我想我们推而广之，在汉字教学、语素教学、词语教学中都可以采用。

总之，我们从传统语文教学中不但可以借鉴一些教学理念，也可以吸取一些行之有效的教学方法。上面我只是举了两个例子。

客：有意思！以前我还真没想过这个问题。

鲁：您国学功底比我深，希望您留心一下，一定会发现更多有价值的东西。

客：您多次提到要总结我国自己的经验，那么，激创法在这方面有哪些体现呢？

鲁：我们的一些教学理念是很好的。比如“精讲多练”，就纯粹是中国化的提法，这就是我们从自己的教学经验里提炼出来的，也很符合国际上流行的现代外语教学法，不过现代外语教学法没有说过“精讲多练”这样的话，而是用一种量化的说法，如一节课讲解的时间不得超过 1/5 ～ 1/4，大约是 10 分钟左右。可是这体现不出对“讲”的质量的要求，“精讲”的质量要求就很明确。

激创法本身就是从我们第一线教学中引发出来的，我们课堂教学中有很多亮点，而集中起来，就是那些让学生有创造机会的环节。我提出的学生可以做的工作，也是从教学中总结出来的。

可以说，我们自己的教学经验是激创法的基础之一。

客：现在对外汉语教学很强调文化，但在您的文章里，并没有提到文化教学，是不是意味着激创法不重视文化呢？

鲁：那倒不是。语言是文化的载体，语言教学怎么能脱离文化呢？文化因素的教学应该是语言教学的题中之义。许多教学法体系并没有突出文化教学，但并不意味着它们完全忽略文化教学。正如胡文仲、高一虹在《外语教学与文化》（1997）一书中所指出的，早在 20 世纪 40 年代，语言教学法专家就已经有不少关于语言教学中文化教学问题的论述。因此，“现在有不少人认为 50 和 60 年代的语言教学理论仅仅强调语言方面，这其实并不符合事实”（胡文仲、高一虹，1997）。包括听说法以至于其后的各种外语教学法体系，无不包含文化教学的内容，但这并不是某一种教学法体系独有的特征。激创法也循此例。如果这方面应该有所补充的话，我想说的是，第一，我们同意张占一（1987）提出的将对外汉语教学中的文化因素分为“交际文化”和“知识文化”。但我们认为“交际文化”应当有确定性，即“交际文化”应从文化因素的功能上定位，而不仅指那些会引起学习者误解的文化因素。第二，文化因素在外语教学中应分布在各种课型中，各有侧重。比如，“交际文化”多分布在口语教学中，而“知识文化”则主要出现在各种阅读教学中。我们主张口语课应以功能为纲，这样，口语课的内容中就必然会涉及某种功能的“交际文化”；阅读材料多为各个时代的书面语材料，这些材料中自然会涉及“知识文化”。当然这种分布不是绝对的，而是相对的，互有交叉。只要是涉及到的，都应在教学中予以关注。第三，不管是“交际文化”还是“知识文化”，对学生都不应该同等要求。比如，“交际文化”有理解与会用两种要求，有的只要求理解，而不要求会用。像“你……了吗？”这种打招呼的方式，就不一定要求学生必须使用。有的则可以要求在理解的基础上会用，如“多大了？”“多大年纪？”“您高寿？”等问年龄的几种方式。“知识文化”则主要是了解，学生根据自己的需要，了解的程度可以有所不同。但从教学的角度讲，“交际文化”因素可以结合口语功能的教学有计划地安排，而主要体现在各种阅读教材中的“知识文化”因素，除选材时可以有意识地选择某些文化内容之外，一般来说，有一定的随机性，特别是在文学作品中。这就要靠我们注意挖掘。有些文化因素是与语言现象融为一体的，如一些有文化色彩的词语、成语等，有些却是隐含在内容中的。前些年，有的老师指出，中国文学作品中的长房长孙形象都有共同的性格，体现了中国传统文化。像这样的文化因素，在文学作品中比比皆是。至于属于中国国情的知识文化，则较多地出现在新闻语言教学中，因此，在新闻汉语教学中，国情的介绍应是重要内容。这就是我对文化因素教学的基本看法。我还要强调的是，文化因素的教学同样要运用激创法，我所说的学生可以做的工作，完全适合文化因素的教学。

客：我想也是。还有一个问题请教。您说的激创法跟教学模式有什么关系？

鲁：这个问题比较复杂。有的外语教学法跟教学模式有直接的关系，比如早期的语法—翻译法、直接法，以至于听说法等，基本上是针对单一课型的；有的就不一定。我认为，像任务型教学法就跟教学模式没有什么直接的关系，因为这种教学法本来就不是专门为外语教学设计的，教数理化也可以用任务型教学法。所谓任务型外语教学法，就是把这种教学法运用到外语教学里，或者说是根据任务型教学法的原理、理念去设计外语教学。激创法也属此类。

说到底，教学模式是跟教学体制、任务、目标等相联系的。不过自 20 世纪 80 年代以来，按技能的分科模式逐步成了国内对外汉语教学的主流模式，所以我们当前首先需要研究的是在分技能设课的模式下如何运用激创法。当然，我认为激创法也适合其他教学模式，包括对外汉语教学专业的知识课。

客：我注意到，您很强调预习和复习，这是出于一种什么考虑？您能不能说得详细一些？

鲁：好，那我就多说几句。近几年来，我之所以一再呼吁要重视预习和复习，并把预习和复习作为激创法的一个教学原则提出来，是因为我觉得这一直是教学中具有普遍性的相当薄弱的环节。

从历史上看，从一开始有对外汉语教学，就有预习和复习。预习是每次上课末尾布置给学生的任务，复习则是每次上课的第一个环节。在 20 世纪五六十年代的综合教学模式中，甚至每天都有一节复习课，可见当时对复习是很重视的。但总的看，我们不能不说，那时对复习和预习的要求都不高。复习基本上是围绕头一天的学习内容进行反复的操练，除了听写汉字（词语、句子或课文），几乎是前一天讲练课的重复，只起加深印象和提高熟练程度的作用，缺乏更高一步的要求。预习则只是要求学生朗读第二天的生词，记住意思，或朗读新课文，或做几个课后的练习，要求也很低。

这样的预习和复习延续到了今天。最近几年听课，不论什么阶段的课，预习和复习几乎都没有脱离这个套路。但这并不是说现在毫无改变。有少数课的预习和复习环节已经有了一些新做法，特别是复习，如设计讨论、成段表达等，这是可喜的变化。不过，从激创法对预习和复习的要求来看，这些变化还是零散的，而且很不普遍，还没有成为广大教师的共识。

客：那么，在您看来，这是什么原因呢？

鲁：据我看，恐怕还是因为对预习和复习的作用认识不足。要提高预习和复习的效用，发挥其作用，还须先从认识上入手。

客：应该怎样认识预习和复习的作用呢？

鲁：最近我在几个场合都讲到预习和复习的问题，大致归纳了一下。先说预习。我把预习的作用归纳为三点：

一、承上启下。承上，即预习要能促使学生调动他们以前所学的知识和技能，在此基础上为下面的课做准备。比如根据课文题目（或插图、PPT）猜测课文内容就属于此列。这时候，学生需要使用以前学过的汉语知识，发挥自己的汉语能力。再如让学生做某一方面的（语素、词语等）归纳、分类，也不是仅仅要求他们就本课的语素、词语做工作，而是要求他们把以前学过的都归纳进去，新旧结合，以旧带新，用新知识加深对旧知识的理解。学生在教师的引导下做了把已经学过的知识条理化、系统化的工作。

二、让学生解决自己有能力解决的问题，做力所能及的工作，使课堂教学透明化。也就是说，学生在课前就知道课上每一步将要做什么，而不是被动地学习。这样，课上师生之间的合作将更加默契，更有成效。这样做的结果是课堂教学的起点高了，课堂时间可以得到更合理、更有效的利用。所谓把有限的课堂教学时间用在刀刃上，说的就是这样的情况。让我来打个比喻。几年前，电视里介绍了我国一位在欧洲几个国家的乐队担任首席指挥的指挥家，回国与某乐团合作时，记者问他在国内指挥和在国外指挥有什么不同。他回答说，最大的不同就是在国外指挥不需要他在排练场上给乐手纠正错误，因为他们在排练之前都做了充分的准备，排练时他可以集中精力把时间用在处理乐曲上；而在国内指挥时他要用很多时间给乐手纠错，挤占了处理乐曲的时间。我们现在的课堂教学就有点儿像这位指挥家指挥国内乐队，上课的起点比较低，浪费了宝贵的教学时间。

三、前两项工作都有助于培养学生独立学习的能力，让学生学会如何学习语言。我们整个教学都有这个任务，这是创造式学习跟其他学习的一个重要不同点。预习是其中的一个重要方面。

以上认识改变了检查预习只是课堂教学的一个环节、学生只是被动地接受教师检查的做法，检查预习成为贯穿于课堂教学（一般是两个学时）始终的教学活动，每一个教学环节中都有预习的内容，每一个教学环节都是在学生已经做了他们自己能做的工作的基础上进行的。这样，预习就与课堂教学融为一体，学生可以主动、有效地参与课堂活动。我们把教师比喻成导演，只有学生充分预习了，教师才能成为“导演”，不然就可能成为“演员”。

在这种情况下，就需要教师根据教学内容和环节拟定学生上课前要做的准备工作，给每个学生发一份预习单，要求学生课前逐项准备。拿生词来说，教师可以让学生从教材中（包括前面学过的）找出可能的搭配、近义词、反义词等。（不是要求每次都做所有的工作，而是根据教学需要选择其中的一项或两项。）上课的时候，教师先让学生把他们找到的搭配说出来，可能有的学生找得多，有的找得少；有的找对了，有的找得不对。这没关系，学生之间正好能够互相补充，然后教师予以总结。再如：我们总担心学生的汉字回生，那么为什么不让学生在预习的时候也做些与汉字有关的工作呢？我们不能简单笼统地让他们记汉字、写汉字，上课时只做听写这样的单调练习。我们可以借鉴我国蒙学读物的做法，让学生从不同的角度对学过的汉字进行归纳。还可以从语素教学出发，让学生按语素义归纳已经学过的和即将学到的词语。如果是预习课文，那也不仅仅是念一念，教师应该根据自己对课文的处理让学生做一些预习工作。比如：在内容方面，一般的理解性问题要事先提出，让学生准备；可能产生误解的问题也要让学生先思考，给出自己的答案；需要讨论的问题，要让学生思考，提出自己的想法。

还可以通过预习有目的、有计划地培养学生使用工具书的能力。如：布置预习任务时，指定几个词让学生自己查词典，找出这些词在本课课文中表示的意义，分析语素义；专有名词，如人名、地名，则让学生自己查出有关的简介。这类练习的开放性其实是很强的。再如：如果课文是名家作品的节选，可以要求学生自己查找作者和作品的介绍。

由于课堂教学是在学生做了充分准备的前提下进行的，每一个环节都主要是学生的活动，在活动的过程中，还可以让学生互相补充、纠正、归纳、总结，教师只在必要的时候给予指导，起到“导演”的作用。这样，课堂教学就会十分紧凑，就可以提高要求。经过一个时期的训练，学生就能从中体悟到如何观察、吸收语言，如何使用图书资料、工具书，这样，学生的学习能力就提高了。具备了这种能力，终生受用。

客：那么复习呢？

鲁：相对来说，复习的作用要单纯一些，主要是引导学生对所学做“升华”的工作，是学生将学过的内容进一步“内化”的过程，因此复习不能简单地重复上课的内容。复述、阐释、课后的调查、讨论、辩论等，都是可以使学生运用课上学过的知识进行创造的一些复习形式。教师布置给学生的应该是具有“实战性”的任务。课堂上的复习环节就是要检查学生完成这些任务的情况。例如：学了某个功能项目，可以布置学生课后到实际生活中去运用，下一次上课时向全班报告。我曾经听过一次课，内容是找房子。课后我给老师建议，可以让学生到街上去抄几条租房启事，下次上课时让他们展示自己找到的租房启事，并说说这些房子符合不符合自己找房的条件。再如：一节课最后让学生自己设计情景，再让他们根据课上老师和同学的意见在课后进行修改，下次上课时检查。我想，学生是愿意做些具有创造性的工作的，而不愿意“吃已经嚼过的馍”。

复习的“升华”作用应该成为教师的教学意识。教师不应把复述、阐释理解成背诵，更不能满足于学生用背诵代替复述和阐释。再有，在教学安排上，要给复习环节分配足够的时间，并使尽量多的学生有“表演”的机会。

客：您说的这些都是很理想的境地。不过我有两个担心。第一，这样做会不会加重教师和学生的负担？第二，学生会不会接受不了您说的这种预习和复习方式？

鲁：我想这两种担心都是不必要的。确实，激创法对教师的要求提高了，教师要使教学成为一个指导和引导学生在创造中学习汉语的过程，就要对教学进行精心设计，加强预习和复习是其中的一个重要方面。预习要有十分具体的提纲，而不是说一句“回去念生词、课文”了事；课堂上教师要有很强的组织能力、应变能力。这样看起来似乎要花费很多时间、精力，可是这样做，教学肯定会更顺利，教学效率、效果会得到提高，师生之间的互动会得到加强，形成一种密切、融洽的师生关系，如此，教师就会有更强烈的成就感。我想，这种教学法会加深他们对对外汉语教学事业的理解，激发他们对这一事业的热爱与责任感，而不会因为使用了激创法而感到有沉重的负担。既然第一线教师可以发挥团队的作用分工制作 PPT，同样也可以解决给学生开列预习单的问题。教师应该能够适应这样的课堂教学。

是否会加重学生负担，首先要看布置的任务有没有必要、合理不合理，如果是必要的、合理的，就不能算是加重了负担。拿预习来说，我们的设计总体上对学生有好处，学生在课上变被动为主动，能够更好地和老师互动；学生在课外做了充分的准备，提高了学习效率和效果。久之，学生还学会了独立学习的能力，学会了如何学习语言。因此，我们现在的设计是必要的、合理的。

再看有没有可能这样做。我觉得多数（不是所有）学生现在太轻松了。课本上什么都给学生准备齐了，他们不必花大力气，只要带着耳朵、眼睛、嘴巴来就可以上课。我曾经跟一些老师说这是培养懒汉的方法，不能再继续下去了。我觉得，只要我们安排得当，是完全有时间安排学生完成一些创造性工作的。

实际上，从听课的经历看，我认为学生是有积极性做创造性任务的，凡有这样的机会，学生的情绪马上为之一振。这也是人之常情，谁都愿意做创造性的工作。据我了解，西方学生从小就受到做创造性工作的训练，高中的上课方式就已经跟大学接轨了，课外需要阅读的参考书、要查阅的资料很多。所以，要求他们课外做这些创造性的工作，他们会觉得很自然，很习惯，也会很有兴趣，应该不会引起他们的反感。

客：听您这一番解释，我觉得自己有点儿理解激创法了。希望这种教学法能不断完善，获得成功，为广大对外汉语教师所接受。

鲁：借您吉言。话又说回来，激创法的完善要靠集体的力量。我所做的，不过是抛砖引玉的工作。

参考文献

胡明扬 . 语言学习散论 [M]. 北京：北京语言大学出版社，2002.

胡文仲、高一虹 . 外语教学与文化 [M]. 长沙：湖南教育出版社，1997.

鲁健骥 . 关于创造型对外汉语教学与创造式汉语学习的思考 [J]. 语言教学与研究，2010（4）.

张占一 . 谈谈汉语个别教学及其教材 [M]// 黎天睦 . 现代外语教学法——理论与实践 . 北京：北京语言学院出版社，1987.

（原载《对外汉语教学激创法散论》，北京大学出版社，2014 年）

探索中的实践
——《初级汉语精读课本》中的“激创法”元素

《初级汉语课本》于1979年底开始编写，第一学期用的叫《初级汉语课本》，第二学期用的叫《汉语精读课本》。这套课本经过几轮试验与修订，在1986年正式出版，统一叫作《初级汉语课本》，《汉语精读课本》成为该套教材的第3册。

时间荏苒，一晃就到了新世纪。北京语言大学出版社决定出版《初级汉语课本》精版本，并将原第1册和第2册合成一册，于2003年问世。此后出版社又提出修订原第3册，一些用书单位也询问后续教材。但因其他工作紧张，未能动手。2005年初，趁工作间隙，邀请部分一线教师座谈，征求对第3册书的意见，随后就组成了修订班子，着手修订工作。

这次修订本来是准备小改不大改，但过去一些年中对精读课教学的一些思考，如果不体现在修订的课本中，那将是很大的遗憾。于是改变初衷，决心大改。经过近两年的紧张工作，终于于2006年暑假完稿，2008年出版。这就是《初级汉语精读课本》（以下简称《精读》）。由于这本教材跟原来的《初级汉语课本》第3册相比已经面目全非了，所以是名副其实的“重编”。当然，《精读》在一定程度上继承了原书的定位和编写原则，编写路子仍然是精读的路子；保留了20课的格局，每课的结构也大致未变；除个别篇目之外，课文都是新的，保留下来的课文也都做了较大的修改，或者只用原来的题目，内容重新改写。再一个明显的变化是练习量加大了，原来每课大致有7～8项练习，现在增加到15项以上。另外，撤掉了原书后的“词汇索引”，代之以《字词总表》。

以上这些都还是形式上的改动。这次重编，更主要的是融入了一些新的认识、新的思考。本文将结合这次重编重点谈三个问题：

一、关于教学理念及其贯彻；

二、关于语法的延伸——语素和语篇教学；

三、关于教学方法。

一、关于教学理念及其贯彻

我们在《精读》的“使用说明”中，提出如下的教学理念：

培养学生独立学习的能力，引导他们逐步获得自觉观察、吸收语言的能力，整个教学过程都贯穿着给学生任务，让学生在完成任务中学习、在完成任务中去发现和掌握语言知识和技能的理念。

这一理念的形成有一个过程。1986年《初级汉语课本》第3册的“编写说明”中，我们把“训练学生多方面的观察、理解和吸收语言的能力”作为一项编写原则提出来，主张通过“预习培养学生独立工作的能力，提高学习的主动性”。二十年之后，我们把这些尚显零散、带有局部性的原则概括为一种指导整个教学过程的理念，这种理念也成为重编《精读》时的指导思想。

我们这里提出了“任务”，但我们所说的“任务”，不仅指交际任务，同时也包括为了培养学生的独立学习能力要完成的观察、理解和吸收语言的任务。

在《精读》中，我们通过以下措施，贯彻了上述理念：

教材的整体布局为培养学生的独立学习能力创造了条件。以往的教材往往是一切齐备，学生不需要做什么“费力气”的工作；而且，教材提供给学生的内容是否齐备，往往成为评价教材的一个标准。我们认为这是一个误区。我们必须引导学生做他们能做的工作，而不是给他们“吃嚼过的馍”。

《精读》最大的一个变化就是取消了一般教材（包括原来的《初级汉语课本》）都有的每课的生词表和书后的词汇总表或词汇索引。《精读》在课本之外另编了一本《字词总表》，《字词总表》按词典的编写办法，先出字条，字条分义项，把书中出的词语按其首字的意义分别列于字的义项之下，并附逆序索引（汉字加注音，需要时可以据此从总表中查出词的意义）。课文中的生词和注音放在课文的旁边。学生要知道词语的意义，需要像查词典那样，自己从《字词总表》中先查某词的首字，再查该词在字的哪个义项下，才能查到词语的意义。开始的时候，学生可能不习惯这样做，但久之他们就会发现自己已经养成了使用工具书的习惯，为他们将来使用字典、词典做了准备，这对他们将来的学习大有裨益。而《精读》的这种安排，就是为了培养学生独立学习的能力。

教学的任务是给学生制造发挥创造能力的机会。在这方面，教师提出的任务、问题要具有挑战性，要能激发他们思考，引起他们的好奇心、想象力和兴趣。因此，掌握好课堂控制的度是非常重要的。课堂是需要控制的，完全没有控制的课堂就会流于散乱；控制过死，看似很有秩序和成效，实际上是限制了学生创造能力的发挥，并不能使他们形成真正的语言能力。所以，做到既控制又能发挥学生的创造能力，实在是一种教学的艺术。

《精读》在培养学生的语言能力方面，主要是在叙述能力、理解与阐释(paraphrase)能力、讨论能力、语体转换能力、创造性地运用语言的能力等方面做了一定的尝试。下面做一些说明。

1. 叙述能力

叙述能力包括根据要求讲述一件事情、介绍一个人物等。例如，我们设计了如下几种叙述性的练习：

（1）每一课的首页不见课文，而是以一幅插图和一个问题开始。这是一个课上预习（即上一课结束后，留出半个小时的时间预习下一课）的叙述性任务。这种叙述性任务可以分成两类：一类是让学生根据插图猜测新课的内容，一类是让学生根据画像（如老舍、孔子）介绍这个人物。这两类问题都需要学生调动他们已经学过的语言，发挥他们的想象力，才能回答；后一类问题知识性更强一些，可能还需要学生课前查一些资料。这是一种创造性的叙述活动，可以成为全课其他活动顺利进行的前提。

为了完成这一任务，教师可以做一些引导性的提示，特别是在开始阶段，如就插图提出一系列的问题，学生回答并将这些问题的答案连起来，就成了对插图的描述。当然，学生也可以按照自己的理解回答这些问题，教师不必强求一致。

（2）复述。首先要明确，复述不是背诵，因为背诵表现不出学生的创造性。在《初级汉语课本》第3册中，我们曾要求教师设计几种复述的开头，让学生接着复述下去。但我们发现，很少有教师这样做。在《精读》中，我们把这个要求具体化了，每一课都设计了几种复述的开头。如，第一课，我们设计的复述开头是：

1）小王妻子的语气

我是六年前认识小王的，……

2）小王同事老张的语气

我们办公室的小王是个好小伙子，……

3）小王母亲的语气

我儿子可是个好孩子，……

这是用课文中不同人物的语气复述。本课课文是用小王的语气写的，现在要把同样的内容分别用他妻子、同事、母亲的语气说出来，就要重新组织，有所取舍，有所补充，从而使这一课堂活动成为有创造性的活动。规定用哪个人物的语气复述，这是控制；而后面的复述内容，学生则可以发挥自己的想象力、创造力。

2. 阐释与理解能力

在外语课堂教学中，阐释历来都受到重视。阐释是对课文中的某些词语、语法现象、言外之意等进行解释性的叙述，通俗地说就是“换一个说法”，但“换一个说法”的要求是要把原意表达出来，不能走样。因此，阐释的条件，一是要理解，只有理解了，才能进行阐释，阐释是理解的表现；二是能用学过的词语表达，这对学生是具有挑战性的。具体做法上，阐释可以从单句做起（即说出句子的意思，对句中的一个或几个词语进行阐释），扩大到句群、段落。为了说明什么是阐释、如何阐释，在此举出一例。

《精读》第一课《请上帝原谅我》的第一段原文是：

> 小王有记日记的习惯。新年前一天的晚上，爸爸妈妈早已睡了。他回到自己的房间，打开电脑，在日记里写了一段话：……

阐释：

> 小王每天都要记日记，这已经成了他的习惯了。12 月 31 号晚上，虽然明天就是新年了，爸爸妈妈也不晚睡，他们已经睡了很长时间了，可是小王还没有睡，他还要记日记。他走进自己的房间，打开桌子上的电脑，开始写日记。在今天的日记里，他写了这样一段话：……

这一段阐释把“习惯”“新年前一天”“早”的意思表达出来了。如果学生能够这样阐释，那么就说明他们理解了这段话的内容。

3. 讨论能力

讨论能力训练的关键是讨论的题目要具有启发性，要能够引导学生发表各种不同的观点，也就是说，要讨论得起来。比如，第四课《挖一口自己的“井”》是说人要应对生活中的各种变化，为此要随时有所准备，这就是“为自己挖一口井”的意思。我们的讨论题是：

（1）课文中“挖井”的意思跟你原来想的一样吗？

（2）你认为人需要挖这样一口自己的“井”吗？为什么？

（3）你对这两个和尚各有什么看法？

（4）你认为各种年龄的人都会有哪些问题？该怎么看那些问题？

4. 语体转换的能力

我们说的语体转换，指口语体与书面语体的互相转换。一般来说，精读的课文都具有书面语的特征，而语言能力的训练（如叙述能力、阐释能力、讨论能力）却需要学生将课文的书面语体转换成口语体；反过来，当我们要求学生将经过教师纠正的口头叙述写成文字的时候，则又要求学生写出的文字表达具有一定的书面语特征。年级越高，书面语的程度就越强。语体的转换能力是一种很重要的语言能力，只有具备了这种能力，学生才能在口语和书面语上都得到提高。《精读》在语体的转换方面也做了一些尝试。

书面语到口语：前面讲的叙述、阐释、讨论等都属于从书面语到口语的转换，除此之外，《精读》还专门设计了一项分组对话的练习，即将书面语体的叙述性课文变成对话。对话是典型的口语体。例如，第三课是两封求职信，我们设计的对话练习是：

（1）两个大学生谈自己对找工作的想法。

（2）一个快毕业的学生问自己已经工作的朋友，怎样找到好的工作。

（3）公司经理正跟来公司求职的人谈话。

（4）已经找到工作的同学向同学们介绍找工作的经验。

做这样的练习时，学生既要围绕课文所提供的内容展开，又要结合自己想象的内容加以发挥。

口语到书面语：凡是学生在课上口头做过的练习，如猜测课文内容、复述，都要求学生课后把自己课上说过的内容写成文字。此外，《精读》还结合课文设计了一些写作练习。例如，第一课的内容有小王学习英文的情况，我们就要求学生写写自己学习汉语的经历；第三课是两封求职信，我们就要求学生按中文书信的格式写一封信（包括信封）。

在这种书面语到口语的语体转换训练活动中，学生和教师、学生和学生之间是互动的。在互动过程中，学生会从中找到自己的不足，发现自己的偏误，在课后的写作练习中，他们就会对说过的内容进行各方面的完善。这样，课上课下相互配合，环环相扣，学生的创造性工作能力就一步步地得到提高，起到了“滚雪球”的作用。

二、关于语法的延伸——语素和语篇教学

早在20世纪90年代初，吕文华就一再提出对外汉语教学语法应向语素和句群（即指本文所说“语篇”）延伸（参见吕文华，1999），但在教学上似乎响应者甚寡，直至新世纪来临之后，才有极少数教材出现了很简单的语篇结构练习（句子排序）。我们认为，语素和语篇（或语段、句群、篇章）教学应是语法教学的发展，是对外汉语语法教学与时俱进的一个标志，应该成为对外汉语语法教学不可或缺的部分，应该大力探索。

关于语素教学，吕文华（1999）认为，“其主要作用是可以大大提高学生学习词汇、掌握词汇、扩大词汇以及正确运用词汇的能力”。研究证明，汉语强理据性的表现之一就是语素。掌握语素是学生理解汉语词语内在结构、意义和用法的有效途径。《精读》在语素教学方面做了一些尝试。第一课的“语法”部分对语素做了简要的讲解，要求学生通过《字词总表》查找语素义和词义，这是语素教学的一项有效训练。此外，《精读》还设计了下面两项语素练习：

1. 从学过的词中找出带下列语素的词。

全书此类练习中列出了下列语素（共 56 个，个别有重复）：

办 笔 车 词 打 地 店 度 饭 费 分 复 馆 国 好 和 后
话 活 教 节 看 名 内 年 片 品 钱 亲 球 区 人 入 色
时 生 实 食 市 事 书 水 说 台 天 同 问 习 想 演 业
衣 自 族 照 指

2. 根据共同语素说出下列词语的意义或者这些词语跟什么有关。

全书此类练习中列出了下列语素（共 46 个，个别有重复）：

岸 报 杯 部 场 车 蛋 度 法 糕 河 壶 机 家 间 具 剧
客 路 年$_1$ 年$_2$ 品 琴 曲 人 肉 师 史 手 书 数 厅 网 位
箱 学 眼 业 语 员 元 长 者 纸 作

这两项练习的目的是让学生把已经学过的词语跟语素联系起来，理解其意义，掌握吸收新词语的方法，使新旧知识得以融会贯通，既将已经学过的词语系统化，起到复习巩固的作用，又通过语素进一步理解所学词语的结构和意义。

关于语篇教学，自 20 世纪 90 年代开始，对外汉语教学界就多有呼吁，但始终未见落实到实际的教学之中。鲁健骥（2000）认为，语篇教学是使学习者的汉语能力达到接近母语者水平（各种教学大纲都提出这一要求）的一个重要途径。

《精读》主要依据廖秋忠（1988）的观点，将语篇教学的内容分为语篇结构和语篇现象两个方面，并根据初级阶段的特点选取了一些点，做了一些尝试。现归纳如下：

（1）指称的练习

A. 给若干组句子，让学生把每一组句子连成句群。学生须按照汉语指称使用规则有所取舍。如：

约翰病了。约翰去医院看病。约翰遇见了阿里。

B. 给若干组句子（属两个句群），让学生把每一组句子变成一段连贯的话（注意什么地方用代词、什么地方不用代词）。如：

小张有记日记的习惯。每天晚上家里人都睡觉了，小张就打开电脑记日记。

（2）省略的练习

A. 给若干个句群，让学生观察其中哪些地方省略了、省略了什么。如：

他又拿出几支粉笔，交给魏敏芝，说一定要省着用。

B. 给若干组句子，每组两个句子，让学生把每组句子合并成一个句子，并省去不必要的成分。如：

小王今年没学成英文。他决心从明年开始自学英文。

C. 给完整句，让学生省去该省的成分。如：

a. 我有两本词典，这本词典是《汉英词典》，那本词典是《英汉词典》。

b. 甲：我买点苹果。

乙：您要多少苹果？

甲：来二斤苹果吧。

c. 甲：你喜欢看电影吗？

乙：我喜欢看电影。

（3）指示代词“这”“那”的衔接功能

A. 让学生补出“这”前边或后边的句子。如：

a. 她得了这么重的病，还要上台演出，这 ______________________。

b. ______________________，这就是来家俊的老师。

B. 让学生用“这 +（量词）+ 名词”或用“这儿”“这些”“这样”等词语把一组句子衔接起来，并注意使用其他照应手段。如：

祥子不吸烟，不赌钱，苦干了三年，终于买上了一辆自己的车。他激动得几乎哭了出来。祥子想，不吸烟，不赌钱，干上两年，就可以再买辆车。

答案：祥子不吸烟，不赌钱，苦干了三年，终于买上了一辆自己的车。他激动得几乎哭了出来。他想，这样干上两年，就可以再买辆车。

C. 让学生用“那”把一组句子衔接起来，并模仿写一段话。如：

小王是五年前开始自学英文的，______________________。

D. 让学生用“那”把两个句子衔接起来。（用于口语）如：

你没生病。你为什么没来上课？

答案：你没生病，那你为什么没来上课？

（4）用“这时”“这样”表示指示照应

A. 让学生补上“这时”前面的情况，并模仿造句。如：

______________________，这时，我才发现我已经爱上了他。

B. 让学生补上“这样”前面的情况，并模仿造句。如：

______________________，这样，我们俩就有了更多的接触机会。

（5）“那么”的衔接功能

让学生写两段话，中间用“那么”连接。连词“那么”用来承接上文，引出表示结果或判断的分句，意思是“在前面说的那种情况下，就会出现下面的结果”。

（6）“此外”“总而言之”的衔接功能

A. 给两个句子，让学生用“此外”把两个句子连起来。“此外”的功能是引出对前面说过的情况的补充。如：

他来中国学习汉语。他还想在中国参观、旅游。

答案：他来中国学习汉语，此外，还想在中国参观、旅游。

B. 给“总而言之”后面的部分，让学生补出前面的部分。“总而言之”的功能是引出对上文所说情况和观点的总结。如：

……，总而言之，骑自行车有很多好处。

C. 综合性的练习：模仿造句、模仿课文用所给词语（如“此外、总而言之”等）写一件事。

（7）“确切地说”“实际上”的衔接功能

A. 给若干组句子，让学生用“确切地说”或“实际上”把各组句子连接起来。“确切地说”后面的句子是对其前面一个句子的补充，常有纠正前一句话的作用。如：

a. 他只有十三岁。他是个孩子。

b. 那个和尚以为他的朋友病了。他的朋友已经挖好了一口井，不需要下山挑水了。

B. 用所给词语完成对话。如：

甲：听说你当时学习汉语时，特别努力，常常是一天学十二个小时，是这样吗？

乙：________________________________。（怎么……呢、实际上）

C. 模仿造句。如：

大家都以为这个机器是给老年人用的，实际上，多大年纪的人都可以用。

D. 用上所给的词语（如“实际上、确切地说”等）写一段话。

（8）重复词语的连接功能

给若干组对话，让学生用重复词语的方式使对话衔接起来。重复词语的衔接功能之一是对前面的内容提出疑问或否定，或要求对方进行解释。如：

甲：我想用泥土做一幅地图。

乙：________________？那怎么做啊？

（9）重复使用“……吧，……”把两种情况衔接起来

给若干组句子，要求学生重复使用“……吧，……”把每组句子改写成一段话。用“……吧，……”把两种情况衔接起来，表示左右为难、犹豫不决。如：

我想买这种词典，又不想买这种词典。因为有的时候需要用它，但用的时候并不多。

（10）语义连贯

语义连贯主要是某类文体篇章结构的训练。如：

A. 给一段语义连贯的话，让学生模仿写一段话。

B. 介绍人物时的一般顺序：a. 身份，包括姓名、身份、民族、籍贯等；b. 家庭情况；c. 受教育情况；d. 工作经历和成就。

要求学生按上述顺序介绍一位作家。

C. 用观察到的表示时间顺序的词语写短文。

D. 用表示举例的连接成分，如“如、比如（说）、例如”等完成句子并模仿造句。如：

a. 中国人常用一些问题跟熟人打招呼，如 ______________________。

b. 北京有一些非常美丽的公园，比如 ______________________。

c. 我从小就喜欢看小说，像 ______________________，我都是在上中学的时候看的。

d. 多义词就是有不止一个意义的词，例如，______________________。

E. 列举成分的连接：列举的如果是比较长的句子或段落，可以用“有……，另……，还有……”“有的（人）……，有的（人）……，还有的（人）……”“有些（人）……，有些（人）……，另有些（人）……，还有些（人）……”等连接。如：

给出一个情景，让学生用上以上连接成分写一段话。

儿童节那天，公园里真热闹！看，这边的小朋友在演节目，那边的小朋友在做游戏。

以上这些都可以定为初期语篇教学的内容，是适应本阶段学生的语言水平和接受能力的。中级或高级阶段的语篇教学应当进一步规划和设计。

三、关于教学方法

《精读》的“使用说明”中对教学方法有几点提示，如强调预习的作用、如何突出重点、如何讲解课文、如何复述和讨论等，特别提出要充分利用《字词总表》。可以看出，我们的重点主要放在培养学生的独立学习能力、运用能力、表达能力上。

我们一般说教学方法体现在课堂教学和教材两个方面，在教材中则主要体现在练习项目的设计上。《精读》练习的设计从我们的教学理念出发，为课堂教学提供了依据，这可从前文所举的各项练习中看出。除此之外，我们还设计了其他练习，也以培养学生的独立工作能力和语言学习能力为目的，如：

1. 观察性的练习

《精读》主要设计了观察课文篇章结构的练习，要求找出与某种篇章结构有关的词语。如课文是按时间顺序写的，就让学生从课文中找出表示时间顺序的词语；若是按事物重要程度写的，就让学生找出相关的词语（“首先、其次、还有”等）；若是列举性的，就让学生观察并找出表示列举的词语。在观察的基础上，要求学生模仿这些篇章结构写一段话。

2. 查找性、归纳性的练习

有几项练习是要求学生从本课和以前学过的内容中查找、归纳相关语素和词语。这也是一种有创造性的、可以发挥学生的主观能动性的工作。这种工作主要在课外完成。假定学生的学习积极性是相同的（实际上当然不同），那么由于他们的汉语水平不同、学习能力不同，查找的结果也会不尽相同。有的查到的多，有的查到的少；有的查得对，有的查得不对。这正好为课堂教学做了铺垫——学生可以互相启发、互相补充、互相讨论。

3. 判断性的练习

学了一种新的语言现象后，让学生从已学过的语言中找出例证，起到新旧相互联系的作用。如学了离合词，就让学生从本课和以前学过的课文中找出离合词；学了某个动词，就让他们从已学过的词语中找出可与这个词搭配的名词。

4. 比较性的练习

比较可以有多个角度，如对相近语言项目的比较，这是通行的做法。《精读》则提倡一种更富创造性的比较。比如前面讲过的让学生根据插图猜测课文内容，在学生读了课文之后，就可以比较课文和自己的猜测有何不同。由此扩展开去，其实这类的比较可以有多种形式，如可以比较自己说的和别的同学说的有什么不同、比较自己说的和老师说的有什么不同等等。

这些练习的核心就是发挥学生的创造能力，形成语言学习能力，不断地使所学得到复习、巩固、提高。

四、结语

本文仅涉及《精读》重编时考虑到的一些问题和做法，提出的理念是具有普遍意义的，做法则凸显了精读课的特点。本文所提出的理念运用到其他课型时，应结合其他课型的特点有所创造。实际上，《精读》出版后，参与重编的姜丽萍、张伟、刘丽三位老师曾在她们各自的课堂教学中运用了其中的一些做法，如语素、语篇的训练，收到了预期的效果，引起了学生的兴趣。这给我们以很大的鼓舞，说明这些理念和做法是符合对外汉语教学实际的，同时也为我们后来提出激创法提供了实践基础。

近些年来，我一直在思考对外汉语教学在教学法体系（approach）上如何有所突破，如何建立我们自己的教学法体系。2010 年发表的《关于创造型对外汉语教学与创造式汉语学习的思考》一文就是对这种思考的梳理。文中提出的教学理念、原则和做法（文章收入本书[①]时，我把这种教学法体系命名为“激创法”），在重编《精读》时，还正处于形成过程中，当时所做的只是开了一个头，但已可看出激创法的一些眉目。因此，现在回过头去看《精读》，就会发现，实际上还可以做得更自觉、更多、更完善一些。

参考文献

廖秋忠 . 篇章中的论证结构 [J]. 语言教学与研究，1988（1）.

鲁健骥 . 外国人学汉语的篇章偏误分析 [C]// 第六届国际汉语教学讨论会论文选 . 北京：北京大学出版社，2000.

鲁健骥 . 关于创造型对外汉语教学与创造式汉语学习的思考 [J]. 语言教学与研究，2010（4）.

吕文华 . 建立语素教学的构想 [M]// 对外汉语教学语法体系研究 . 北京：北京语言文化大学出版社，1999.

（原载《对外汉语教学激创法散论》，北京大学出版社，2014 年）

① 指《对外汉语教学激创法散论》，北京大学出版社，2014 年出版。

激创法精读课教学案例：《吕叔湘为朱德熙逝世撰写的挽词》

我们提出激创法教学体系以来，有些老师提出最好能有具体案例展示激创法是如何体现在教学过程中的，也就是希望我们能“激”一下。这就是我们编写此例的因由。

我们选了《吕叔湘为朱德熙逝世撰写的挽词》作为激创法教学示例课文，有三方面的原因。第一，我们选课文应有一定的标准：符合教学对象和课型的要求。本篇设定的教学对象是学习文史专业的中级汉语水平的外国学生，课型是精读课（即常说的综合课，但二者有一定的区别）。精读课的本质还是属于阅读教学的范畴。我们认为，精读课所选课文，篇幅应该较短，有“学头儿”，也有“教头儿”，即其内容有多方面（语言上、文化上）的内涵。精读课应对课文做比较精细的处理，使学生能够对汉语有比较深刻的理解，其教学目标是培养学生理解文章内涵和运用汉语的能力，要特别注意书面语和口语转换能力的训练。我们更关心学生语言质量的提高。第二，精读课所选课文应该能够设计出发挥学生创造能力的练习。第三，有助于培养学生创造性的学习能力。

用以上三方面（三个标准）来衡量这篇课文，我们认为它是符合这些标准的。而且，这篇文章篇幅短小，全篇只有百余字，可以作为例文用 2 课时展示激创法课堂教学的过程。（正式的课文应该比这一篇长）当然，不是只有这样的短文章才能做教材，不过，我们认为，精读课教材里的课文篇幅不宜过长，否则，处理上就容易流于形式，达不到使学生深入理解、充分练习、熟练掌握的目的。这可能是现在不少综合课课文的通病，甚至很多教材都有年级越高课文越长的问题。精读课也不能包罗万象，不可能单独完成使学生学会汉语的任务，还应该有其他课程（听力、口语等）的配合，特别是泛读课的配合，高年级则要增加快速阅读、研究性阅读等教学。这篇挽词虽短，但若是把学生在完成查找等任务时将要接触的资料计算进去，则字数并不少。

用挽词做教材，可能会受到质疑。教学内容是受教学对象和教学目的制约的，因此，一篇文章是否适合做教材，要看其是否适合教学对象和教学目的。我们把这篇课文的教学对象设定为学习文史专业的外国学生，这篇课文涉及吕叔湘、朱德熙两位中国语言学泰斗级的人物，学生对他们应该有所了解。挽词这样的题材做教材并不少见，如恩格斯的《在马克思墓前的讲话》就曾经被选入英语教材，那开头的一句“3 月 14 日下午两点三刻，当代最伟大的思想家停止思想了。”是很经典的句子。所以，关键还是看给谁用、为什么用、如何用、如何处理。

下面的教学过程是按照激创法的理念设计的，每一教学环节都包括预习任务、课堂教学过程和复习任务。教师可随时插入一些机械性的操练，如朗读（领读、齐读、个别读等）、句型操练（扩展、替换、链式操练等），本设计不一一列出。方案中的“预习任务”一项，单独提取出来，是要发给学生的预习提纲。

这篇挽词只是我认为可以作为课文的文章，并不是一课完整的教材，完整的教材还应该包括一般教材中都有的注释、语法、词语例解、练习等项目，我们不主张每一课书都出一个生词表，而主张在一本课本之后给一个“字词（总）表”，关于“字词（总）表”的编制和使用，请参考本方案的最后一部分。当然，这些应该按激创法的原则体现出来，应与一般教材有很大的不同。从本设计中可以体会出按激创法如何设计这些项目的大致方向。

我们在《关于创造型对外汉语教学与创造式汉语学习的思考》[①]一文中提出查找、调查、比较、总结归纳、创造性地运用等五种课堂教学实践方法，本文基本上是按照这个思路设计的。当然，一篇课文的教学不可能把这五种方法都体现出来。同时我们也提出，老师们也可以根据激创法的教学理念去发展和创造课堂教学实践方法，这将是对激创法的发展和完善。

大家如果想进一步了解激创法，可以参考拙著《对外汉语教学激创法散论》（北京大学出版社，2014 年出版）的前四篇文章。

最后要说明的是，本文未正式发表，仅在激创法微信群中交流，孟艳华、种一凡两位老师曾提出过一些意见，特表感谢。

课文：

<table>
<tr>
<td>
吕叔湘 ① 为朱德熙 ② 逝世 ③ 撰写 ④ 的挽词 ⑤

德熙，大前年 ⑥ 我生了一场病，前年 ⑦ 夏天你回来主持 ⑧ 国际 ⑨ 汉语教学讨论会 ⑩，特地来看我，叫我安心养病。现在你却在我前头 ⑪ 先走了！叫我说什么好呢，德熙？我说什么你也听不见了，德熙！
德熙同志千古 ⑫！
吕叔湘挥泪 ⑬ 拜挽 ⑭

（原载《朱德熙先生纪念文集》，语文出版社，1993 年）
</td>
<td>
生词和专名
①Lǚ Shūxiāng ②Zhū Déxī
③shìshì ④zhuànxiě ⑤wǎncí
⑥dàqiánnián ⑦qiánnián
⑧zhǔchí ⑨guójì
⑩tǎolùnhuì
⑪qiántou ⑫qiāngǔ
⑬huīlèi ⑭bàiwǎn
生词的意义，请查阅最后的字词表。
</td>
</tr>
</table>

① 参见《语言教学与研究》2010 年第 4 期。

预习提纲

【预习任务 1】

（1）查找（给学生提供出处，如“百度”等）：

A. 吕叔湘：生年、卒年、籍贯；学科领域、学术地位、曾任职务；主要著作（可列表）；照片。

B. 朱德熙：生年、卒年、籍贯；学科领域、学术地位、曾任职务；主要著作（可列表）；照片。

C. 国际汉语教学讨论会：讨论会简介、第一届讨论会是什么时候召开的、朱德熙主持的是第几届。

（2）准备发言：根据查到的资料介绍吕叔湘、朱德熙、国际汉语教学讨论会。

（3）按上面的模式准备发言：

介绍中国的另一位语言学家（可供选择的有王力、张志公、胡明扬等）；

介绍你们国家的一位名人。

【预习任务 2】

请查一下：

（1）“词”的词性是什么？

（2）“词”有几个常用义项？

（3）按“词”的义项列出你学过的带“词”的词语。从“挽词”中体会“词”的意义是什么。举出几个带有这个“词”的词语。（可参考后面的“字词表”）

【预习任务 3】

（1）关于“年”：1992 年是吕叔湘写下挽词的那一年，如果称为“今年”，请在括号里写出其他年份的称法。

（　）	（　）	（　）	今年	（　）	（　）	（　）
1989	1990	1991	1992	1993	1994	1995

（2）2019 年是上课的这一年，如果称为“今年”，请在括号中写出其他年份的称法。

（　）	（　）	（　）	今年	（　）	（　）	（　）
2016	2017	2018	2019	2020	2021	2022

思考：如果把“年”换成“天”，“上课的这一天”是“今天”，这些表达会有什么变化？

（3）安心：在后面的“字词表”里查出“安心”的结构和意义，模仿“安心＋养病”造两个句子。

（说明：课文中还有“主持”“特地”“却”等词也是值得练的，不过我们假定学生已经学过这几个词，所以未列入预习提纲）

【预习任务 4】

书面语词：

（1）与“撰写”对应的口语词是什么？写出可与“撰写”搭配使用的名词。

（2）请查“拜挽”里的“拜”是什么意思。你知道别的含有“拜”的词语吗？

（3）请查“千古”是什么意思。

（4）请查“挥泪”是什么意思。为什么用“挥”？

（5）请写出几个能跟“主持”搭配的宾语。

（6）“特地”是什么词（词性）？

【预习任务 5】

理解：

（1）你却在我前头先走了。

“走了”是什么意思？为什么这里不直接说？关于“死”，你知道在口语里和书面语里还有哪些委婉的说法吗？

（2）叫我说什么好呢？

a. 这句话是什么意思？想一想还有哪些类似的说法？

b. 这句话跟“你叫我说你什么好呢？”有什么区别？

（3）叫我说什么好呢？/我说什么你也听不见了。

这两句话里的“什么”是什么意思？请用“什么”的两种用法各造两个句子。

（4）在这篇挽词中，吕叔湘提到朱德熙的时候，都只说“德熙”，没有带姓。这是为什么呢？你知道什么时候对人只用名称呼，不带姓吗？

【预习任务 6】

（1）吕叔湘说朱德熙“回来”，是从哪儿回来？回到哪儿来？

（2）为什么朱德熙要回来主持国际汉语教学讨论会？

（3）这篇挽词表达了吕叔湘对朱德熙怎样的感情？

（4）用你自己的话说说这篇挽词的内容。（复述）

【复习任务：创造性运用】

（1）课后把【预习任务 6】中自己复述的挽词写下来。

（2）这篇挽词里吕叔湘用第几人称称呼朱德熙？请用第三人称称呼朱德熙，改写这篇挽词。如：

口语：听到我的老朋友、好朋友朱德熙去世的消息，我悲痛极了。（请接着说下去。）

书面语：惊悉老友朱德熙先生逝世，我感到十分悲痛。（请接着写下去。）

（3）这篇挽词是按什么顺序写的？请找出表示顺序的词语，并用这些词语写一篇短文。

（4）你能举出其他表示时间顺序的词语吗？请用其中的一组写一篇短文。

教学设计

【预习任务 1】

（1）查找（给学生提供出处，如“百度”等）：

A. 吕叔湘：生年、卒年、籍贯；学科领域、学术地位、曾任职务；主要著作（可列表）；照片。

B. 朱德熙：生年、卒年、籍贯；学科领域、学术地位、曾任职务；主要著作（可列表）；照片。

C. 国际汉语教学讨论会：讨论会简介、第一届讨论会是什么时候召开的、朱德熙主持的是第几届。

（2）准备发言：根据查到的资料介绍吕叔湘、朱德熙、国际汉语教学讨论会。

（3）按上面的模式准备发言：

介绍中国的另一位语言学家（可供选择的有王力、张志公、胡明扬等）；

介绍你们国家的一位名人。

【课堂教学环节 1】

（1）学生展示【预习任务 1】中查到的资料。

（2）学生发言，介绍吕叔湘、朱德熙和国际汉语教学讨论会。

在活动中，学生互相补充并进行讨论。教师启发学生总结，并做最后总结。

（3）学生发言，介绍一位中国或他们自己国家的名人。

【预习任务 2】

请查一下：

（1）“词”的词性是什么？

（2）“词”有几个常用义项？

（3）按“词”的义项列出你学过的带“词”的词语。从“挽词”中体会“词”的意义是什么。举出几个带有这个“词”的词语。（可参考后面的“字词表”）

【课堂教学环节 2】

（1）学生展示预习成果。

“词”是名词。

附：汉语的词类有名词、代词、动词、形容词、数词、量词、副词、介词、连词、助词、叹词、拟声词。在这些表示词类的词里，“词”也是语素。（可给词类的英文翻译）

（2）学生报告预习的成果。

“词”有两个常用义项：

义项 a. 语言中可以独立运用的最小单位。“词”就是一个词，可以在复合词里做语素。如：词典、词汇、词义、词语、词组。

义项 b. 口语里或书面语里的语句。单独使用时，口语里常儿化，如：唱着唱着忘了词儿了、没词儿了、一边说一边想词儿。在复合词里出现时做语素，如：悼词、歌词、贺词、欢迎词、答词、开幕词、闭幕词、演讲词。

学生先说，互相补充，教师可适当参加讨论，最后由学生或教师归纳。

【预习任务 3】

（1）关于“年”：1992 年是吕叔湘写下挽词的那一年，如果称为“今年”，请在括号里写出其他年份的称法。

（2）2019 年是上课的这一年，如果称为“今年”，请在括号中写出其他年份的称法。

（ ）	（ ）	（ ）	今年	（ ）	（ ）	（ ）
2016	2017	2018	2019	2020	2021	2022

思考：如果把“年”换成“天”，“上课的这一天”是“今天”，这些表达会有什么变化？

（3）安心：在后面的“字词表”里查出“安心”的结构和意义，模仿“安心 + 养病”造两个句子。

（说明：挽词中还有“主持”“特地”“却”等词也是值得练的，不过我们假定学生已经学过这几个词，所以未列入预习提纲）

【课堂教学环节 3】

（1）学生展示预习情况。

大前年	前年	去年	今年	明年	后年	大后年
1989	1990	1991	1992	1993	1994	1995

（2）学生展示预习情况。

大前年	前年	去年	今年	明年	后年	大后年
2016	2017	2018	2019	2020	2021	2022

思考：如果把“年”换成“天”，“上课的这一天”是“今天”，这些表达会有什么变化？

大前天	前天	昨天	今天	明天	后天	大后天

（3）学生先展示预习的情况。

安心养病：吕叔湘大前年病了，朱德熙来看他，叫他安心养病。

安心学习

安心做作业

学生先说，互相讨论补充，教师总结。

【说明："安心"还是动宾式短语词（即常说的"离合词"），只用于负面意义，如"安的什么心、没安好心"等。此处可不做介绍】

【预习任务 4】

书面语词：

（1）与"撰写"对应的口语词是什么？写出可与"撰写"搭配使用的名词。

（2）请查"拜挽"里的"拜"是什么意思。你知道别的含有"拜"的词语吗？

（3）请查"千古"是什么意思。

（4）请查"挥泪"是什么意思。为什么用"挥"？

（5）请写出几个能跟"主持"搭配的宾语。

（6）"特地"是什么词（词性）？

【课堂教学环节 4】

上课时，教师先检查预习情况，启发学生讨论，并引导学生互相补充、修正。

（1）撰写：口语词是"写""写作"，其宾语限于文章类的词，如"撰写论文、报道、演讲词、发言稿"等。注意："撰写"的宾语不能是单音节词。

（2）拜：语素，用在动词前，表示怀着敬意做某事或表示客气，如"拜读、拜托、拜访、拜会"等。"拜"在汉语中是敬辞，体现了中国文化中对对方的尊敬之意。

（3）千古：① 名词，表示久远的年代；② 动词，用于对死者的哀悼，表示"永生"的意思，如"某某先生千古"。

（4）挥：从手上把眼泪、汗水甩掉，表示因为痛苦、难过眼泪很多，或者因劳动辛苦、天气很热，汗水很多，必须用手甩掉，如"挥泪（告别）、挥汗（成雨）"。注意："挥泪、挥汗"的后边必须跟其他成分。

（5）主持：① 动词，表示在某项工作或活动中负主要责任，全面掌握或处理（有关事项），如"主持会议、主持节目，大会由 ×× 主持"等；② 名词，指负责主持某事的人，也说"主持人"，如"大会主持是著名演员 ××"。

（6）特地：副词，表示专门（为某件事）。如"特地来看你、特地给你买的、特地请他来主持会议、特地从外地来参加这个会"。

【预习任务 5】

理解：

（1）你却在我前头先走了。

“走了”什么意思？为什么这里不直接说？关于“死”你知道在口语里和书面语里还有哪些委婉的说法吗？

（2）叫我说什么好呢？

a. 这句话是什么意思？想一想还有哪些类似的说法？

b. 这句话跟“你叫我说你什么好呢？”有什么区别？

（3）你叫我说什么好呢？/我说什么你也听不见了。

这两句话里的“什么”是什么意思？请用“什么”的两种用法各造两个句子。

（4）在这篇挽词中，吕叔湘提到朱德熙的时候，都只说“德熙”，没有带姓。这是为什么呢？你知道什么时候对人只用名称呼，不带姓吗？

【课堂教学环节 5】

（1）“走了”是“死了”的委婉语。学生展示他们想到或查到的表示“死”的委婉说法：（口语）没了、不在了、过世了、永远离开了我们；（书面语）逝世、去世、辞世、与世长辞。注意：英语（或其他语言）里也有类似的委婉语。

（2）学生展示想到的其他类似说法，如：“怎么办好呢”？“两条路，走哪一条好呢？”

（3）前一个“什么”是“什么”的基本意义，问的是“事物”，这里表示说的话；后一个“什么”是“什么”的引申用法，表示“任何事物”，这里表示“说任何话”的意思。

学生展示他们造的句子，互相纠正并讨论。

（4）汉语里只有对关系很亲近的人才这样用。这说明吕叔湘和朱德熙的关系很亲近，是很好的朋友。但要注意，这只用于平辈或晚辈，对长辈或地位比自己高的人不能这样用。

【预习任务 6】

（1）吕叔湘说朱德熙“回来”，是从哪儿回来？回到哪儿来？

（2）为什么朱德熙要回来主持国际汉语教学讨论会？

（3）这篇挽词表达了吕叔湘对朱德熙怎样的感情？

（4）用你自己的话说说这篇挽词的内容。（复述）

【课堂教学环节 6】

（1）朱德熙从美国回到北京来。（朱德熙 1989 年去美国华盛顿大学和斯坦福大学与两校学者进行合作研究和讲学）

（2）1987 年世界汉语教学学会成立，朱德熙被选为会长。世界汉语教学讨论会从第三届（1990 年）开始，由世界汉语教学学会、中国对外汉语教学学会和北京语言大学联合举办。朱德熙是世界汉语教学学会会长，当然应该主持世界汉语教学讨论会。

（3）学生讨论。

（4）学生分别复述，教师点评。（比如把“大前年”“前年”等都要换成具体的年份，要改用适当的人称等）

【复习任务：创造性运用】

（1）课后把【预习任务 6】中自己复述的挽词写下来。

（2）这篇挽词里吕叔湘用第几人称称呼朱德熙？请用第三人称称呼朱德熙，改写这篇挽词。如：

口语：听到我的老朋友、好朋友朱德熙去世的消息，我悲痛极了。（请接着说下去。）

书面语：惊悉老友朱德熙先生逝世，我感到十分悲痛。（请接着写下去。）

（3）这篇挽词是按什么顺序写的？请找出表示顺序的词语，并用这些词语写一篇短文。

（4）你能举出其他表示时间顺序的词语吗？请用其中的一组写一篇短文。

【检查复习】

（1）学生复述写的挽词。

（2）学生展示用第三人称改写的不同语体的挽词。

（3）按时间顺序。

（4）大前年、前年、去年、今年、明年、后年、大后年
大前天、前天、昨天、今天、明天、后年、大后天

本文字词表设计思路

1. 本表包括本文中出现的所有的字和词语，按音序排列。

2. 本表中的字和词不都是生字、生词，其中大部分都已经学过，但为了显示字词表的编制方法，都收入此表。

3. 每个字均是语素。成词语素后注词性，不成词语素后注“素”。成词语素和不成词语素都分义项，每一义项下先出该字为末位语素的词语及拼音（不给意义，使用者可以根据拼音在本表中查到词义）；再在下面列出所收双音节或多音节词语，按其第一语素意义列于字条的相关义项之下。

4. 本表所收字和词都标注汉语拼音。

5. 此表只起示范作用。按激创法的教学理念，这个表在一定的教学阶段（如一年级第二学期），最好在教师指导下由学生自己接着第一学期的字词表来做；从第一课开始，逐课积累，最后形成整个教材或课程的总字词表。

6. 通过制作和使用字词表，学生可以熟悉汉语语素和词的关系，理解词的构造和意义。从长远来说，学生还学会了使用汉语的字典和词典，并形成查字典和词典的习惯。

7. 学生可根据情况添加词条及释义的外文注释。

字词表

A

安 ān（动）使有适当的位置。

【安心】ānxīn（动宾式短语词 / 离合词）使心情平静：安心养病。

B

拜 bài（动）用在动词前表示敬意或客气。

【拜挽】bàiwǎn（动）带着敬意哀悼死者。

病 bìng（名）心理或身体上的不健康、不正常状态。

【生病】shēngbìng

【养病】yǎngbìng

C

场

①cháng（量）用于事情经过的次数：一场病。

②chǎng（素）用来进行某种活动的比较大的地方：操场。

持 chí

①（动）拿着；握住。

②（素）负责管理。

【主持】zhǔchí

词 cí（名）

①语言中可以自由运用的最小单位。

②口语或书面语中的语句。

【挽词】wǎncí

D

大 dà（素）时间更远的。

【大前年】dàqiánnián（名）说话这一年之前的第三年。

的 de（助）附在定语的后面。

地 dì（素）用于“特地”。

【特地】tèdì

G

古 gǔ（形）年代久远的。

【千古】qiāngǔ

国 guó（名）国家。

【国际】guójì（名）国家与国家之间；世界各国之间。

H

汉 Hàn（名）汉族，中国人数最多的民族。

【汉语】Hànyǔ（名）汉族的语言。

好 hǎo（形）使人满意的。

挥 huī（动）

① 举起手臂摆动。

② 洒。

【挥泪】huīlèi（动宾式短语词 / 离合词）洒泪、流着眼泪。

回 huí（动）从别的地方到自己原来的地方。

【回来】huílái（动趋式短语词）从某地回到原来的地方。

会 huì（名）集会；会议。

【讨论会】tǎolùnhuì

J

际 jì（素）相互间的。

【国际】guójì

见 jiàn（动）

① 看见。

② 接触到。

【听见】tīngjiàn

叫 jiào（动）让（允许）。

教 jiào（素）教育；教导。

【教学】jiàoxué（名）老师把知识、技能传给学生的过程。

K

看 kàn（动）

① 用目光接触人或事物。

② 看望。

L

来 lái（动）从别的地方到（说话人在的地方）。

了 le（助）

① 用在动词或形容词后边，表示动作或状态已经完成或实现。

② 用在句子或者分句的末尾，表示变化或者出现新的情况。

泪 lèi（名）人在疼痛、难受、激动时从眼睛里流出的液体。

【挥泪】huīlèi

论 lùn（动）分析、说明事情的道理。

【讨论】tǎolùn

【讨论会】tǎolùnhuì

M

么 me（尾）用在一些指示代词或疑问代词中。

【什么】shénme

N

呢 ne（助）用在某些问句后，表示某种语气。

你 nǐ（代）谈话的对方（指一个人）。

年 nián（名）时间单位，指地球绕太阳转一圈的时间。

【大前年】dàqiánnián

【前年】qiánnián

Q

千 qiān（数）数字“1000”，有时形容很多。

【千古】qiāngǔ（名）

①（名）长远的年代。

②（动）表示对死者的哀悼，永生的意思。

前 qián（名）

① 前边。

【前头】qiántou（名）前面（口语），与“后头”相对。

② 次序、位置在前边的。

③ 时间在前边的。

【前年】qiánnián（名）去年的前一年。

却 què（副）表示转折，语气比较轻。

S

什 shén（素）用在“什么”中。

【什么】shénme（代）表示疑问，问事物。

生 shēng（动）发生；产生。

【生病】shēngbìng（动宾式短语词 / 离合词）得病。

世 shì（名）世界；社会。

【逝世】shìshì

逝 shì（素）

①（时间）过去。

② 死亡。

【逝世】shìshì（动）去世。

说 shuō（动）用语言表达意思。

T

讨 tǎo（素）讨论。

【讨论】tǎolùn（动）交换对问题的看法。

【讨论会】tǎolùnhuì（名）为讨论某个问题而召开的会议。

特 tè（副）超出一般地。

【特地】tèdì（副）专门（为某件事）。

天 tiān（名）从白天到夜晚 24 小时的时间，有时专指白天。

【夏天】xiàtiān

听 tīng（动）用耳朵注意某种声音。

【听见】tīngjiàn（动结式短语词）耳朵接收到了某种声音。

同 tóng（形）一样；相同。

【同志】tóngzhì（名）有共同奋斗目标的人。

头

①tóu（名）头部。

②tou（尾）用在方位词后边，构成名词。

【前头】qiántou

W

挽 wǎn（动）

① 弯着胳膊勾住。

② 哀悼。

【拜挽】bàiwǎn

【挽词】wǎncí（名）哀悼死者的文章。

为

①wéi（动）当作；充当。

②wèi（介）指出或引出目的、原因、行为的对象等。

我 wǒ（代）说话人称自己。

X

夏 xià（名）夏季，一年四季的第二个季节，在中国夏季一般指农历的四月到六月。

【夏天】xiàtiān（名）夏季的日子。

先 xiān（名）在前面的时间或顺序。

现 xiàn（名）现在（书面语）。

【现在】xiànzài（名）说话的这个时候；目前。

写 xiě（动）

① 用笔在纸等材料上做字。

② 写作（文章、作品等）。

【撰写】zhuànxiě

心 xīn（名）

① 心脏。

② 指人的心理状态、思想感情等。

【安心】ānxīn

学 xué（动）学习。

【教学】jiàoxué

Y

养 yǎng（动）使身体恢复健康，或使精力得到补充。

【养病】yǎngbìng（动宾式短语词 / 离合词）因为生病而休息、疗养。

也 yě（副）

① 用于跟前面所做的事、发生的情况相同的事情、情况。

② 表示转折。

一 yī（数）数字“1”。

语 yǔ（素）语言。

【汉语】Hànyǔ

Z

在 zài（动）表示人或物存在于（某个地方）。

【现在】xiànzài

志 zhì（名）将来想从事什么事业或想成为什么样的人的愿望。

【同志】tóngzhì

主 zhǔ（素）（在某件工作中）负主要责任。

【主持】zhǔchí

①（动）在某项工作或活动中负主要责任，全面掌握或处理（有关事项）。

②（名）主持人。

撰 zhuàn（动）（书面语）写作；撰写。

【撰写】zhuànxiě（动）（书面语）写作。

走 zǒu（动）（人或动物的）脚轮换着向前移动。

专名表

吕叔湘 Lǚ Shūxiāng

朱德熙 Zhū Déxī

国际汉语教学讨论会 Guójì Hànyǔ Jiàoxué Tǎolùnhuì

（未发表）

关于对外汉语教学模式的对话

客：鲁先生，最近对外汉语教学界对教学模式有一些讨论，不知您注意到了没有？

鲁：有所耳闻，也拜读过几篇文章①。

客：那您对这一波的讨论有何见解？能否与我分享？

鲁：我所知甚少，虽然有些看法，但很可能言不及义。

客：不妨说来听听。

鲁：我的感觉是，大家对教学模式本身的界定不太一致，有的窄一些（窄式），有的宽泛一些（宽式）。所以若要讨论对外汉语教学模式，大家先要对什么是教学模式有共识，起码大家在同一个范围里讨论。否则就成了“各唱各的调，各吹各的号”，说不到一块儿去了。

我本人倾向于“窄式的教学模式”，简言之，教学模式是针对一定教学对象、教学目标所做的教学形式上的安排。

客：那么，其他相关因素呢？比如教学法体系、教材、教师培训，都不属于教学模式的范畴吗？

鲁：那些都只能看成是相关因素。有的相关因素跟教学模式有一定的关系，但并不是一种固定不变的关系。比如，与教学模式关系最密切的是教学法体系，这是教学理念问题。有些教学模式是根据教学法体系设计的，但在教学模式不变的情况下，采用的教学法体系却可以不断变化（发展），只有这样，教学才能与时俱进。比如大家谈的比较多的明德模式，大家的共识是，这种模式与源于上世纪 30 年代末 40 年代初的听说法一脉相承。但我们认为，这仅仅是就其对教学形式的安排来说的，而其教学法体系大概除了坚持句型操练（这是听说法留给外语教学的一份最重要的传统，作为一个教学环节，它是很有效的）之外，其他的训练都与最初的听说法大相径庭了。外语教学法体系至今已经有了很大的发展，如自上世纪 60 年代以来的交际法、功能法、任务法之类。从几篇介绍明德模式的文章可以看到，明德做到了与时俱进，在其教学模式不变的情况下，不断给教学注入新的教学法体系的理念。

客：好，就按您的“窄式教学模式”的思路说下去吧。请具体介绍一下“窄式教学模式”。

---

① 包括《华文教学与研究》2014 年第 2 期的几篇文章和另外几篇文章。详见参考文献。

鲁: 窄式教学模式就意味着教学模式应该是多元的，因为教学对象、教学目标是多种多样的。教学对象的复杂性是显而易见的。对外汉语教学的对象有成年人，也有未成年人，有正规的学习者（如在学校参加一个专业汉语课程）和非正规的学习者（业余的、短期的），等等。教学目标也是如此，我国高等学校——我希望我们的讨论限定在这一范围——的对外汉语教学就有汉语预备教育、汉语本科学历教育、汉语进修教育、汉语短期速成教育等。显然，面对这样复杂的教学对象和教学目标，不能只使用一种模式。任何想用一种模式统摄所有对象和所有目标的做法，都必然会失败。至于想把我国高校的对外汉语教学模式用到在国外进行的汉语教学（如孔子学院）中去，则更是行不通的。同样，国外的教学模式也不能简单地应用到国内的对外汉语教学上来。不能设想有一种万能的教学模式，不能因为一种教学模式应用于它特定的对象和目标时取得了成功，就认为这种教学模式用于其他对象、其他目标也必然成功；反之，也不能因为一种教学模式不能适用于所有对象、所有目标，就认为这种教学模式有问题。评价一种教学模式，要看它是不是适合它特定的教学对象和教学目标。

客: 我同意您的这种看法。那么，您说的“窄式教学模式”，目前有几种类型呢？

鲁: 从理论上说，上述几种教学对象和目标应该有各自的教学模式。就汉语预备教育而言，无非是两种模式：综合模式和分技能模式。

客: 就这么简单？

鲁: 就这么简单。至于这两种模式如何实施，体现什么教学法体系和教学理念，那是另外的问题。同一教学模式，可以跟某种教学法体系和某些教学理念挂起钩来。但教学法体系是不断发展的，教学理念和教学手段也不断有所创新。不管采取哪种模式，都应该跟上教学法体系和教学理念的前进步伐。

客: 按照您这一番议论，咱们再回过头来谈谈，应该如何看待大家关注比较多的美国的明德模式呢？

鲁: 明德模式是一种适合它的教学对象和教学目标的好模式，它没有固守最初的听说法的教学理念，而是与时俱进，跟上了教学理念的发展，形成了它自己的特点，很成功。

客: 既然如此，我们的对外汉语教学是否可以仿效呢？

鲁: 不可简单地这么说。不要忘了，明德模式仅仅是美国（非汉语环境）大学里的一个短期强化中文课程模式。严格地说，它不能叫“暑期中文学校”，而应该叫“夏学季中文学校”[1]。其特色是：第一，结合语言教学的特点，给学生在非汉语环境下创造一个汉语“小气候”，再加上实行师生“三同”（同吃、同住、同活动），弥补了听说法的某些不足（如有的学者指出，明德上课还是以句型操练为主），使课上所学能够在课外得到运用；第二，严格的管理，如学生要发誓在学习期间只讲汉语，不讲英语；第三，对教师的管理，教师要经过岗前培训，掌握并严格实施该校的教学理念和教学方法，而且要随时接受教学质量的检查。这些措施都保证了这种模式的成功。

但这种模式和做法恐怕只适合其特定的对象（主要是外交人员、情报人员等受教育程度较高、学习动机极强烈的成年人），适合短期强化教学。这种模式，我想，美国小学、中学的汉语教学不可能仿效。即使明德学院正规的（另外三个学季）汉语教学恐怕也不采用这种模式。明德学院的正规班有多少课时，我不清楚，但我知道，俄亥俄州立大学的汉语教学是每个学季 11 周，上课 10 周，复习考试 1 周，实际上课 50 学时，每周有 5 学时（每天 1 学时）用来讲课，另加课外与助教练习口语和答疑。显然，这也是听说法的教学模式。试想，这样的教学安排，如何能按明德模式进行？据我所知，与明德模式类似的只有美国陆军外语学院一家，他们的“军队法”（实际上也是听说法）独树一帜，效果也很好，入学时也要宣誓。从第一个星期起，每周都有考试，连续两次考试不过关的，就会被除名；学生自己不能适应那种军事化教学管理的，也可以自动退学，其淘汰率高达 50%（这是 20 世纪 80 年代该校校长来北京语言学院访问时介绍的，《军队法》一书可以了解其教学法）。

可以想象，这样的强化训练，三个月或者再短一些是可以的，若是长期（比如一年、两年）采取这个办法，恐怕就行不通了。作为正规班，中文只是学生选修课的一种，所以诸如创造“中文小气候”、宣誓不说英语只说汉语、教师与学生“三同”之类，都不具可操作性。

所以，即使在美国，包括美国其他大学的暑期语言学校在内，明德模式也未能普及。这不是推理，而是实际情况。

一个在其本国都不能被仿效的教学模式，如何能为中国高校的对外汉语教学仿效呢？我也来介绍一点儿历史情况。我们在 20 世纪 60 年代以前采取综合模式（经过一定

---

① 据我所知，美国多数大学采用学季制（semester system），一学年分春、夏、秋、冬四个学季。秋、冬、春三个学季是正规教学时间，每个学季 11 周；夏学季略长于其他三个学季，其作用一是照顾学生打工，二是让那些不能正规上课的学生（主要是在职的）利用假期集中上课，一个学季修完另外三个学季正规班的内容。成绩合格，可获得一门课（假设这门课是三个学季的课程）的学分，学分积累够了，同样可以毕业。明德语言学校就是属于这种情况。

变通的听说法模式）的时候，也是上午上 4 节课（复习——讲练——讲练——练习），下午和晚上教师给学生个别辅导。而这种做法在“文革”后期北京语言学院复校时，还保留了一些，但到了 20 世纪 80 年代就成了有些教师给学生有偿辅导了（不是教学安排的），现在可能连这种有偿辅导也很少了。主要是大环境变了。比如，20 世纪 50 ～ 60 年代对教师只要求上好课，不要求（甚至可以说是限制）教师从事科研或其他非教学学术活动，所以教师可以把全部时间花在教学和辅导上。80 年代以后，情况变了，再那样安排已经不现实了。明德模式中，在三个月的时间内让教师和学生“三同”可以，如果要求教师长年如此，恐怕也不现实。另外，对外汉语教学是在汉语环境中开展教学的，没有必要让教师跟学生“三同”，以此来为学生创造学习汉语的“小气候”。因此，提出模仿明德模式，恐怕只是一种愿望。明德的这双鞋，未必适合我们的脚。因为对外汉语教学有它自己的特点。

客：那么我们可以从明德模式中借鉴什么呢？

鲁：如果说明德学院的教学有什么值得关注的，应该是它在教学理念上与时俱进的精神，是他们对教学的严格管理。张喜荣、田德新（2004）归纳了明德模式体现的七个方面的理念：（1）学以致用；（2）情景教学；（3）授人以渔；（4）真实语料[①]；（5）实际运用；（6）以学生为中心；（7）定期严格测试。我国对外汉语教学界从 20 世纪 80 年代开始，去明德学院教过书的教师不在少数，上述七个方面的理念是否恰当，他们是有发言权的。本人无此经历，不敢妄加评论。但假定这七个理念说得都对，那么我要说，这几条理念反映了明德与时俱进的思想。如果拿这几条跟早年的听说法对比，就可以发现，明德模式的实际操作早已“现代化”了，他们一点儿也不保守，或许这就是明德成功的根本原因之所在，也是值得我们学习的。但若是说这些理念是独特的，即为明德所特有，却也不见得。因为这些不但在美国，而且在我们这里，也并不是什么新鲜的东西。但明德通过对教师的岗前培训和对教学的严格检查，保证了这些教学理念的落实。我们跟明德的差距，恐怕就在这里。

客：那么，我们国内的对外汉语教学模式呢？大家都不约而同地谈到了目前流行的分技能模式。您作为这一模式的亲历者，不知对这些议论有什么看法。

---

① 关于“真实语料”，我认为原则上是对的，但在具体做法上似乎应有个过渡。不知明德模式的做法如何。我想，这有点儿像交际法的情况。最初的交际法，完全从交际出发安排语言材料，不管语言的难度。事实上这是行不通的，过了一段时间就往回拉了，兼顾交际的需要和语言的难度。“真实语料”的选用可能是一样的，开始时比较绝对，渐渐地就要照顾语言的难易，对语料加以简化、改写，这都是很正常的。

鲁：我有一个感觉，就是有些论者对分技能模式的了解似乎不够准确、不够全面。比如，这种模式产生的背景是什么，如何把它放到20世纪70年代末、80年代初去认识，这种模式的适用对象和要达到的教学目标是什么，这些我在几篇文章中都涉及到了，这里不再重复，但我想概括地说几句。

首先要明确的是，我们这里说的分技能模式是汉语预备教育的模式[①]，检验它成功与否，要看它能不能满足汉语预备教育的需要，能不能完成预备教育的教学目标，衡量的标准是学生的汉语能力能不能适应入系后的语言要求，他们的汉语能力与此前运用综合模式时相比是提高了还是没有提高甚至降低了。

分技能模式的一个重要特征，或者说，分技能模式的实质，是改变了此前我国对外汉语教学贯彻的“全面要求，突出听、说”的主张，提出“突出听、读”。这是我们根据对外汉语预备教育的特点，针对学生入系后的需要进行调整的结果。分技能模式也由此而生：把听力和阅读单独设课。如今有人对分技能模式培养出来的学生的语言能力表示怀疑。如果论者批评我们当时还没有意识到运用现代的研究方法对这种模式进行评估，也不无道理。但是如果因此就否认这种模式相对于综合模式的优越性，似乎也有失公允。综合模式阶段对听力和阅读的训练几乎等于零（时间无保证，缺乏科学的训练方式），而分技能设课之后，用一半的课时进行听力和阅读训练，初步建立了这两种语言能力的训练系统，在这种情况下，学生的听、读能力如何，即使从直觉上也会得出结论。何况，我们当时已经在考试方式、要求和结果等方面与综合模式班进行过比较。分技能班的考试比综合模式班难度大，要求高，但考试结果却显示这一模式培养出来的学生汉语能力比综合模式班的学生有所提高。正因为这种模式给教学带来了新气象，所以当时综合模式班的学生要求调班的也不在少数。当时参与分技能模式实验的任课教师曾到北京大学对两个实验班的学生入系后的汉语能力做过跟踪调查，访问了学生和专业课的老师，老师们都反映分技能班的学生的语言能力，特别是听、读能力比较强。应该说，学生的语言能力达到了我们的预期。

客：那么，为什么大家还对分技能模式有一些怀疑呢？

鲁：这要从两方面看。一方面，这种模式确实还有应该改进之处；另一方面，也确实与有些论者对其了解不够全面有关。比如，有论者说这种模式不利于课程内部和教师

① 我们现在所说的综合模式和分技能模式，都是就对外汉语预备教育而言的。一般地说，这两种模式都可能用于其他对象和目标的教学。比如张朋朋（2006）提倡的“语文分开，集中识字”，主张把课程分为口语课和写作课、识字课。就教学模式来说，这也是一种分技能模式。吕必松近年来提倡的“组合汉语”，则是一种综合模式。

之间的配合。实际上，我们从 1980 年第一轮实验开始，就把这门课看成一个整体：综合课为主干，听力练习（贯穿全学年）、汉字读写（上学期）和阅读理解（下学期）为配套课。这种又分工又配合的关系，同时表现在教材上：《初级汉语课本》（三册）为主干教材，《听力练习》（三册）、《汉字读写练习》（上学期用）和《阅读理解》（下学期用）为配套教材。在《听力练习》《汉字读写练习》和《阅读理解》的“说明”中，都开宗明义说明了它们是配套教材。假如大家看过这套书的话，就会发现，单从形式上也可以看出这种配合关系，如《听力练习》与《初级汉语课本》是一课配一课，《汉字读写练习》与《初级汉语课本》第一、二册是一课配一课，《阅读理解》与《初级汉语课本》第三册（精读）则是两课配一课（体现阅读量大于精读量的原则）。在语言的难度控制上，为了保证语言能力的训练，配套的听力、阅读尽量做到不出或少出生词和新的语法现象。对于这种配合关系，我在《基础汉语教学的一次新的尝试——教学实验报告》（1999）中，也曾列表说明。

既然课程上有这种配合关系，那么任课的老师们就一定会互相配合，我们也要求参加实验的老师们相互配合，共同完成教学任务。因此在当时是不存在教师之间不配合的问题的。[①]

客：可是现在的分技能课好像削弱甚至没有了这种配合关系。

鲁：我前几年作为北京语言大学的教学督导员听课，也发现了这个问题，而且有些老师也注意到了这一点。有些上听力课和阅读课的老师比较强调“独立”，不同意“配合”，不主张听力课和阅读课要控制生词量。有的老师还提出，应以听力作为主干课，更有人主张泛读材料的难度应该大于精读。这些观点都跟有些教师对对外汉语教学的课程特点，特别是对分技能教学模式缺乏了解有关。但我觉得问题可能主要出在教学管理上。一则对教师的岗前培训没有相关内容；二则教材不配套，不同的课选用属于不同系列的教材，甚至把选用教材的主动权完全交给任课教师，这样，课程之间当然互相配合不起来。这跟我们最初设计的分技能模式和教材已经是两回事了。因此，课程内部和教师之间的不配合，不是分技能模式的问题。

客：经您这一说，我明白了，分技能而互相不配合，有违分技能模式的初衷，要打板子也不应该打到分技能模式身上。

鲁：再有一点应该明确，分技能模式是我们对外汉语预备教育的模式。它之所以后

① 分技能模式中各种课型的相互配合不仅体现在《初级汉语课本》中。李德津教授主编的《现代汉语教程》（北京语言学院出版社，1988 年出版）也很强调各种课型的配合关系，虽略嫌过细，但其理念是很清楚的。

来被国内许多院校所采用，以至于被认为是整个对外汉语教学的主流模式，是因为那些学校的汉语教学基本上都是预备教育的性质。所以，有人因为它不适用于汉语本科学历教育或短期速成教育，就认定是这种模式的问题，这也失之偏颇。

客：那么，汉语预备教育能不能仍然采用综合模式呢？

鲁：我并不排除这种可能，可是当初在我们设计分技能模式的时候，没有人提出在综合模式的框架内改革教学。我觉得，保留综合模式应该有前提，就是能够针对原来综合模式存在的问题解决问题。比如，如何提高学生的听力理解和阅读理解能力。如果解决不了存在的问题，那么什么模式都会失败。

客：好了，咱们进一步说说分技能模式存在的问题吧。

鲁：我 2003 年在《口笔语分科，精泛读并举——对外汉语教学改进模式构想》一文中对分技能模式的问题已经有了一些认识，即主干课（口笔语综合实践课）任务庞杂，口语不是口语，书面语不是书面语，二者都得不到充分的科学的训练，所以我主张把这门课一分为二，分设口语课和笔语课（或书面语课）。这样，这个模式就变成了上学期设口语、听力、笔语三种课型，下学期设口语、听力、精读、泛读四种课型。

客：还有呢？

鲁：就模式来说，就是这样。但就教材和教学内容、教学方式、教学手段来说，应该体现与时俱进的精神。毕竟这些都是 30 多年前确定的。而这一时期又是外语教学发展最迅速、变化非常活跃的时期。比如解决教学内容的时效性，本来就是编写教材时的一个难点，但教材还是要随着时代的进步变化内容。再如训练方式，当时虽然初步建立了训练体系（如听力、阅读），但只是“初步”的，距离完善还有不小的距离，应该按照发展了的训练方式加以改进。还有，当初的教学技术手段与今天更不可同日而语。当时还是以录音机为主要电教设备，而后就发展到录像、电脑、互联网，现在又进入了所谓的云时代、大数据时代，还有慕课等等，层出不穷，课堂教学中，多媒体课件的运用也越来越普及与成熟。这些都给对外汉语教学带来了巨大的变化，变化之快，真使人有应接不暇之感。尤其对我这样的患有“恐高症”的老年人，常发赶不上趟之叹。但就对外汉语教学来说，肯定要与时俱进，才能有发展，才能跟上时代的脚步。这种与时俱进，不应该受教学模式的制约。在这一点上，我们应该学习明德学院。

客：那么，今后应该怎么办呢？您有什么建议吗？

鲁：两条。第一，要改变现在一些与分技能模式的本义相违背的做法，在此基础上，对分技能模式进行实事求是的总结，并加以改进；第二，根据对外汉语教学的不同对象和不同教学目标设计各自的教学模式，比如，汉语学历教育的语言课应该采取什么模式？进修班的教学应该采取什么模式？汉语短期培训和速成班的教学应该采取什么模式？这些都是需要加以研究的。

举例说，汉语本科学历教育就不应继续采取突出听读的分技能模式。我倒有个想法，这一阶段可以设计一个突出读和写的模式。学生已经完成了汉语预备教育，进入本科专业学习，这跟他们进入其他学校学习专业是一样的。这时候的“听”和“说”，主要是在专业学习的过程中逐步提高的，“听”的是专业课，“说”的主要是专业内容。这时候的主要矛盾，变为“读”和“写”。学生要阅读大量的教材和参考书，这对他们来说，难度是很大的。20 世纪 50 年代，北京大学给每个留学生配备了一个中国学生辅导员，主要帮助他们提高阅读能力，今天显然无法做到，只能靠教学来解决。“写”主要指学术论文的写作。这是一种技术性很强的训练，不是讲一讲要求就可以奏效的。美国俄亥俄州立大学对刚入学的外国研究生要进行两学年英文学术论文的写作训练，我们或许可以借鉴。我曾经提出要给进入专业学习的外国留学生开设汉语后续课，就是这个意思。应该开设配合学生的专业课和以训练专业阶段的阅读能力为目的的课程。这样设计好了，就会形成一种教学模式。

客：说了这么多，我看您的意思就是，任何教学模式都必须适合它的教学对象和教学目标，一个教学模式能不能推广，对它如何评价，都要从这一点出发。

鲁：还有一点，我想强调一下，就是在教学模式上，要慎谈“革命”，而要搞“改良”。“革命”往往是轻易地把前边的推倒重来。其实，那样做对教学的冲击会很大。您看，明德在教学理念上与时俱进，但还是听说法的模式。这也是值得借鉴的经验。

在教学理念上，我还有一点希望，就是要研究我们自己的经验，使之上升到理论，再借鉴外国的教学理念中适合我们对外汉语教学的部分，最终形成我们自己的、和这个教学理念相联系的对外汉语教学法体系。一味地跟着国外跑并不意味着与时俱进。我们只有创造出自己的教学模式、教学法体系，才有资格跟世界对话。

谢谢您愿意听我啰唆。

参考文献

崔永华．基础汉语教学模式的改革 [J]. 世界汉语教学，1999（1）.

汲传波．再论对外汉语教学模式的构建 [J]. 华文教学与研究，2012（2）.

李德津、樊平．新编系列教材《现代汉语教程》的主要特点 [C]// 第一届国际汉语教学讨论会文选．北京：北京语言学院出版社，1986.

刘颂浩．中国对外汉语教学模式的创建问题 [J]. 华文教学与研究，2014（2）.

鲁健骥．基础汉语教学的一次新的尝试——教学实验报告 [M]// 对外汉语教学思考集．北京：北京语言文化大学出版社，1999.

鲁健骥．口笔语分科，精泛读并举——对外汉语教学改进模式构想 [J]. 世界汉语教学，2003（2）.

鲁健骥．建议给入专业的学生开设汉语后续课 [M]// 对外汉语教学激创法散论．北京：北京大学出版社，2014.

吕必松．华语教学新探 [M]. 北京：北京语言大学出版社，2012.

马秀丽．教师培养意识和教学模式 [J]. 华文教学与研究，2014（2）.

吴勇毅．关于汉语教学模式创建之管见 [J]. 华文教学与研究，2014（2）.

张朋朋．语文分开，集中识字 [M]// 对外汉语课程、大纲与教学模式研究．北京：商务印书馆，2006.

张喜荣、田德新．美国明德学院的中文教学 [J]. 世界汉语教学，2004（1）.

郑艳群．技术意识与对外汉语教学模式创建 [J]. 华文教学与研究，2014（2）.

（原载《华文教学与研究》2016 年第 1 期）

对外汉语教学预备教育教学模式：从综合到分技能

我国的对外汉语教学是从预备教育开始的，其教学模式前 30 年绝大部分时间都采用的是综合模式。1980 年的分技能教学实验打破了这种常规，但还是以综合模式为主，直至 1986 年以后，分技能模式才逐步取代了综合模式，成为主流。

一、综合模式的形成和嬗变

综合模式指的是上世纪 50 年代由邓懿教授引进的美国陆军特训班（ASTP）的模式。这个模式之所以被引进，大约有两个原因：一是邓先生曾经在 ASTP 任教，对这一模式很熟悉；二是这种模式是短期强化的模式，跟当时清华大学东欧交换生中国语文专修班的性质类似。但清华东欧班的培训时间为 2 年，较 ASTP 的 3 个月到半年的学制长了许多，而且学生将来要进入中国的高校学习专业，这样，这个班就又具有预备教育的性质。邓先生根据这种具体情况，对 ASTP 的模式稍加改造，使之适应汉语预备教育的特点，就成了“复习—讲练—练习”的上课模式，即每天 4 节课，第一节是复习课，第二节和第三节是讲练课，第四节是练习课。1952 年院系调整时，清华东欧班调整到北京大学，改称北京大学外国留学生中国语文专修班，沿袭了清华东欧班的学制和教学模式。当时二年级用的教材是两册《汉语课本》（俗称“白皮书”，为 16 开本，内部铅印），课文多为简易原文。

1961 年，北京大学中国语文专修班与北京外国语学院（今北京外国语大学）的外国留学生办公室合并。此时亚非拉的学生，特别是非洲留学生大量增加，而这些学生又多为学习理工专业的，学制为 1 年，但文科专业仍是 2 年，这样就形成了预备教育的两种学制。1962 年的外国留学生高等预备学校阶段、1965 年的北京语言学院（今北京语言大学）阶段（“文革”期间，北语被撤销了 6 年）、1973 年北京语言学院复校初期到 70 年代中期，汉语预备教育一直延续文科 2 年、理工科 1 年的两种学制。70 年代中期改为所有预备教育的外国留学生，不分文理专业，学制一律为 1 年。

尽管学制有这样一个变化过程，但教学模式始终未变。

综合模式的补充——“小四门”。应该指出的是，这里说的综合教学模式，是就其主干课而言的，其特征是，每天的 4 节课并非课型的区别，而是以讲练课为核心，复习课和练习课与其衔接，使用同一种教材，实质是讲练课的两个环节。

从清华时期开始，这种综合模式就配合有“小四门”或近似“小四门”的课程。由于文科学生的学制为2年，所以这些“小四门”课程都设在二年级。60年代初，大批学理工农医的学生进来之后，一年制教学模式的后期（第二学期）也加上了听、读、写的课程，只不过由于历史的原因，这些“小四门”课程的情况参差不齐，有的情况比较好，如：文科班二年级的泛读课，有课时，有教材；理工农医班的听力大课，落实得比较好，效果也比较明显。但多数“小四门”课不太成形，很不完善。从不同时期的教学大纲看，这些课处于不断变化之中。有的课程并没有落实，如：听力只在讲练课的最后几分钟安排学生听生词和课文录音，也缺乏科学的训练方法。正因为如此，这些课被称之为“小四门”。我们认为，“小四门”可以看作综合模式的补充性课程。（参见鲁健骥，2017）

二、分技能教学模式肇源

到了20世纪70年代中期，汉语预备教育的问题渐显突出。我校（今北京语言大学）曾分别于20世纪60年代中期和70年代中期派出调查组，到兄弟院校跟踪调查从我校接受了预备教育的学生入系之后的学习情况，征求他们对我校教学的意见。最突出也最集中的意见就是学生的汉语水平不过关，上课相当困难，希望我们学校提高教学质量。

问题主要出现在文科班。文科班多为欧美国家的学生，我们的教学，无论是内容还是方法，都不能满足他们的需要。所以，他们对教学的不满情绪逐渐强烈，甚至声言若再不改变，他们就罢课。说得更直接一些：当时我们的教学出现了“危机”。

从当时的大环境来讲，国外的一些外语教学法体系已经介绍到我国，一些外语院校已经运用并编写了教材。我们学校当时（1974年前后）也请了几位外国的教学法专家来开讲座。这些引起了我校教师，当然也包括对外汉语教师的思考：我们的教学确实是落后了。

改革教学的呼声日益高涨，成为我们进行教学实验的最初的动力源。1979年初，三人实验小组成立，由我负责，另外两位成员是李继禹和刘岚云。我们分析了教学的主要矛盾，认为留学生入系上课的主要矛盾是听读能力不能适应专业学习的需要。这表明汉语预备教育的培养目标出现了偏差。1965年的教学大纲曾经有过在“四会”中突出“听读”的提法，但70年代的教学大纲却又恢复了“全面要求，听说领先”的说法。我们认为，对入系的外国留学生来说，听力水平毫无疑问是很重要的，而“说”（口语和口头表达）作为一种主动语言能力，在预备教育阶段，则要控制在需要的范围内，只要给他们解决了能在中国生活的口语能力就够了；他们到了专业院校，“说”的能力是能够随着专业学习而提高的。所以我们提出，预备教育阶段的“四会”中要突出“听读”。这一改变，实际上突破了听说法的传统。

突出“听读”，有几方面的考虑。首先是要吸收国内外外语教学中听力和阅读的训练方法，改进对外汉语教学中听读能力的训练方法，形成相对科学的训练体系，使学生养成良好的听读习惯，掌握听读的技巧；其次是要保证必要的教学时间，具体的做法是改变课程设置：综合课设为每天 2 节，成为一门自足的课程，即这门课的复习、讲练、练习都在 2 节课里完成；设立听力（练习）课，每天 1 节；上学期设“汉字读写”课，每天 1 节，下学期发展为“阅读理解”课，每天 1 节，这样，听力训练和阅读训练就占了总课时的 1/2。

这样设课，改变了一本书、两位教师、三样课（复习—讲练—练习）、四节课的格局，保证了足够的听力训练时间，使相对科学的训练方法得以实施；保证了足够的阅读训练时间，使得大量阅读成为可能。“阅读理解”课课文的字数大约是综合课课文的 4 倍。1982 年第二轮实验期间，任课教师还改编了一篇大约 2 万字的反特小说用作泛读教材（《初级汉语课本》出版时因考虑到该教材还不够成熟，没有正式出版）。

以上三种课是互相配合的：综合课为核心，听力和阅读与之配合。比如听力练习和汉字读写练习与综合课是 1 配 1，阅读理解与综合课则是 2 配 1；听力和阅读理解尽量少出生词和新的语法，起到词汇、语法重现的作用，集中力量进行听力和阅读理解能力的训练。

这就是以《初级汉语课本》为代表的分技能教学模式的最初形态。宗世海（2016）认为这种模式应该定位为“综合 + 分技能”模式，而把后来出现的以李德津主编的《现代汉语教程》为代表的“听力—读写—说话”模式称为分技能模式。这样分也未尝不可，但为了行文的方便，本文仍按习惯将“综合 + 分技能”模式称为分技能模式。

三、对分技能教学模式的几点思考

以《初级汉语课本》为代表的分技能教学模式，从 1980 年的实验开始，至今已经实行了近 40 年，在这么长的时间里，这种模式是否有所发展呢？答案是肯定的。《初级汉语课本》之后的几种有影响的系列对外汉语教学教材，都坚持了分技能的模式，说明在汉语预备教育阶段采取分技能设课模式是大家的共识，虽然那些教材所遵循的教学理念和编写方法与《初级汉语课本》并不完全相同。这也是符合规律的：在同一教学模式之下，教学理念与做法都可以是多元的。

就分技能模式本身来说，经过多年的实践之后，我们也不断地进行检视与反思。主要有两个阶段，第一个阶段是2003年，我们针对这个模式中的两个主要问题提出了改进方案，概括为“口笔语分科，精泛读并举”。前者是针对这个模式中综合课任务庞杂，影响了教学效率和效果提出来的，口笔语分开之后，各自的任务相对单纯，并可按照口语和笔语（书面语）各自的规律进行教学；后者是针对在教学中泛读不落实，学生阅读能力的培养受到影响提出来的。（参见鲁健骥，2003）

第二个阶段是2008年前后，围绕着《初级汉语精读课本》的重编进行的。在这个阶段，我们初步形成了一些新的教学理念：“强调培养学生独立学习的能力，引导他们逐步获得自觉观察、吸收语言的能力，整个教学过程都贯穿着给学生任务，让学生在完成任务中学习、在完成任务中去发现和掌握语言知识和技能。”（见《初级汉语精读课本》“使用说明”）这种理念成为我们此后进一步提出对外汉语教学激创法的基础。

以上所说，都是我们对于对外汉语教学在认识上的发展。在《初级汉语课本》阶段，分技能模式从实验到大范围使用，证明了它被认可是有实践基础的。后来的改进模式和《初级汉语精读课本》体现的新的教学理念，以至于激创法的提出，由于客观原因，都没有实验的机会。《初级汉语精读课本》的使用面也很有限，激创法也只是得到少数一线教师的认同，进行了局部的教学实验。

以上的情况，不管是实践上的发展，还是认识上的进步，都是在分技能模式的框架下进行的。我们有一点体会：在教学模式不变的情况下，教学中可以体现新的理念，采用新的教学法体系。这样，教学才能与时俱进。我们可以打一个比方：假如教学模式是瓶子，教学理念和教学法体系是酒的话，二者有时是一致的，即一种教学模式是按照某种教学理念和某个教学法体系设计的，如我们说的综合模式，本来是按照听说法的理念设计的。但随着教学法体系的发展和变化，可能在原有的教学模式中注入新的教学法体系。最明显的例子就是经常被人提到的美国明德模式。据专家观察，也据亲历者体会，明德模式的基础是听说法，经过几十年的发展，今天的明德模式虽然还是听说法的模式，但其内涵已经不是最初意义上的听说法了。张喜荣、田德新（2004）归纳出了明德模式的七个特点：学以致用、情景教学、授人以渔、真实语料、实际运用、以学生为中心、定期严格测试。假定他们的归纳是正确的话，显然这七条早已突破了听说法，而反映了语言教学法体系的新发展，但其教学模式仍然是综合模式。这说明明德模式能够与时俱进，这一点，也仅仅在这一点上，是值得我们借鉴的。我们的对外汉语教学模式也应该不断注入新的教学理念和教学法体系，只有这样才能保持教学的先进性，跟上世界外语教学的大趋势。

我们的另一点体会是，教学模式的改变应该是渐进的，应该在原来教学模式的基础上改进，在改进的过程中，既针对其缺点，也要继承其优点。分技能模式虽然对原有的综合模式有很大的突破，但它还留有前者的影子，仍然有某种继承关系。从整体框架看，分技能模式把原来的综合课精简了，从 4 节课的自足变为 2 节课的自足，把原来不成形、不规范的“小四门”发展成正规的、规范的、科学的课程，初步建立了听力、阅读、汉字的教学体系。但教学理念以及体现这一教学理念的教学法体系变了。比如，实验之前，针对此前的教学“偏重于语言知识的传授，而不适于语言能力的训练”的问题，提出要“正确处理语言知识与语言能力的关系”的原则；对第二学期的精读课，则进一步提出“训练学生多方面的观察、理解和吸收语言的能力”“处理好语言和文化的关系”等原则。

不过，我们也有应该继承而没有继承下来的方面，比如前面指出的泛读，上世纪 50 ～ 60 年代，2 年制的文科预备教育的泛读（指真正意义上的泛读）比较落实，但到了 70 年代初北京语言学院复校之后，随着学制统一为 1 年制，泛读反而不落实了。分技能模式虽然加强了阅读能力的训练，也初步建立了一个教学体系，但泛读却没有跟上。

在 70 年代初，我校在落实泛读方面曾经做过一些努力，编写过《阿凡提的故事》等泛读材料，但并未得到普遍的使用，而且其内容也受到学生的抵制；80 年代初，来华留学生一系和二系都曾经提倡过泛读（不受教学模式的限制），并且分别组织编写过供泛读使用的简写读物，但使用情况都不理想。再后来，泛读就基本上连课都没有了。这种情况延续至今（现在只有少数综合课的练习里有所谓的“泛读”，与我们所说的“泛读”不是一回事），虽几经呼吁，响应者寥寥，不能不说是遗憾。我们曾经说过，泛读和精读是相辅相成的，二者缺一不可，就像人两条腿走路，缺了哪一条腿都是跛子。泛读一天不落实，教学效果的提高就是一句空话。

我们认为，教学上的改变，不管是教学模式还是教学法体系，都应该发展，但这种发展应该有教学理念的支撑，不应盲目，不应为改变而改变。有两个问题应该明确。一是教学模式应该是多元的，针对不同的教学对象和教学目标，原则上应采用不同的教学模式。我们说分技能模式主要适合汉语预备教育，其初衷也是为了改进预备教育而设计的，因此它不一定适合其他教学类型，如汉语速成教育、汉语专业教育、汉语进修教育。原则上讲，它们都应该有自己的教学模式。二是在教学模式上，也不能跟着国外的跑，国内有人提倡引进明德模式，这就完全脱离了我国对外汉语教学的实际，无异于削足适履。我们还是要继承老一辈的对外汉语教学传统，即使引进国外的教学模式，也要加以改造，使之适合我们的教学实际。教学模式如此，教学法体系也是如此。要敢于创新，鼓励创新。只有这样，我们才能迎头赶上，才能跟世界对话，才能跟世界接轨。

参考文献

鲁健骥 . 对外汉语教学思考集 [M]. 北京：北京语言文化大学出版社，1999.

鲁健骥 . 口笔语分科，精泛读并举——对外汉语教学改进模式构想 [J]. 世界汉语教学，2003（2）.

鲁健骥 . 关于创造型对外汉语教学与创造式汉语学习的思考 [J]. 语言教学与研究，2010（4）.

鲁健骥 . 对外汉语教学激创法散论 [M]. 北京：北京大学出版社，2014.

鲁健骥 . 关于对外汉语教学模式的对话 [J]. 华文教学与研究，2016（1）.

鲁健骥 . 对外汉语教学历史上的“小四门”——初步的考察与思考 [J]. 华文教学与研究，2017（1）.

张喜荣、田德新 . 美国明德学院的中文教学 [J]. 世界汉语教学，2004（1）.

宗世海 . 我国汉语教学模式的历史、现状和改革方向 [J]. 华文教学与研究，2016（1）.

（原载《国际汉语教学研究》2018 年第 1 期）

对外汉语教学历史上的“小四门”
——初步的考察与思考

在讨论我国对外汉语模式或课程设置时，经常提到我国对外汉语教学历史上的“小四门”，但却从来未见详细的叙述，因此就出现了一些出于想象的说法，以至于以讹传讹。这样，就似乎有必要对“小四门”做一番考察，然后才能对其做出恰当的评价。本文便是根据我掌握的资料[①]，对我国对外汉语教学自创立以来的“小四门”做的初步考察，并提出一些初步的思考。

首先应该指出，“小四门”并不是一个正式的提法，一般来说，在对外汉语教学综合模式中，“小四门”泛指除综合课以外的其他跟语言技能（听、说、读、写）有关的

---

① 主要是程裕祯（2005）收录的教学计划和教学大纲以及北京语言大学档案馆保存的几份打印教学计划和教学大纲，计有：

《清华大学东欧交换生中国语文专修班暂行规程》（1951 年），载程裕祯主编《新中国对外汉语教学发展史》，北京大学出版社，2005 年出版；

《清华大学东欧交换生中国语文专修班两年教学计划（草案）》（1951 年），载程裕祯主编《新中国对外汉语教学发展史》，北京大学出版社，2005 年出版；

《北京大学外国留学生中国语文专修班暂行规程（草案）》（1953 年），载程裕祯主编《新中国对外汉语教学发展史》，北京大学出版社，2005 年出版；

《（桂林）中国语文专修学校 1954 学年度语文班教学计划》，载程裕祯主编《新中国对外汉语教学发展史》，北京大学出版社，2005 年出版；

《桂林中国语文专修学校语文班第二学期语文课具体教学计划草案》（1955～1956 学年度），油印本，北京语言大学档案馆藏；

《北京大学外国留学生中国语文专修班一年级现代汉语教学大纲》（1957～1958 学年度），油印本，北京语言大学档案馆藏；

《北京外国留学生高等预备学校一年级现代汉语教学大纲（试行）》（1962 年），油印本，北京语言大学档案馆藏；

《北京外国留学生高等预备学校二年级现代汉语教学大纲（试行）》（1962 年），油印本，北京语言大学档案馆藏；

《北京语言学院越南学生一年制现代汉语教学大纲（草案）· 理工农医各专业适用》（1965 年），油印本，北京语言大学档案馆藏；

《北京语言学院留学生基础汉语教学计划 / 留学生基础汉语教学大纲》（1977～1978 年），油印本，北京语言大学档案馆藏；

《北京语言学院留学生基础汉语教学大纲（试行方案修改稿）》（1978～1979 年），油印本，北京语言大学档案馆藏。

下文提到这些文献时，不再一一注释。

汉语课程。言其“小”，是因为相对于综合课而言，这些课处于次要地位，所占课时比重较小，在性质上属于综合课的补充。

一、对“小四门”的初步考察

众所周知，新中国的对外汉语教学是1950年从清华大学东欧交换生中国语文专修班开始的。由于当时接受的东欧交换生都是学习文史专业的，所以一开始就规定专修班的学制为2年；1952年，我国高校进行院系调整，东欧班被“调整”到北京大学，改为北京大学外国留学生中国语文专修班，该班沿用了这一学制。1961年，北京大学外国留学生中国语言专修班与北京外国语学院（今北京外国语大学）的外国留学生办公室合并，于1962年单独建立北京外国留学生高等预备学校（1964年升格为北京语言学院）。其时由于来自亚非拉的学生大部分都是学理工农医专业的，所以汉语预备教育的学制就有两种：学习文史专业的（多为欧美学生，也有苏联、东欧国家的学生），学制仍为2年；而学习理工农医专业的，学制为1年。“文革”期间，北京语言学院停办了6年，1973年复校，复校初期的汉语预备教育仍然沿袭了“文革”前的这两种学制。

“小四门”的雏形，早在清华大学东欧交换生中国语文专修班时期就已经出现了。1951年制定的《清华大学东欧交换生中国语文专修班两年教学计划（草案）》的“第一年教学实施方案”中就有关于录音课的规定：“每课灌有录音片，供学生自修，每月为学生灌音一次，以检查速度。灌音中所发现的缺点及错误，在单授时间内由教师详为解释与指正。”这里所谓的“单授”，也在《计划》之内，具体规定是：“由教师与个别学生面谈，以解决其在学习上的各种困难。特别着重照顾程度较差学生。”由此可见，“单授”即是后来所说的个别辅导，不计课时。而每课的录音也只是供学生自修；每月一次的给学生录音，也是为了发现学生的缺点和错误。因此，这并不是实际意义上的听力理解训练。该教学计划中“第二年教学计划纲领”规定的课程中属于“小四门”性质的课程分语文课程与文化课程两类。语文课程中有作文（属于“写”），文化课程中有“中国文学作品选读”（属于“读”——泛读）和“时事专题报告”“文艺专题报告”（属于“听”）。至于这几门课的具体内容和做法，“第二年教学计划纲领”未提及，不得而知。

1953年北京大学制定了《北京大学外国留学生中国语文专修班暂行规程（草案）》，但未见具体的教学计划和大纲。不过我们可以看到北京大学教学计划的“折射版”。1954年我国分别在桂林和南宁为越南留学生开办了中文专科学校（简称“桂林语专”和“南宁语专”），桂林语专的教学计划对教材来源进行介绍时提到“参考北大中国语文专修班的教材及其他有关的中国语文教材”，再加上当时我国向这两所学校派出的任课教师是以北大留学生班的教师为主体的，因此我们有理由推测，桂林语专的教学计划大致能够折射出北大留学生班的教学情况。

桂林语专的学制也是 2 年，第一学期没有“小四门”。第二学期共 22 周，前 12 周为阅读写作阶段，“贯彻课外大量阅读与独立思考的原则。要求学员能阅读并理解通俗、浅近的读物和人民日报……初期选通俗读物若干篇，后期选文艺性一般读物做阅读材料”。这些可以看作是“小四门”。

这些规定也见于《桂林中国语文专修学校语文班第二学期语文课具体教学计划草案》。但与 1954 年的规定相比，略有变化，且略为具体。教学时间减为 10 周；阅读《人民日报》限于第 1、4 版，阅读速度要求为 3000 字 / 半小时；课外阅读材料前阶段选短篇文章（可适当改写），每篇字数约 10000 字，新词约 50 个，后阶段可选单行本，内容要新颖，故事性强，并适当选用有关中国革命史和联共（布）党史内容，新的词汇要少；《人民日报》做一般阅读材料，在每天的读报时间阅读；要求学生在课外阅读，每周 12 小时；阅读检查课为每周 2 节，检查方法是提问、说大意和心得等，同时解答疑难问题并指导阅读方法。为了培养学员的独立阅读能力，要求学员依靠工具书，训练查字典和看中文解释的能力，疑难问题经过个人思考、小组研究后再问教师；并要求教师避免做活字典，着重启发诱导。

写作方面提出：由练习写阅读笔记、短文到记叙文、论说文，最后能在三小时内写出 1200 字的通顺文章。

我们见到的最早的北大留学生班的一年级教学大纲是 1957 ～ 1958 学年度的。这时《汉语教科书》已经成形，因此，这份大纲体现的是《汉语教科书》的教学格局。比如，其中规定了口语练习共 4 课，分 4 日进行，实际上练习的就是《汉语教科书》第 9 课到第 12 课，并非真正意义上的口语课，所以并不能算是“小四门”。但该大纲规定，一年级的最后 4 周（即学完《汉语教科书》之后）为“读本”阶段（即当时通常所说的短文阶段）。这一阶段有阅读课，教材是适合学生程度、经改写了的短文；每周有口语练习和写作练习，各 1 节课，均由练习课教师负责。应该指出，这里说的“读本”阶段的阅读课，当时以至 70 年代，都称为“短文课”。短文课的教材和课堂教学都是围绕词语教学进行的，每课的课文之后配有生词表、词语例解和练习。因此，这里的阅读不是通常意义上的对阅读能力的训练。

属于“小四门”的应该是每周各 1 学时的口语和写作。这两种课分别由练习课教师负责或由授课教师负责。可惜我们不知其详情：用什么教材、如何训练。

1962 年，北京外国留学生高等预备学校建校，这一年的《北京外国留学生高等预备学校一年级现代汉语教学大纲（试行）》规定，每学年有10周（大约比1/4的课时略少一些）的独立阅读阶段。“自然科学组（即将来要入系学习理工农医的学生）又分两小段，前5周为一般性阅读（包括50%左右的知识性文章），后5周阅读初中数理化；人文科学组使用统一教材，对选学社会科学和艺术各专业的不同的需要，以课外阅读辅导的方式适当照顾。”在涉及教材时，只说“需改编”，“理工组独立阅读教材，需经过调查研究后编写”，无具体内容。对学理工农医专业学生的这种教学安排，一直持续到上世纪80年代。（当然教学内容有所变化）

该大纲对一年级各阶段的课程设置中都有“小四门”：

（1）基础阶段：讲练课10学时，复练课8～12学时，**听力课3学时**。听力课与综合课（讲练课和复练课）的比例为1∶6或1∶7。

（2）巩固提高阶段：讲练课10学时，复练课6～10学时，**写作课2学时，听力课3学时**。写作课和听力课共5学时，综合课（讲练课和复练课）共16～20学时，比例为1∶3或1∶4。

（3）独立阅读阶段：阅读检查10学时（即每周1学时），复习循环3～5学时，**写作课2学时，听力课2～4学时**。但大纲对阅读检查和听力课的“要求从略”。因此，这些课如何进行，不得而知。

该大纲明确指出：“学文史哲专业的要学两年汉语，因此在一年级不另划一个阶段进行独立阅读训练，从巩固提高阶段开始，一直进行精读，同时可以配合适当的泛读，以便把基础打得更扎实。”可见，对这部分学生，第一学年所谓的“使用统一教材”，指的是短文教材，但“对选学社会科学和艺术各专业的不同的需要，以课外阅读辅导的方式适当照顾”，并没有形成课程，当然也不会有成形的教材。有一件事可以说明。当时有三个准备到中央美术学院学习专业的阿尔巴尼亚学生（画家），美院方面提出，只需要我们把毛泽东的《在延安文艺座谈会上的讲话》给学生“捋”一遍，至于绘画技巧方面，语言上不必做过多的准备，因为主要靠老师示范，不是靠讲解。当时，学校分配了一位老师负责给他们做课外辅导，由我提供“教材”支持：挑出《在延安文艺座谈会上的讲话》中的生词，提供阅读材料。美术专业的阅读材料是我从报上选的比较简短的作品介绍或评论，有图有文，一周一篇。应该说，这种课外辅导还没有形成正式的课程。

1962年，《北京外国留学生高等预备学校二年级现代汉语教学大纲（试行）》中第二学年的课程包括读本、课外阅读、大量阅读、写作、专题报告。其中读本课为综合课，即主课，第一学期为每周12学时（每日2学时），第二学期为每周10学时。其余4种课应该属于“小四门”。我们略加介绍。

课外阅读：每周3学时，隔日1学时。目的在于锻炼学生的独立阅读能力，为学生将来阅读大量参考书，主要是文学作品做准备，同时尽可能介绍一些关于读本教材、作者的内容或提供一些参考资料，使学生能更深刻地了解读本教材。此外，本课程也为学生介绍一些“五四”以来的著名作家。

课外阅读可视为读本课的延伸，其主要内容是阅读“一些重要的生词的解释或翻译以及教师检查时要问的重要问题。以后要逐步过渡到不给生词解释及问题。第二学期教材则完全没有生词及课文，学生应能完全独立阅读”。这一学年每次的阅读量从1000～2000字，增加到5000～6000字，最后达到15000字。

该大纲对课外阅读的课堂教学方法做了如下规定：“教师除了以提问方式或漫谈方式检查学生了解的程度以外，并应做简单的关于作品或作者的介绍，或解释一下困难的词语，分析一下困难的句子，适当地纠正学生的语音语法的错误。”

大量阅读：第一学期，在第二次阶段测验后进行大量阅读10日；第二学期，分别在两次阶段测验后进行，各10天，即全学年有30天的大量阅读时间。在此阶段，每天用2学时进行课堂教学，检查大量阅读效果，全学年共60学时。每天的课外阅读量在3小时左右的时间内完成，但没有具体数量的规定。

大量阅读阶段的教学要求是：口头检查，同时也是对学生口头表达能力的训练；笔头检查，“防止学生汉字生疏之弊”。“在阅读完毕整本作品后，如题材合适，可以举行课堂讨论，事先拟给学生讨论提纲，使学生能进一步体会作品的思想内容，并通过学生之间可能发生的争辩，更进一步锻炼口语能力。”

写作：目的在于提高一般写作能力，为将来学生入大学后的论文写作做语言运用方面的准备。隔周上课，每次2学时。

写作课的教学要求是：“每次写作课，内容应事先通知学生，要求学生准备。课堂中有时应抽出一些时间为学生解释共同错误。每周应指定两三个学生在课外与之个别改正写作中的错误。针对共同错误或个别错误可以要求全体学生或个别学生做些练习……进行本课程的方式应该多样化，如回答有关读本内容问题、写出所听报告内容、作文、分析作品、翻译文言文阅读教材等。第一学期应主要复习巩固基本语法。”

专题报告：隔周上课，每次2学时。“目的在于提高学生听汉语及记笔记的能力，为将来入系听课做准备，并利用这机会向学生介绍中国的新旧文化的某些方面，促进学生对中国的了解。”

该大纲明确提出，专题报告课的目的在于提高学生的听力。具体做法是：“第一学期开始时，可由教员读较短的作品，约15到20分钟，由学生记笔记，然后写大意或回答问题。教师说话速度开始时应该较慢，以后逐步加快，在第一学期中间，学生应已习惯一般人普通的速度。短文长度也应该逐步加长，第一学期中间，学生应可以速读、速听 60 ～ 70 分钟的报告并能记下主要内容。教师可请本校其他对学生不熟悉的教员或工作人员来给学生做各种不太专门的专题报告，最长不超过 2 学时……第二学期则争取校外人士来给学生介绍中国文化中的某些方面，有意识地加多有关文学、历史、哲学的学术性报告。为了有意识地锻炼学生听方言的能力，由第一学期末，请来作报告的同志不严格要求说北京话。每次听报告，都严格要求学生记笔记（所用语言不拘），事后由教师检查。”这种专题报告课后来延伸到理工农医班，即听“大课”。

教材方面，课外阅读一律采用原著，不加改写。该大纲特别指出，课外阅读教材正在建设中，准备逐渐形成三套重点不同的教材，以期配合学文学、历史、哲学等不同专业的学生的需要。大量阅读的教材第一学期有《我的一家》（陶承）、《中国共产党的三十年》（胡乔木）；第二学期有《青春之歌》（杨沫）、《骆驼祥子》（老舍）。

从以上叙述我们可以了解到，至 1965 年，二年级的“小四门”已经比较完备了。

1965 年，我国政府同意了越南政府提出的选派 2000 名高中毕业生来华留学的请求（实际人数多于 2000，也不限于高中毕业生）。高教部将教学任务分配到全国 22 所院校，由北京语言学院负责为各院校培训师资，提供教学大纲、教材等。由于这批越南留学生都是学习理工农医专业的，所以北京语言学院制定了《北京语言学院越南学生一年制现代汉语教学大纲（草案）· 理工农医各专业适用》。该大纲规定，为期一年的汉语预备教育的目的是“打下比较牢固的汉语基础，后期结合数理化的学习，培养阅读数理化原著、听数理化课程的能力”。该大纲提出的教学要求是：“能听懂一般性数理化讲座和一般性报告，抓住中心内容并回答问题；能读懂一般性数理化书籍、一般的政治性和简易的文艺性文章，正确理解大意（半小时内读懂约 1500 字的文章并准备回答问题）；能运用学过的语法和词汇进行日常生活会话，就一般的数理化内容口头表达自己的思想，发音正确，说话清楚，语调自然；能运用学过的语法和词汇，用笔语表达意思（一小时内听 1200 字的文章一篇，写出 600 ～ 700 字左右）。”

显然，这些要求不是只学习一门综合课就能实现的，必须有相应的课程与之配合，这些相应的课程就是“小四门”。该大纲规定，在短文阶段（第一学期 6 周，第二学期 8 周）开设阅读课、写作课、听力课，每周各 2 学时；短文阶段之后，有 11 周的“专业阅读阶段”。

“阅读课要求学生课外阅读，课上质疑答疑，提问检查，或朗读重述一段，了解学生理解的情况。阅读课带有泛读性质，要求应与精读有别。”按规定，“写作课和听力课另有写作课教学大纲和听力课材料各一本，包括每节课的安排设计，可供参考（写作和听力的两份材料不发给学生）。”但我们未见这两份材料。

本阶段的教学任务规定：“加强听的训练。”该大纲指出：“听力课可以采用听录音的方式，也可由教师朗读或讲说，学生听完后当堂用提问或复述的方式进行检查。”

专业阅读阶段开设专业阅读（每周12节）、普通课（每周10节）、写作课（每周2节）。专业阅读“以《科学常识》及《数理化专业阅读教材》（共四册）为汉语课主要教材，重点解决的是阅读过程中发生的汉语方面的问题，既要提高学生阅读专业书籍的能力，又要为普通课开道。专业阅读要求学生课下自己阅读，课上质疑答疑，教师提问检查，进行说、写的训练，帮助学生预习第二天的生词。课上还要安排一刻钟左右，进行听力的训练”。

普通课重点给学生将来听专业课做语言准备，而这一阶段中的“大课”则更具“实战”的意味，既训练听力，也训练写的能力（做笔记等）。主要教材是数学、物理、化学各一册；写作课为前一阶段写作课的延续，读报课材料选自当时的《人民日报》等报纸。

这一教学大纲实行了不到一年，“文革”就开始了。1973年，北京语言学院复校，次年开课。刚复校那几年，以文科学生为主，所以教学上沿用了上述1965年的二年制文科大纲，但更换了一年级教材，重新编写了二年级教材（随编随用，即后来的《文选》和《中级汉语教程》的雏形）。由于当时没有学理工农医的学生，而学文科的学生要到二年级才有“小四门”，所以没有经历过那一段教学的人常误认为那时没有“小四门”。

我们手头成文的新的教学计划和大纲是1978～1979年的《北京语言学院留学生基础汉语教学大纲（试行方案修改稿）》。该大纲中跟“小四门”相关的课程有：

1. 听力训练：第一学期和第二学期前半段的听力训练是综合课的一个教学环节，并不单独设课，也没有单独的听力教材，只是听课文和生词录音，即所谓的“消极听力”①。理工农医专业的学生在第二学期后半段开设“听力大课”，由专业汉语课教师分工授课。

2. 口语课：从第一学期后半段开始至第二学期前半段开设，每周2学时，该大纲注明“另有教材”，但未见。

3. 写作课：从第二学期前半段开始，每周2学时。理工农医专业开半个学期，文史专业开一个学期。

---

① 我在《口笔语分科，精泛读并举——对外汉语教学改进模式构想》（2003）中指出，即使这样的消极听力，在时间上也得不到保证，形同虚设。

4. 泛读：从第二学期开始，每周 4 学时。前半段的泛读材料包括在课本中，是综合课的一部分。理工农医专业自第二学期后半段开始专业汉语教学，包括科学常识和数理化专业课程，并把一部分教材作为泛读材料，使泛读材料在量上有了保证；文史专业的泛读材料仍然包括在课本中。

5. 报刊听读课：文史专业在第二学期后半段开设，每周 4 学时。该大纲注明“另有教材”，实际是随编随教，尚未成形。

关于“小四门”的教学，《北京语言学院留学生基础汉语教学计划 / 留学生基础汉语教学大纲》有一些原则性的规定。如对学理工专业学生的听力训练，提出“要注意听力速度训练”，“要坚持整体听（对关键问题可以恰如其分地重复）。教师或录音的语速应有严格要求，听的遍数应有一定的限制，听后要注意训练学生口、笔语的表达能力”。关于阅读训练，《留学生基础汉语教学大纲》提出“要积极引导学生独立阅读的能力，提高阅读速度，使学生善于跳障碍，抓关键。训练要有计划，有要求”。

二、对“小四门”的初步思考

以上的考察，主要是基于北京语言学院及其前身清华大学东欧交换生中国语言专修班和北京大学外国留学生中国语言专修班的教学大纲、教学计划做出的。时间跨度上迄 20 世纪 50 年代初，下达 70 年代末，甚至可能延至 80 年代中期。我们查到的教学大纲、教学计划不算多，但几个重要节点的资料都有了，如清华大学东欧交换生中国语文专修班创办时期的、北京大学 50 年代的、外国留学生高等预备学校时期的（开始有理工农医专业的学生）、北京语言学院初建时期（即“文革”前夕）供全国使用的、70 年代初北京语言学院复校初期的以及“文革”后期至“文革”结束后的。在这几个重要节点上，“小四门”从开始设立到逐步地改进，经过了 30 余年的发展。80 年代中期以后，由于汉语预备教育的综合模式逐步为分技能模式所代替，“小四门”也随之式微，但“小四门”的一些成熟与成功的做法得到了继承。

前面说过，“小四门”是综合教学模式中对综合课的补充。这种补充是必要的，也是当时为了弥补综合教学的薄弱环节所做的具有创造性的安排。我们知道，清华大学东欧交换生中国语文专修班创办时，引进了美国陆军特别训练班（ASTP）的教学模式（即听说法）。但二者有明显的不同。ASTP 是短期培训性质，而东欧班则是汉语预备教育性质，学生学完汉语之后，要入系学专业，这样就产生了如何保证学生学了两年汉语之后能够在语言上适应专业学习的问题。实际上，主其事者从一开始就认识到，光靠一门综合课，是不能完全解决学生入系学专业的语言能力问题的，教学上一定要针对这种情况有所安排。这就是为什么东欧班一开始就在二年级时设立作文、中国文学作品选读、时事专题报告、文艺专题报告等加强写作、阅读、听力的课程。后来，桂林语专在二年级设阅读写作阶段、北大留学生班在一年级设口语课和写作课，其源头都可追溯到清华东欧班时期。

这些安排的目的很明确，是为了使学生入系之后，语言能力能够比较快地适应专业教学的要求。汉语预备教育培养的学生的汉语能力与专业教学的要求是一对矛盾，当时有个形象的比喻，就是说学生入系之后，要有一段“坐飞机”的时间，“坐飞机”时间的长短，则直接与学生的汉语能力相关，少则一个学期，多则更长。在学文科专业的学生身上，这一对矛盾还不太突出，一是他们的汉语预备教育是两年，二是就学习内容来说，比较容易与专业学习接口。这一对矛盾在理工农医专业的学生的身上比较突出。一年的时间要达到入系学习专业的语言要求，在当时谈何容易！况且，当时使用的教材（《汉语教科书》等）的内容比较适合文科学生，与理工农医专业的需要有很大的差别。因此，1962 年，外国留学生高等预备学校的教学大纲就辟出半个学期的“普通课”阶段，综合课和听、说、读、写“小四门”都与专业结合，特别是把专题讲座（听大课）固定下来。此后，这种做法一直传承至今，可见它是有生命力的，是符合客观需要的。

对外汉语预备教育重视专业汉语，还有一个客观情况，就是接受这些留学生入系学专业的院校对汉语预备教育的教学效果表示不满。20 世纪 60 年代和 70 年代，北京语言学院曾经先后做过两次跟踪调查，那些院校对汉语预备教育教学效果最主要、最集中的意见，就是虽然学生接受了一年的汉语教学，但语言能力仍然太低，不能满足专业教学的要求。这就客观上给汉语预备教育提出了要求，也造成了一定的压力，迫使我们改进教学，提高教学质量。

我以为，这种矛盾的出现，原因是多方面的，但主要与教学理念、教学模式和教学内容有关。在教学理念上，对外汉语教学一开始比较强调语言知识的教学，强调教学内容的系统性。这既反映在当时的教材上，也反映在课堂教学上。就综合模式本身来看，也是以知识的传授为主线，而语言能力的训练则比较薄弱。虽然当时也提出要“重实践”，但那是教科书框架下的实践，所谓的“多练”，跟有计划地进行语言能力的训练是有距离的。这种状况的形成，有客观原因，也有主观原因。

客观地说，20 世纪 50 年代，国内的外语教学重知识而轻能力，是比较普遍的现象，导致了所谓的“哑巴外语”症。有的学校情况好一些，比较重视实践，但也缺乏科学的方法。比如，听力的训练多属“消极听力”，缺乏“积极听力”的技能训练方法。在外语院校，当时的阅读训练普遍设有精读课（主线课）和泛读课，并且泛读课已经形成了一套教学方法。显然，对外汉语教学也吸收了外语院校的做法，尤其在文科班的第二年，泛读落实得比较好。但对于外语院校没有解决的问题，对外汉语教学也没有突破。主观原因则是当时对外汉语教学界对汉语作为外语教学的认识上的滞后，并没有接受“外语教学教的是语言，而不是教关于语言的知识”这种理念。

“小四门”的发展历史对我们最大的启示是要实事求是地解决教学中提出的实际问题。但我们也必须承认，总体上来说，“小四门”是不够成熟的。这表现在几个方面：

1. 缺乏教学的总体设计，始终没有处理好综合课与“小四门”之间的配合与衔接。语言与专业之间的关系问题，多年来众说纷纭，争论不休，至今没有结论，其实质就是没有找到配合与衔接的可行的路子。

2. “小四门”课程本身也缺乏设计，这在初期是可以理解的，但长期如此，却不能不说是缺点了。这说明教学的组织者、领导者对这些课程的任务、规律缺乏了解、缺乏认识，所以在教学大纲里只能虚写一些“由任课教师负责”之类的话。

3. “小四门”是要解决学生的语言能力问题的，但当时的对外汉语教学对于如何训练语言能力的认识是粗浅的，因此“小四门”各课程的教学方法也比较泛泛。对此，我们要历史地、从当时外语教学的大环境看，不能苛求于前人。如前述听力理解、阅读理解的训练，即属此列。再如写作课，对外汉语教学实事求是地把记笔记、写提要等作为训练重点是很有见地的，但又同时有写作文的要求。写作文（命题作文）应用到对外汉语教学中是否合适，是值得讨论的。当时提出写作文，实际上为20世纪70年代之后的写作课较多地沿袭中国学生作文课的做法做了铺垫。当然，对外汉语教学的写作教学应该如何搞，至今仍然是“热门话题”，这不在本文讨论的范围之内。再如口语课，走的也是以话题为主线的路子，这在当时的外语院校也是普遍的做法，所以也不能苛求对外汉语教学的口语课有更大的突破。

4. 教材建设最为薄弱。从前引教学大纲可以看出，最初二年级的泛读使用了原文读物，算是落实了教材的问题，而其他类型的泛读材料，如简易读物、改写读物等，都没有教材。至于其他“小四门”的教材，当时基本上没有。这种情况到了70年代后期才有所改进（编写了几种教材，如《寓言故事》《阿凡提的故事》等）。这与国内外语教学相比是相对滞后的。

5. 课程安排比较随意，缺乏刚性的规定。比如，听力训练始终没有脱离“消极听力”的模式，甚至仅仅作为综合课环节之一的听力，也常常被挤掉。再如，泛读教学作为一门课程（哪怕仅仅是“小四门”），始终没有落实。前面说60年代的二年级泛读曾经得到落实，但进入70年代之后，这种情况又发生了改变（这跟一段时间内否定泛读，而代之以泛泛的“阅读课”有关)。

“小四门”是与对外汉语预备教育的综合模式共生的，其经验与不足对70年代末发端的分技能设课是有启发意义的。从某个角度说，分技能模式避免了综合模式的不足。比如：把原来的“突出听、说”变为“突出听、读”，初步规范并落实了听力和阅读理解的训练模式，编写了比较符合听力和阅读理解规律的教材，形成了初步的教学体系，使语言能力的训练摆脱了“小四门”的定位，在原有基础上得以提升；教学内容上，改变了原来局限于校园生活的状况，更加有针对性，即针对入系学生的需要（最初的教学实验仅以学习文史专业的学生为对象），提出题材广泛、体裁多样的原则，加强了文化因素的教学等，使得学生入系之后，在语言上能够更快地适应新的学习。

以上我们对“小四门”的产生和发展做了初步的回顾，也进行了初步的分析，指出哪些地方值得我们借鉴以及存在哪些不足。我们回顾历史，是为了找出今天和明天的对外汉语教学发展方向。我们可以把今天的情况与历史的情况进行对比，对比的结果可能是几个方面：今天继承了昨天的一些正确的认识和一些成功、成熟的做法，今天还在沿袭过去的一些不正确的认识和一些不完善的做法。对于后一种情况，我们更要认真地加以总结和研究，结合自己的经验和外语教学理论的新发展，找出改进的办法和途径，大胆实践，使对外汉语教学能发生明显的改观。

最后，我要重申，由于我占有的资料有限，可能总结得不够全面、不够准确，认识上也会有偏颇，希望诸位同仁指出。

参考文献

程裕祯主编．新中国对外汉语教学发展史 [M]. 北京：北京大学出版社，2005.

鲁健骥．基础汉语教学的一次新的尝试——教学实验报告 [M]//对外汉语教学思考集．北京：北京语言文化大学出版社，1999.

鲁健骥．说“精读”和“泛读”[J]. 海外华文教育，2001（3）.

鲁健骥．口笔语分科，精泛读并举——对外汉语教学改进模式构想 [J]. 世界汉语教学，2003（2）.

宗世海．我国汉语教学模式的历史、现状和改革方向 [J]. 华文教学与研究，2016（1）.

（原载《华文教学与研究》2017年第1期）

应改变“演讲”式的授课方式

2011年11月，教育部推出20门“中国大学视频公开课”，立即引起网友的热议，除了有“纯学术”“踏实”之类的好评之外，也有人提出授课教师“刻板”“照本宣科”等意见。有人分析，这种情况之所以出现，是因为我们从小学到大学接受的都是灌输式的教育。所以这种公开课后来被定位为“讲座”。我觉得这里提出的问题可能在高校具有一定的普遍性。由此联想到2006年当教学督导时，我就曾对中国学生的专业知识课的上法说过一点意见：要区别演讲和讲课，用演讲的办法上课，肯定不能说是成功的课。（鲁健骥，2008）

五年过去，去年我又有机会参与优秀教学评奖的工作，听了几个学院的专业知识课，感觉这个“演讲”和“讲课”的问题，或者说是用“演讲”代替“讲课”的问题，并没有改观。因此，我认为有必要“旧话重提”，再一次“鼓吹”一下授课方式的转变，对我的想法再做阐发，并尽量使其具有可操作性。

“讲座”和“演讲”，从传输方式上说，有一个基本的共同点，就是单向灌输，虽然现在的讲座和演讲按惯例在结束时都会留出一点儿时间跟听众互动，但在我们国内的语境中，这个互动的环节即使有，也进行得不够理想，更多的情况是，听众“没有问题”可提，互动不起来。

实际上，“讲座”和“演讲”跟“上课”有质的区别。“上课”应该是“以教师为主导，以学生为中心”，是学生在教师的引导和指导下去发现和创造的过程，是“授人以渔”的过程，即通过教学活动，培养学生可以终身受用的学习能力和研究能力。而以“灌输”为特征的演讲式授课，虽然学生可以从教师的讲授方式和讲授内容中体会治学的方法，但那是间接的、被动的，与主动地、有意识地培养学生的学习能力和研究能力大相径庭，二者不可同日而语。

要提高教学质量和教学效果，培养学生的学习能力和研究能力，必须从教师开始，转变观念，改变用“演讲”（或“讲座”）代替“讲课”的授课方式，就是说，教学要从“演讲”（或“讲座”）向“讲课”回归。

按照我们的设想，授课过程应该是这样的：

一门课程开课之始，教师应该先出“安民告示”，将授课计划发至每个学生手中。授课计划包括课程的教学目的、授课方式、授课时间、考试方式等。

授课时间按周安排，要说明每次课的授课内容、参考文献。参考文献则包括指定教材的相关章节及相关论述。所谓相关论述，主要是指有与教材不同的观点或者有新的发现。必须改变目前一种教材“包打天下”的做法。

授课计划中还应包括对学生提出的预习要求，如要求学生在课下阅读下次课的教材和参考论著，就授课内容归纳各种观点、提法、新的发现等；调查某种情况；了解某些实例等。同时，特别要说明学生应如何准备课堂讨论。这一部分实际上已经说明了每次上课的授课步骤，这样的安排使得学生课前就已经对上课过程了然于心；这样上课对学生是透明的，学生上课是主动的、有准备的。预习是课堂教学最重要的前提和基础，预习的充分与否关系到教和学的效率和效果。

课堂教学基本按照教学计划进行。要相信学生的自学能力，教师不可在课上照本宣科，重复教材内容，所有学生可以通过阅读自己解决的问题，都不需要教师在课堂上花费时间去重复，教师应把有限的课堂教学时间和主要精力用在组织好课堂活动上。

在课堂上，学生不是被动地听老师“演讲”、记下“演讲”的内容，而是主动地、积极地参与教学活动，展示他们按教师要求在课下所做的各种准备，进行讨论，互相补充，不同意见也可以争论，教师则对学生的表现予以指导。教师的一个重要角色是作为与学生平等的一员参加讨论，阐述自己对某一问题的观点和新发现。教师的发言不仅在内容上对学生有启发，更重要的是在研究方法上给学生以启示。

课后的作业主要是发挥学生的创造性，如要求学生将自己在课堂讨论中发表的意见整理成小论文，或者做一些综合性的论述等。这是一个提高学生研究能力的过程。

这种授课方式对教师和学生的要求都提高了。从教师的角度来说，要提高课堂上的应变能力，因为课上学生的活动多了，要善于引导和指导。更重要的是，教师需要不断更新自己的知识，不断给学生提供自己对某一问题的新观点、新发现（或介绍学术界的新发现），讲解学生通过自学解决不了的问题。这样，就不能一份教案多年不变，而要注意知识的积累。我上世纪 80 年代初在美国俄亥俄州立大学教育学院听课时，发现每门课的教师都搜集了大量（如果不是全部的话）与该课程有关的参考文献。（我猜想这可能已经制度化了）如教教学法理论的教授就有一大抽屉的论文（包括一些学术著作的相关章节）的复印件，而且随时补充。这些文献都是一式两份，一份自用，一份放在图书馆（或资料室），供学生借阅、复印。学生也可以借阅老师的那一份。这种做法很值得我们借鉴。在 40 年后的今天，由于现代技术的发展，尤其是互联网的发展，搜集、积累资料的手段更加多样，完全可以做得更好。

从学生的角度来说，在这种授课方式下，学生要做的工作增加了：课前要按教师的要求，该读的读，该查的查，该思考的思考，做好上课的准备，而不能只带着耳朵上课，课前课后都无事可做。开始时学生可能不习惯，但久而久之，研究能力就会得到提高。

这种授课方式符合人的认识规律，符合现代教育的理念，顺应教育发展的大趋势。我们不是经常说要与国际接轨吗？我认为，这种授课方式就是与国际教育接轨的一个方面。因此，我希望我的建议能够引起讨论，更期盼能够达到共识。希望各级教学领导能够予以提倡，鼓励有兴趣的老师先行试验，时机成熟时，加以推广，逐步形成北语教学的特色。假如我校形成了自己的教学特色，那么就在高校中有了新的立足之地。

参考文献

鲁健骥 . 在人文学院听课的几点体会 [M]// 韩经太主编 . 教学督导的实践探索 . 北京：北京语言大学出版社，2008.

原载《北京语言大学报》第 251 期，2017-7-10）

对外汉语教学史可以这样教

北京语言大学出版社与人文学院通力合作，出版了一套汉语国际教育本科专业课程系列教材，更为难能可贵的是，他们为系列中的每一种教材编了一本《课程标准和教学大纲》。这是很有开创性的一举，这样做起到了规范教学的作用，老师教有所依，学生学有所依。

不久前，我喜获一册《对外汉语教学发展史课程标准和教学大纲》（上）（以下简称《标准和大纲》），该课程采用吕必松的《对外汉语教学发展史》做教材，配合这本《标准和大纲》进行教学，体现了编写者的教学思想。书中把本课程的培养目标定为基本构建汉语国际教育的专业知识框架，帮助学生梳理本学科的历史发展脉络，增强对本学科整体知识结构的认知。“教学方法和手段”部分明确指出本课程以课堂讲授为主，以资料展示、案例讲解为辅，再加以学生的主题发言、主题分享。接下来的教学大纲就体现了这种教学思想。简言之，这门课的指导思想是“以课堂讲授为主”。不过我读过之后认为，上这门课还可以有别的路子可以选择，这个路子就是要“以教师为主导，以学生为中心”。

2011 年我曾写过一篇短文——《应改变“演讲”式的授课方式》，发表在《北京语言大学报》上。在那篇文章中，我提出应该严格区分“演讲”和“讲课”，而我们当时的课堂教学，基本上是“演讲”式的。《标准和大纲》中所说的“以课堂讲授为主”，是否就是“演讲”式的教学，因为我没有听过教师是如何按照《标准和大纲》的规范去上这门课的，所以我不敢断言，但“以课堂讲授为主”确实没有必要。我们的学生都是有阅读能力、自学能力、思考能力的成年人，何必让他们把课堂时间用于听老师讲教材的内容呢？我理想中的课堂教学理念和教学方法，跟《标准和大纲》说的不同，或者说二者不是一个路子。我提出来，权且当为教学提供的另一个思路。

我理解的“上课”应该体现“以教师为主导，以学生为中心”的原则，是学生在教师的引导和指导下去发现和创造的过程，是“授人以渔”的过程，即通过教学活动，培养学生可以终身受用的学习能力和研究能力。从这一教学原则和理念出发，就可以引申出相应的教学方法：教师要创造条件，引导和激励学生发挥自己的创造能力，要以学生的活动为主。教师应该善于提出问题，让学生以教材为基础延伸开去，查阅相关的文献，特别是最新的文献，就教师提出的问题进行研究，得出自己的观点，在课堂上讨论，甚至辩论。不一定非得求得一致的结论，但这样学习，学生才能获得新知，才能获得学习和研究能力。这就是一个“以学为主”的教学方式。

拿《对外汉语教学发展史》的教学来说，值得讨论和深入研究的问题很多。试举几例：

既然是“对外汉语教学发展史”，可又纳入“汉语国际教育”的教材系列，问题就来了：这两个名称的关系是什么？“对外汉语教学”这个名称是怎么来的？其内涵是什么？要了解这些问题，光看教材就不够了，学生必须查阅相关的论述，了解有几种观点，思考自己同意哪种观点，或者可以根据自己的理解，总结自己的观点。教师可以事先把题目作为预习提纲交给学生，同时开列参考文献，学生在准备过程中可以查阅更多的资料。所以，光是这一个题目，学生就可以写一篇小论文，学生的创造能力就得到了提高。

再如，关于上个世纪 50—60 年代对外汉语教学的发展，我们可以提出这样的问题：为什么一开始只有东欧学生？进入 60 年代，为什么非洲留学生的数量骤增？到了 1965 年，为什么又一下子接受了 3000 多名[①]越南留学生？这里面的规律是什么？对外汉语教学的发展会受到哪些因素的影响？学习这一段历史，我们可以受到什么启示？

此外，还有教学法的问题。首先是此处的教学法是指教学法体系，还是仅指具体的教学方法？假如是教学法体系，那么自对外汉语教学开始到 20 世纪 80 年代末，教学法体系是如何发展的？书中所说的教学法体现的是什么教学理念？当时的教学法学界有哪些说法？这些问题都可以引导学生通过查阅文献去思考，从而得出自己的认识，为课堂讨论做好准备。

诸如此类的问题，每一部分都可以提出很多，特别是对教材和一些学术著作的介绍与评价，在学界都有不同的意见。我们应该引导学生去研究这些不同意见，去熟悉这些不同意见，从而对它们有更加全面的认识。

再者，吕必松 1990 年出版过《对外汉语教学发展概要》，重新出版时，书名改为《对外汉语教学发展史》。原来的书名说明该书还不是严格意义上的成熟的历史著作，因此我们也不会用历史著作的规范去研究这本书；现在书名改为“史”了，那么我们就要用写“史”的规范去要求这本书了。最重要也是最基本的一点，史书应该以史料作为支撑；没有史料支撑的事件，恐怕不能入“史”。举例说，书中提到 20 世纪 70 年代的三次教学试验，多数都没有史料证明，吕必松（1990）说：“可惜的是，由于客观上的原因，这一试验[②]只进行过一轮，也未进行认真的总结。”第二次试验情况亦然。迄今我们也

① 程裕祯（2005）统计为 3133 名。

② 指第一次试验。

没有看到关于这两次教学试验的任何文字材料（试验方案、教材、教学总结等）。在“概况”里这样说，我们就不能苛求，然而作为“史”，就不宜把这样没有史料的事件写入。学生通过学习，对“史书”和非“史书”，应该有清楚的认识。

以上只是举例说明如何在课堂教学中贯彻我们的教学理念，引导和激励学生进行创造式的学习，在学习中获得知识，获得学习能力和研究能力。教师的作用是引导、指导、激励学生进行创造式的学习。我曾经把教学中教师和学生的关系比喻成导演（教师）和演员（学生）的关系。我们认为，这样学习才是“以教师为主导，以学生为中心”。

为了达此目的，我认为，教学大纲中对教学活动的规定应该更加明确，使师生都能有所依凭。课堂教学对学生是“透明”的，学生课前就知道这一次课怎样上、教学步骤是怎样的。这样学生上课就是有备而来，师生就能更好地配合。按照这一思路，我认为，教学大纲应该具体到每一次上课（2 节），明确教学内容、教材中的哪一部分、有哪些参考文献；在上课方式上，教师课前应提出预习提纲。像前面提到的问题，既是预习的问题，又是课上讨论的问题。每次课后都应有相应的书面作业（基本上应是“小论文”的方式）。

有人会担心这种上课方式教师和学生都不适应。我认为是可能的，因为教师要从“演讲者”的角色转变为“导演”或“指挥”的角色，当然要有一个适应过程。这种教学方式对教师的要求更高了，不但要熟悉教材，还要熟悉相关的文献。我在俄亥俄州立大学看到任课教师为一门课整理的参考文献有满满一个文件箱，同一份文献还要放在系图书馆里一份，供学生借阅或复印。这就要靠平时的积累。

对学生来说，他们必须在课前看足参考文献，才能准备好课堂上的讨论，再也不能只带着耳朵和眼睛去上课了。但他们同时也获得了学习能力和研究能力，这是可以终生受用的。

不过，说归说，《应改变“演讲”式的授课方式》这篇短文已经发表十多年了，中间曾经与李玲教授交换过意见，她认同我的这种教学理念，并在她的“散文选读”课上采用了。据她说，第一年多数学生不适应，第二年就好一些，到了第三年大概有 80% 的学生都能适应并肯定这种学习方式。这给了我很大的鼓舞。除了李玲教授，还没有听说有第二位老师想尝试一下这个办法。这也没什么，我只是给大家的教学方式提出另一种选择。但我衷心希望，能有更多的老师试一试这个办法；如果有一批老师这样做，就形成了一种风气，一种气派。

参考文献

北京语言大学人文社会科学学部 . 对外汉语教学发展史课程标准和教学大纲（上）[M]. 北京：北京语言大学出版社，2017.

程裕祯主编 . 新中国对外汉语教学发展史 [M]. 北京：北京大学出版社，2005.

鲁健骥 . 应改变“演讲”式的授课方式 [N]// 北京语言大学报，2013-7-10.

吕必松 . 对外汉语教学发展概要 [M]. 北京：北京语言学院出版社，1990.

附记：

本文未刊，曾发到“激创法研究微信群”，供大家参考。有朋友曾将之发到“朋友圈”里。孟艳华老师曾对本文有反馈。

对外汉语教学史研究中值得关注的几个问题

我国的对外汉语教学已经有了一千多年的历史，但对于这一千多年历史的研究却开展得比较晚，至今不足三十年。原因是，对外汉语教学作为一个学科得到确立的时间不长。如果从 1978 年的语言规划会开始算起，也不过四十几年。

对外汉语教学史的研究经历了一个从零散到系统，规模从小到大，从个别人关注到有组织、有规划地进行研究的过程。三十几年来，对外汉语教学史研究取得了长足的进展，取得了丰硕的成果。到目前，我们的研究工作已经全面地开展起来，发掘的史料日渐丰富，研究愈加深入。我们既有贯穿古今的研究，如董明的《古代汉语汉字对外传播史》(2002)；也有对某一时期的断代研究，如张西平、李真、王艳等的《西方人早期汉语学习史调查》(2003)，张西平的《世界汉语教育史》(2009)。特别是对新中国对外汉语教学史的研究，是卓有成效的，如吕必松的《对外汉语教学发展概要》(1990)、程裕祯的《新中国对外汉语教学发展史》(2005) 等。我们在广泛发掘史料的同时，也对一些优秀的对外汉语教材进行了研究和评价，对重要人物的研究也已开展起来，比较突出的成果是张宏生的《戈鲲化集》(2000)。更重要的是，在短短二十几年的时间里，我们形成了一支由老、中、青学者组成的研究队伍，说明对外汉语教学史的研究已经渐入佳境，后继有人。

在研究对外汉语教学史方面，北京外国语大学的海外汉学研究中心做出了杰出的贡献。具体说来，进入新世纪以来，对外汉语教学史的几部影响较大的著作中，北外海外汉学研究中心占了三部，该中心还发起举办定期的学术讨论会，成立了国际性的学术组织，团结海内外的专家学者，培养了一支研究队伍。这说明，这个中心无疑已经站到了对外汉语教学史研究的学术前沿，占据了学术研究的制高点，顺理成章地成为我国研究对外汉语教学史的中心。

如果把对外汉语教学史研究比作一条河的话，那么，它由源头的涓涓细流发展到今天，已经汇聚成了一条颇具声势的长流。在回顾这近三十年的研究历程时，我们发现我们已经打下了比较坚实的基础，我们对学科史研究的前景充满信心。

最近几年，本人一直尽力跟踪对外汉语教学史的研究现状，感到现在已经有条件对这一领域的研究做一些梳理，把研究中存在的问题提出来引起业界的关注。本文对下列四个方面的问题[①]做了归纳，并谈一些个人的很不成熟的意见。

一、关于对外汉语教学的对象和授体的界定；

二、关于对外汉语教学史的起点；

三、关于对外汉语教学史的分期；

四、关于对外汉语教学界有代表性的人物和学术成果的入史问题。

最后，我愿意就我们还有哪些工作可以做给大家提供一些线索。

第一个问题牵涉到对“对外汉语教学”的界定，这当然跟对外汉语教学史的研究直接相关，但广义地说，又不完全是学科史研究的问题。

我们说的“对外汉语教学”，一般的解释是“对外国人的汉语教学”，但从学科史的研究来说，不管是“学”（教学的对象）还是“教”（什么样的教师算是“对外汉语教师”）都还有可以探讨的余地。在“学”的方面，哪些教学对象是“外国人”？这是张亚军（1989）提出来的问题。他认为，从中原的角度说是“外国”的地方，随着我国版图的确立，后来就不是外国了，特别是西域的那些“国”，很多后来都划入中国的版图，所以那些“国”的人到中原地区来学汉语，只能看成是少数民族学汉语了。这一点应该有共识。不过可能有的研究者还没有意识到这个问题，所以我在这里提出来，请大家注意。但在今天，这个问题也还是有意义的。比如，在海外对华人华侨的汉语教学，就不应该视作对外汉语教学，而基本上是一种有一定特殊性的母语教学。

关于“教”的方面，即对外汉语教学的“授体”问题，牵涉到谁教外国人汉语才算“对外汉语教学”，才算对外汉语教师，弄不好就排斥了一大批应该入史的人物。这是一个既有历史意义又有现实意义的问题。

我之所以提出这个问题，是因为我们一般认为应该是中国人教外国人，这样的老师才是对外汉语教师，这是没有问题的。但这里的概念有一定的模糊性，即这里说的“中国人”，是国籍概念，还是族群概念？虽说是模糊的，但实际上，这里的“中国人”往往被理解为具有中国国籍的人，那些外籍的中国人都被排除在外。这样一来，像美国的赵元任、王方宇、黄伯飞，法国的熊秉明等一批长期在国外教外国人汉语且成就卓著的学者，就都不是对外汉语教师了，他们和他们在对外汉语教学中的成就，就不能进入对外汉语教学史了，我认为这是不应该的。我的看法是，“对外汉语教学”的授体不应该是“国籍”概念，而应该是“族群”概念。这样比较合乎客观情况，也比较科学。由

① 本文提出的这四个问题，本人曾在《对外汉语教学史研究综述》（2013）一文中提到过，但限于篇幅，只摆出现象，没有展开，也没有提出自己的看法。

此出发去研究对外汉语教学的历史，就更加丰富，更加充实，更加全面，更加符合实际情况。

这样界定对外汉语教学的授体也具有现实意义，因为这牵涉到改革开放以来由于各种原因加入了外国籍又从事汉语教学的教师。这一类汉语教师的人数不在少数。我认为，他们尽管有外国籍，但从事的仍然是“对外汉语教学”，不应该因为加入了外国籍，就认为他们的教学就不是“中国人教外国人”了，更不应该把他们排除在对外汉语教师之外。

对于对外汉语教学的对象和授体是否可以作如是观，可以讨论。

第二个问题，对外汉语教学史的起点从什么时候开始算，学者们根据自己掌握的史料与研究的视角，看法不甚一致。比如张清常（2001）认为“追溯对外汉语教学的历史，需要联系着汉外对译的情况来看”。他是从周朝末年算起的，因为《周礼》中提到了通译的情况。张亚军（1989）虽然也引述了《礼记·王制》中关于双语人才的记载，但同时又说这还不能说是对外汉语教学。他认为“汉语真正作为外语学习，首先应该提到的是那些随着佛教而来到中国的外国僧人”。

我的看法是，既然讲的是对外汉语教学史，那么计算其起点，应该强调“教学”二字，也就是说，什么时候有教学了，历史就从什么时候开始。这之前，当然可以推测，比如，既然有“通译”，就应该有教学。但这只能是逻辑上的推测，其实不一定是这种情况。方豪（2016）讲到不同民族与国家之间的交往（如贸易），最初都发生在交叉地带，在那里，人们之间的交流，如进行贸易，不一定通过语言进行，像我国西北边境古代就有所谓的“哑市”，以物易物，不需要说话就完成了货物交换。再有，所谓“通译”，并不一定是通过教学培养出来的。在国与国交界地带，人们一般都是混杂居住的，双语甚至多语并行的现象普遍存在。就像今天的瑞士，通晓三四种语言的大有人在；美国西部的几个州，也是英语和西班牙语双语并行。在这种双语或多语的环境中，许多人都是双语或多语兼通的。而这并不一定是语言教育的结果。在古代，国与国之间的交往，在语言不通时，从这些地区请人做“通译”是再合理不过的了，但这些通译不一定是受过双语教育的。因此，在我们确定对外汉语教学史的起点的时候，首先要考虑的是“教学”；有真凭实据肯定了“教学”的存在，才能确定对外汉语教学史的起点。应注意，不是把对外汉语教学史的起点推得越早越好，而是要实事求是。

第三个问题，关于对外汉语教学史的分期，现在是众说纷纭。应该说明的是，历史分期的问题无所谓对错，只是看研究者划分的根据，或看如何分期更合理一些，大家一起切磋，互相完善。

任何历史的分期都是以历史的重大变革为依据的，同时也要照顾到世界历史的进程。以对外汉语教学来说，若写通史，当然可以分为古代和现代。值得讨论的问题是，在古代和现代之间，要不要像中国历史那样，再分出一个近代。董明的《古代汉语汉字对外传播史》（2002）是从周一直写到清为止，显然他把这整个漫长的有王朝的时期都看作古代，也就是说，一直到1911年以前都是古代，给人的感觉是这“古代”的下限未免过于晚近了点儿，过了古代突然就进入了现代。中间似乎有必要有个过渡的“近代”，才不会显得突兀。而且明清两代的对外汉语教学较前有很大的发展，甚至可以说有质的变化，理应作为一个时期单独对待。施光亨（2004）就以明末为分期。另外，是否可以考虑参照中国文学史的分期办法，把清以前的时期称作“中国对外汉语教学史”，不提“古代”，而民国以来的叫“中国现代对外汉语教学史”？

20世纪初至今近百年的对外汉语教学，以1949年为界，此前不分，尚好处理；此后则分为两支，一支是大陆，是对外汉语教学的主体；另一支是台湾，也卓有成就，不可忽视。但处理起来有些棘手。程裕祯（2005）把大陆的对外汉语教学史冠以“新中国”是很恰当的。但若讲中国现代对外汉语教学史，1949年以后的部分必须包括大陆和台湾。如何叙述，这里存在着技术问题。张西平主编的《世界汉语教育史》（2009）为了叙述方便，将这近百年的对外汉语教学史分为“近代”“现代”“当代”，但是这样分，似乎与一般理解的“近代”“现代”“当代”不太一致，从习惯上不太容易接受。

新中国六十几年的对外汉语教学史也有分期的问题。吕必松（1990）分为4个阶段，即初创阶段（50年代初到60年代初）、巩固和发展阶段（60年代初到60年代中）、恢复阶段（70年代初到70年代末）、蓬勃发展的阶段（70年代末以来）。

程裕祯（2005）则分为3个时期，即事业开创时期（50年代初～70年代末），下分初创阶段（50年代初～60年代初）、巩固和发展阶段（60年代初～60年代中）、受挫和恢复阶段（60年代中～70年代末）3个阶段；学科确立时期（1978～1987）；学科深化时期（1987～1999）。

张西平（2009）则分为：初创和探索阶段（50～60年代初）、受挫和恢复阶段（60年代中期～70年代后期）。而对80年代以后，编者没有说是什么阶段，但从文中的叙述看，应该是“发展”阶段。

可见，三者分期的角度、各时期的起止年代都有同有异。

看来，不管是整个对外汉语教学史，还是断代史，在分期上都有值得讨论的地方。

第四个问题是对于对外汉语教学史上有代表性的人物和学术成果的评价，有容易评价的，也有难评价的。

从原则上说，要不要对对外汉语教学史上的代表性人物以及学术成果做出评价，对于这个问题的看法应该不会有分歧：肯定应该评价。对古代的、近代的，如周戈、郭栋臣、戈鲲化，如何评价，都好说，也不会有大的争论，关键在于对史料的发掘、分析和认识。现代的，如果是文化名人，如老舍等，也好说，也不会有什么争论。这都是其容易之处。

难点在于如何对待现当代业内的代表人物和学术成果。这是个相当棘手的问题。首先，什么样的人算是代表人物、哪些人是代表人物、哪些学术成果算是有代表性的，都会有争论；其次是对这些人物和成果如何评价，也会引起争论。引起争论的原因比较复杂，但最重要的原因跟缺乏平时的积累有关，平时很少见到对业界的人物以及新的学术成果进行客观的、实事求是的评介，到了写史的时候，临时抱佛脚，往往缺乏根基。当然，不必讳言，现当代的人物和学术成就往往牵涉到许多非学术因素，使得对他们的评价更是“理还乱”。因此，现在已经问世的相关著作，或者很少提及代表人物和著作，或者不管有没有代表性都入史。这两种情况都不是正常的现象。我们认为，写历史不能回避代表人物和学术成果。很难设想，一门成熟的学科竟然没有自己的代表人物；果真如此的话，这门学科本身的地位是值得怀疑的。但也不能太泛，入史的人物、著作要禁得起历史的考验，还是要严格一些为好。同时，要对入史的人物和成就尽量做出客观的、实事求是的、中肯的评价。这就要求研究对外汉语教学史的人先研究出一个入史的标准，代表人物入史要有标准，代表著作入史也要有标准。还希望研究者有胆有识，向我国古代的史官们学习，尽量排除非学术因素，尽量做到公允公平。

当然，对外汉语教学史研究中值得关注的问题不止这四个，我们之所以只提出这四个，是因为这些都是最直接、最迫切需要解决的。我们相信，这几个问题都可以随着研究的进一步开展，逐步得到完善或解决。

下面我们谈谈在现有基础上还有哪些工作可以做。上文提到，我们在短短不到三十年的时间里，在对外汉语教学史的研究上取得了巨大的进步。同时，我认为，在现阶段，我们还有如下几个方面的工作可以做。

第一，史料的进一步挖掘。历史是要靠史料说话的。从现在已经发表的成果看，不管是历史上的哪个时期，仍存在史料不足的问题，因而叙述起来就无法有血有肉，只能一带而过。我们应该根据现在已知的线索去发现史料。比如我曾经介绍过付克先生在《中国外语教育史》（1986）中提到的汉代的“四姓小侯学”，就有外国人“遣子入学”。从付著看，似乎有这方面的资料，我们不妨调查一下。再如，关于唐朝对遣唐使的教学安排，现在大家都举出当时的对外汉语教师赵玄默的例子，但是唐代国子监的国学馆培养外国学生的情况却尚未见详细的叙述和研究。谢海平（1978）的记述相当具体，说明唐代对外国留学生是有很周密的安排的，沿此线索，是否能找到当时的教学安排和具体教学情况呢？再比如唐代成都地区的州学，南宋广州、泉州等地的番学，以及元代的蒙古国子学等，都是对外国人“授以教育”的学校，也很值得发掘。

第二，应该对已知的对外汉语教学机构进行深入细致的研究。我举两个例子。一个是清代的琉球学馆，据我所知，这方面的资料比较完整，都收藏在北京国子监，那里有琉球学馆的建筑，北京张家湾还有琉球学生的墓地。北京外国语大学鲁宝元先生曾写过文章加以介绍。但我觉得对琉球学馆的研究应该是一个大项目，对现有的资料可以做穷尽性的搜集、整理，并对其进行深入的研究。这项研究比张宏生（2000）要丰富、充实得多。第二个例子是对与琉球学馆几乎同时、也设于国子监的俄罗斯学馆的研究。我们知道，俄罗斯学馆虽然培养的学生不多，但从那里出来的学生后来都成了当时俄国汉学的开创者，都是泰斗级的人物。

第三，应该开展对历史上在朝鲜、日本、越南从事对外汉语教学的教师的教学活动的研究。我的一个韩国研究生研究的就是韩国历史上的汉语教学，她为了写毕业论文，专门回国去查阅资料，所获颇丰。仅她在论文中列举的在朝鲜教汉语的有名有姓的中国教师就有 70 余人。日本专门研究日本汉语教学史的专家六角恒广教授有两本有名的著作：《日本中国语教育史研究》《日本中国语教学书志》。我从这两本书里了解到日本近现代汉语教学中，中国教师（教师和教科书的编者）也有 70 多位，其中有些是有突出贡献的，值得研究。

第四，应该开展对历史上的对外汉语教材的研究。例如根据郭沫若和钱钟书二位大师的推断，日本空海和尚撰写的《文镜秘府论》其实是一本教日本人用汉文写作诗文的教材。我认为这本书应该能折射出唐代教外国人写作的情况，因此值得研究。再如从对外汉语教学的角度对《老乞大》《朴通事》的研究也很不够。到了近代，也发现了一些对外汉语教材，很值得梳理，择其要者，写入史册。

第五，应该开展对从事过对外汉语教学的现代文化名人的教学活动的研究。我们现在只看到李振杰的专著《老舍在伦敦》。对其他人，则“只知其人，不知其事”，比如曹靖华在列宁格勒（今圣彼得堡）东方语言学院的汉语教学、季羡林先生在德国哥廷根大学的汉语教学，都可以搜集资料进行研究。还有，我国一些著名的老一辈的语言学家，或者曾经亲身参与对外汉语教学，或者非常关心对外汉语教学，这都是应该作为专题研究的，比如赵元任、罗常培、王力、吕叔湘、朱德熙、张志公、林焘、胡明扬、张清常等。

第六、必须对业内有代表性的人物（包括那些有外国国籍者）和他们的学术成就进行评介。上文提到，这部分研究有一定的复杂性，可以先易后难，如王还先生、邓懿先生、吕必松先生，应该不会有争议，可以从他们开始研究。同时，我们应该及时地对业界的新成果进行研究，为将来写史积累材料。

第七，目前的研究仍然有一些薄弱环节。例如对民国时期的对外汉语教学至今知之甚少，接触的人也不多，我只知道南京的于锦恩教授正在搜集民国时期对外汉语教学的资料。据我所知，民国时期也是有对外汉语教学的，有的学校设有专门的教学机构。邓懿先生、杜荣先生都曾在燕京大学担任过对外汉语教师。前述文化名人参与对外汉语教学的，多数都是在民国时期开始的。赵元任先生、罗常培先生则是以语言学家的身份从事对外汉语教学的，更值得重视。

以上七个方面，只是我想到的研究线索，肯定挂一漏万。我曾经说过，对外汉语教学史是一个富矿，研究的天地是广阔的、开放的。我们应该把学科史的研究提到对外汉语教学学科建设的高度去认识，引起业内广大学者的关注，吸引更多甘于寂寞、甘于坐冷板凳、钻故纸堆的人尽心尽力，把这个工作做好做大。我期待着我们取得更辉煌的成绩。

参考文献

程裕祯主编．新中国对外汉语教学发展史 [M]. 北京：北京大学出版社，2005.

董　明．古代汉语汉字对外传播史 [M]. 北京：中国大百科全书出版社，2002.

方　豪．中西交通史 [M]. 杭州：浙江大学出版社，2016.

付　克．中国外语教育史 [M]. 上海：上海外语教育出版社，1986.

李振杰．老舍在伦敦 [M]. 北京：国际文化出版公司，1992.

鲁宝元．人在海邦为俊杰，学从中华问渊源——乾隆二十三年琉球王国第四批派遣留学生北京学习生活调查 [M]// 世界汉语教育史研究．中国澳门：澳门理工学院，2005.

鲁健骥．谈对外汉语教学历史的研究 [J]. 语言文字应用，1998（4）.

鲁健骥．对外汉语教学史研究综述 [M]// 汉学研究（第十五集）. 北京：学苑出版社，2013.

吕必松．对外汉语教学发展概要 [M]. 北京：北京语言学院出版社，1990.

施光亨．历史上的汉语教学：向着第二语言教学走出的第一步 [J]. 海外华文教育，2004（4）.

谢海平．唐代留华外国人生活考述 [M]. 台北：台湾商务印书馆，1978.

张宏生．戈鲲化集 [M]. 南京：江苏古籍出版社，2000.

张清常．对外汉语教学的根本性改变 [M]// 语言学论文集（续集）. 北京：语文出版社，2001.

张西平主编 . 世界汉语教育史 [M]. 北京：商务印书馆，2009.
张西平、李真、王艳，等 . 西方人早期汉语学习史调查 [M]. 北京：中国大百科全书出版社，2003.
张亚军 . 历史上的对外汉语教学 [J]. 语言教学与研究，1989（3）.
六角恒广 . 日本中国语教学书志 [M]. 王顺洪，译 . 北京：北京语言文化大学出版社，2000.
六角恒广 . 日本中国语教育史研究 [M]. 王顺洪，译 . 北京：北京语言学院出版社，1992.

（原载《海外华文教育》2014 年第 2 期）

序《西方人早期汉语学习史调查》

西平兄从罗马来电话，告诉我他主持编著的《西方人早期汉语学习史调查》一书即将出版，并向我索序。对于他的大作出版，我是要热烈祝贺的，但让我写序，我却感到惶恐。虽则惶恐，但初读本书时的喜悦与感佩之情却再一次油然而生，再一次使我兴奋不已，感到还是有些话要说，所以便不揣浅陋，应承下来。

2001 年底，我曾经有幸拜读了这部书的打印稿。当时我写下这样两段话：

> 我国的对外汉语教学还处于学科刚刚形成的时期，因此不少方面仍然不够成熟，特别是作为一个成熟学科应该有的学科史的研究，还没有真正开展起来。这一方面有条件、资料的原因，一方面也有认识上的原因。张西平先生主持的课题，从一个侧面开创了学科史的研究。
>
> 明代以降，西方基督教在我国的传播，无疑促进了汉语作为外语教学的发展。耶稣会士为了传教的需要而学习汉语、研究汉语，积累了丰富的经验，留下了大量珍贵的资料，很值得我们今天从事对外汉语教学的人整理、研究。张西平先生做的工作，在搜集了大量资料的基础上，条分缕析，初步理出了西方人学习汉语、研究汉语的历史脉络，对他们的成就做出了肯定的评价。这一工作显然会推动我国对外汉语教学史的研究，为对外汉语教学的学科建设做出贡献。

我完全可以想象得到，为了完成这一工程浩大的课题，西平和他的同事们付出了多少心血，又会遇到多少困难。因为对汉语作为外语教学史的系统研究，他们是最早的开拓者，要从最繁杂的资料工作做起。现在摆在我们面前的是一本厚重的著作，我们可以看出，他们确实做了出色的工作。而这一课题从立项到完成，仅仅用了不到三年的时间！实在是令人敬佩啊！

对汉语作为外语教学史的研究，过去只有一些零散的材料，但有些材料是很有价值的，如武柏索（1988）对清末两度赴意大利教汉语的郭栋臣做了介绍，崔颂人（1994）对中国赴美任教的第一位汉语教师戈鲲化做了介绍，舒乙等先生对老舍 20 世纪 20 年代在伦敦的汉语教学活动和他编写的“灵格风”汉语课本做了研究，这些都给我们提供了丰富的史料。近年来，这方面的研究有所深入。我们高兴地读到了张宏生编著的《戈鲲化集》。这本书的出版引起了一个小小的戈鲲化热，甚至引起了对国际汉学的研究和对历史上汉语作为外语教学的研究，例如阎国栋 2001 年发表在《中华读书报》上的《第一位在俄国教授满汉语的中国人》一文就翔实地介绍了周戈在 1738 年至 1740 年在圣彼得堡和莫斯科的满汉语教学活动。而对某一方面做系统的调查和研究，据我所知，只有两项，一项是北京师范大学董明先生的研究，另一项就是西平主持的这个课题了，二者各有特色。西平先生的项目，概述了西方人对汉语的观察和研究成果，介绍了教师和教材的情况；同时又有个案的研究，即对马若瑟、艾约瑟、毕利干的著作的研究，还译介了一些有代表性的文献和书目。总之，他已经勾勒出西方人早期汉语学习史——包括汉语教学史——的轮廓。

以上情况，特别是这本《西方人早期汉语学习史调查》，给我们很大的鼓舞，也给了我们很大的信心。以前说起汉语作为外语教学史的研究，觉得是空的，前途渺茫，不知道能研究出个什么结果来。现在不同了，我们看到了，这是一个内容非常丰富的研究领域，是一个有待大力开发的“富矿”。比如，本书的研究仅揭示了明清两代西方人学习汉语的情况，其实，东方的韩国、日本学习和研究汉语的历史更长，建树也更多，也很值得研究。把这些都研究透了，一部汉语作为外语教学史就会水到渠成。再如，任何一门学科的历史都离不开代表人物和代表著作。西平的研究已经涉及不少，但这个方面其实是开放性很强的领域。西平这本书的专题研究只评介了三部著作，而值得评介的恐怕远不止这三种，远的如《西儒耳目资》，晚近些的如《语言自迩集》等，都是很有影响、很有分量的著作。至于日本、韩国可以入史的汉语教材也当不在少数。前些年出版的日本学者六角恒广所著的《日本中国语教育史研究》和《日本中国语教学书志》两本书，后者所附的1867—1945年的书目中收入汉语教科书和工具书达1437种，而两本书中涉及的中国教师和中国作者，据我的统计，达70余人，其中不乏突出的人物。20世纪是汉语作为外语教学发展的一个重要时期，前50年的研究很少，只有对老舍的介绍，以及对当时外交人员的汉语教学的介绍。（参见殷华琈，1991）实际上，当时我国的一些大学也有对外国人开汉语课的，在国外，我国的许多学者都曾从事过汉语教学，像季羡林先生在德国哥廷根大学留学期间就曾正式受聘担任汉语教师。这些也值得研究。20世纪后50年则是对外汉语教学形成学科的时期，更是值得研究。这方面，只有吕必松先生的《对外汉语教学发展概要》一本书做了介绍。但这本书在写法上还不是严格意义上的历史著作。我们就这样粗略地一说，就可看出汉语作为外语教学史是一个多么值得开拓的广阔的领域。

读了本书，我还有一点感受，就是作为一个学科，太需要学科史了。从本书可以看到当年西方人对汉语的观察和他们学习汉语的许多经验之谈。这些对我们今天从事对外汉语教学是非常重要、非常宝贵的。研究汉语作为外语教学史，跟研究其他学科史一样，是要总结这个学科的发展规律，供今天借鉴，少走弯路（甚至回头路），使今天的教学与研究建立在更高的基础之上。我读着书中那些传教士几百年前学习汉语的体会，以及他们对后来学习者的忠告，感到非常亲切，他们当时思考的许多问题跟我们今天思考的问题有许多共同点。如果早已有一部哪怕很简单的汉语教学史，我们在研究今天的汉语教学时，不就可以免去很多重复劳动，从而提高效率吗？

当然，我们应当看到，我们的学科史研究，尽管西平这本书开了一个很好的头，但仍处于起步阶段，我们要继续踏踏实实地以锲而不舍的精神，在这个领域开拓。要做出成绩来，要有实事求是的科学精神，急躁不得，不能急于求成。前不久，有人著文将历史上几种背景完全不同的中国的和外国的汉语教材和工具书凑在一起，按年代顺序串起来，说是汉语教材的不同阶段，宣称这就是对外汉语教材的历史，甚至把工具书也说成汉语教材的一个发展阶段。这种浮躁的情绪在科学研究中是不可取的。我们应该学习西平先生和其他几位作者的扎实、认真、严谨的学风。

参考文献

崔颂人．美国汉语教学的先驱——戈鲲化 [J]. 世界汉语教学，1994（3）.

武柏索．欧洲第一个汉语研究中心——古老而年轻的那不勒斯东方大学 [J]. 语言教学与研究，1988(4).

阎国栋．第一位在俄国教授满汉语的中国人 [N]// 中华读书报，2001-04-04.

殷华琈．中国人早期的外交人员汉语教学 [J]. 世界汉语教学，1991（3）.

张宏生．戈鲲化集 [M]. 南京：江苏古籍出版社，2000.

（原载张西平、李真、王艳等编著《西方人早期汉语学习史调查》，中国大百科全书出版社，2003 年）

对外汉语阅读教学的一些认识问题

阅读能力的培养是对外汉语教学中非常重要的一环，但迄今在我们的教学安排上，阅读能力的培养还基本上是一条腿粗（精读），一条腿细（泛读和其他阅读）。这种“瘸腿”状况成了教学质量进一步提高的瓶颈。一条腿再强壮，仍然是跛子，走不了路。出路在于加强精读之外的其他阅读，这是当务之急。在我看来，关键是对阅读能力的培养在认识上仍然有一些不足和误区，因而在行动上就跟不上，在教学安排上不落实。现在就来谈谈本人对阅读能力培养的认识。

一、关于阅读能力培养

（一）应该有阅读教学，而不应该有泛泛的“阅读课”

我们现在常常把阅读教学和阅读课混为一谈。我曾经说过，在外语教学中，“读”，即“阅读”，是一个宽泛的提法，它包含着各种阅读，如精读和泛读；就阅读技能的训练来说，有快速阅读；就阅读的内容说，有报刊阅读和各种专业阅读；就阅读目的来说，有研究性阅读等。（参见鲁健骥，2008）当然，从汉语特点出发，还有文言阅读。所谓阅读教学，应该与这些不同性质的阅读相适应，即应该分别开课，而不存在什么内涵宽泛不清的“阅读课”——“阅读课”属于上述各种阅读的哪一种呢？哪一种都不是，却又有各种阅读的影子，所谓“精不精，泛不泛”，这是很不正常的，这就是目前各种不同类型的阅读在教学内容、做法上互相“串门”的症结所在。因此我一直持有一个看法：有阅读教学，而不应该有“阅读课”。然而，现状是，“阅读课”开得非常广泛，几乎代替了除了精读课之外的各种阅读（只有报刊阅读、文言阅读单独开课）。有的阅读课上有“泛读”“快速阅读”等环节，但就其内容与做法而言，与这些阅读训练的要求还有距离。因此，学生的阅读能力没有得到很好的训练。自从 HSK 研发出来之后，“阅读课”又按照 HSK 的路子设计，成了考前培训，这是应试教育在对外汉语阅读教学方面的反映，实不可取。如前所叙，阅读是多种多样的，教学也各有其自身的规律、技巧和方法。一个 HSK 的阅读测试涵盖不了丰富的阅读训练。把阅读限制在 HSK 阅读测试的范围内，学生的阅读能力不可能得到全面的训练；弄不好，学生就会成为只会画钩的工具。前几年我当教学督导，深切感到学生阅读能力之低下，我当时甚至怀疑不少学生连教材都读不懂，写论文恐怕连起码的文献都没看过，只能从网上搜索抄袭而已，其原因大概在于此。为此，我当时曾对阅读训练提出过一些看法。

（二）阅读能力是各种阅读训练综合起来形成的

关于阅读能力的重要性，似乎已经是不成问题的问题。但我觉得，假如大家对阅读能力的重要性已经有了充分的认识，那么为什么这种认识却与教学实际相脱节呢？为什么阅读长期以来都是教学的薄弱环节呢？

阅读能力不是抽象的，而是具体的。上述各种阅读，在阅读能力的培养上各有各的功用。2001 年我写过一篇《说“精读”和“泛读”》，阐述了精读与泛读的历史沿革、各自的特点，以及二者之间的关系。关于泛读的重要性，我援引了老一辈英语教学专家、南京大学陈嘉教授在 20 世纪 50 年代说过的话：“精读也是为了泛读。”他的意思是，学生将来出去工作，主要是泛读，但泛读要有精读的基础。这是非常有见地的。这使我想起一段往事。1958 年北外英语系曾经做过两个试验，一是突击词汇，一天要记的生词从七十多个增加到二百多个，之后阅读刚刚创刊的英文版《北京周报》和苏联出版的英文版《莫斯科晚报》《新时代》等报刊；另一个试验是变精读为“阅读”，理由是精读量太少、进度太慢，于是就开了一门既非精读亦非泛读的课。还是一篇一篇的文章，处理上比精读粗比泛读细一些。一时不知道这门课叫什么名字，就名之曰“阅读”。这两个试验的结果都是效果不佳，都是“温吞水”，学得不扎实，一总结都被否定了，最后还是回到精泛并举的路子上。1987 年，时任北外院长的胡文仲教授在《对北京外国语学院外语教学基本经验的探讨》（2017）一文中，把这两项试验都作为英语教学的教训总结进去了。我当时作为学生亲历了这两个试验，所以也是感同身受的。诚然，自从 20 世纪 80 年代以来，对于“精泛读并举”这条路子的争论，在外语教学界一直起起伏伏。但不管持什么意见，前提都是要了解历史，才能对这条路子做出客观的评价，而不至于去撞别人几十年前已经撞过的南墙。

外语教学中的泛读是与精读相对应的阅读训练，其目的是扩大精读课上学到的知识的使用范围，使学生通过大量的阅读，能够“从游泳池游到江河湖海”，真正学会“游泳”。去年《北京晚报》登载了一条消息，说人大附中的一位高中女生在美国哈佛大学的入学考试中取得第一名，其写作尤为突出。她说自己是得益于泛读。原来，她从初中开始就坚持读系列的英语简易读物，三年中共读了 100 本，因而扩大了知识面，也扩大了词汇量，获得了语感，用起来得心应手。

再说快速阅读。快速阅读是通过浏览、跳读、摘录、摘要等技巧，迅速地抓到需要的信息或者掌握所读内容的要点。快速阅读能力对于学生将来的实际工作非常有用。我在美国进修时，听他们的外语教学法课，几门课的周阅读量，从 70 ～ 80 页到 200 来页不等。前些日子，凤凰卫视采访美籍女作家严歌苓，她回忆自己在美国读文学系的时候，每周的阅读量达到250页。如果没有速读的能力，就很难完成这么大的阅读量。我当初学英文时，只有泛读课，没有“快速阅读”的训练，所以要读那么多参考文献时，一时感到很不习惯，也很吃力。

至于研究性阅读，这是为学生进行研究（具体说就是为撰写学位论文而进行的研究）做阅读能力准备的，要教会他们善于围绕自己的研究吸取相关成果，占有资料。

报刊阅读、专业阅读、文言阅读也各有特点和作用，都与上述几种阅读相关。此处不展开讨论。

学生的阅读能力是以上几种阅读训练综合起来形成的，而不是靠一种训练形成的，更不是靠一种内涵不清的“阅读课”形成的。

阅读训练还有一个作用，就是不但能形成阅读能力，而且因为能够广泛、深入地接触中文材料，所以能够增进学生对中国和中国文化的了解。我们主张，对外国留学生也要进行“通才”教育。现在有一种提法，叫作要培养“知华”“友华”的人，我认为可以理解为“通才”教育在来华留学生教育上的具体化。多种多样的广泛的阅读训练，应该是对外国学生进行“通才”教育的重要手段。我们不能以把学生培养成会说中国话的工具（机器）为目的，工具（机器）是不能深入地了解中国的，自然“知华”“友华”也无从说起。学生只有通过深入的学习，深入了解中国，才能“知华”“友华”。我举个例子。西方人对中医很不了解，普遍认为它不科学，这是因为他们根本不了解中医是怎么回事。可是，有少数西方人对中医感兴趣，来中国学中医，学进去了，就对中医推崇得不得了。再举个例子。外国人对中国的文学（特别是古代文学）不了解，也根本没有兴趣了解，包括《红楼梦》在内，在西方都没有多少读者。可一旦有人对中国的古代文学了解了，他也佩服之极。日本有位相浦皋教授，20世纪30年代曾在北大学习，专门研究唐诗。他有一次来北语演讲，说研究了唐诗再读西方的诗歌，觉得西方的诗歌是“小儿科”。西方诗歌是不是小儿科，自当别论，但像这样深入地了解了中国文化的人，才真正是“知华”“友华”的。对外汉语阅读教学可以起到帮助学生“知华”的作用，从“知华”到“友华”，是水到渠成的事。

（三）阅读能力的培养目标

上文讲过，各种阅读训练都各有目标。比如，泛读的特点是量大，使精读课上学到的词汇、语法能够在更广泛的语境中得到重现、扩大用法，获得对中国文化的了解，获得语感。泛读量要有多大才合适，至今并没有共识。我们的大纲规定四年阅读量要达到80万字，我没有见到相关的报告，不知道实际能达到多少。但从我们目前开课的情况看，我持比较悲观的态度。俄罗斯对外俄语教学提出各种阅读的量大约是精读的4倍，五年阅读总量约150万词（约800页），泛读的速度要求是每分钟200～250个词。假如把我们的 80 万字折合成词，大约是 40 万（按平均两个字为一个词计算），也就是说，我们理论上的阅读量大约只有俄语的四分之一。我们是否要重新审视我们的泛读量呢？

再如快速阅读，顾名思义，是训练学生的阅读速度，对速度的要求远高于泛读。俄罗斯要求每分钟 500 词，美国有一本训练快速阅读的书里提出的目标是从每分钟 500 词增加到 800 词。当然这都是要经过科学的、系统的训练才能达到的。我说这些数字，目的在于说明由于我们缺乏科学的、系统的快速阅读训练，学生的阅读速度还远远达不到快速的要求。

（四）设课与设计

目前只设"阅读课"，对全面训练学生的阅读能力是不利的。应该开设真正意义上的精读课、泛读课、快速阅读课，高年级还要开设研究性阅读课（报刊阅读课、文言阅读课如何设计，当另说）。

1. 泛读。对于学中国文化、语言、文学、汉语教学专业的学生，应该起码开设到四年级上学期，阅读内容则应以文学作品为主，从简易读物到简写读物再到简易原文，有计划地训练。泛读原则上应该在课外进行，实际上，"泛读"（extensive reading）在英文里还有另外一个名称，叫"home reading"——家庭阅读。课上主要是检查、答疑、讨论。要减少读物的随意性，特别是高年级的泛读，应该跟学生的专业学习配合、跟毕业论文的撰写配合。学生在校四年，总要完完整整地读几本中文书吧？我不知道目前情况如何。我曾经建议制定一份外国学生必读书目，现在仍然认为是必要的。（参见鲁健骥，2008）

2. 快速阅读。快速阅读可以单独设课，也可以在泛读课中安排一部分时间。快速阅读包括浏览、扫描式阅读、检索性阅读等，要训练学生抓住主要信息的能力。只有做到这一点，阅读速度才能达到英文快速阅读每分钟 500 ～ 800 词（1000 ～ 1600 字）的目标。（汉语快速阅读的速度要求如何定，尚需研究）我们汉语教学大纲中早就提出了"跳障碍"的要求，但据我所知，落实得并不理想。我看过一些教案，有的虽然提出"跳障碍"，但在教学过程中没有具体体现出来。快速阅读的内容、体裁可以广泛一些，我这里要强调的是，要包括 non-prose（非成文作品）的阅读，如火车时刻表、飞机时刻表、广告（影视广告、商品广告等）、地图、黄页电话本、产品说明书等，都是训练快速阅读的有效材料。

3. 研究性阅读。这是跟学位论文的撰写直接挂钩的阅读，也是一种综合性很强的阅读，学生必须调动各种阅读手段，才能进行研究性阅读。这种阅读应该纳入毕业学位论文的撰写过程中。学生必须广泛涉猎，从中发现对自己撰写论文有用的材料、论点等。我曾经就学位论文的问题跟美国的黎天睦（Timothy Light）教授谈过一次话，他告诉我，美国的大学对学位论文的要求跟我们不太一样，他们不要求学士、硕士论文有创见，而把重点放在训练学生的研究能力上面，其中的一条要求是学生必须读够相关的文献，例如硕士论文，要求必须读够100种以上参考文献，博士论文则必须读够200种以上，否则，论文就被认为不合格。

二、阅读教学法

（一）教学法原则

无论什么课，教学都要有一个总路子，在我看来，这就是要能够激发学生的创造能力，使他们在创造中学习。阅读教学中学生有充分的独立工作的时间，更应该发挥学生的创造力。无论是课上还是课外，都要组织他们进行创造性的工作。我以前做督导时，发现每一节课都有不同程度的“冷场”，甚至是教师在“唱独角戏”。当然，出现这种情况有多种原因，但我觉得关键还在教学。假如我们把预习环节改进一下，使学生明确教师的教学步骤，而且每一个步骤都已经在课下做了准备，那么课堂上大概不会冷场。改进预习，就不能只给学生布置读读生词、课文的任务。教师要发给学生一个预习的单子，按教学步骤列出每一步骤中需要学生课前做的工作。上课的时候，教师就按这个步骤，每一步都让学生展示预习的内容，同时互相补充、讨论、归纳，教师答疑，并在必要时加以总结。这个教学过程，各种类型的阅读课都适用。即使快速阅读的训练，也有预习工作要做，比如，一篇快速阅读的材料，最前面一段或者两段往往是不能快速阅读的。这些段落从内容上说，是对全文的概括；从语言上说，一般会包含全文的关键词（泛读材料也大致如此）。可以先让学生预习这两段，并提出要求：理解这两段说的是什么，猜测全文可能说些什么，找出关键词并查出词义。上课时先检查预习情况，再进行全文的快速阅读训练。

我知道有的老师担心这样的预习学生不配合。我觉得这是不必要的担心。因为学生不会反感创造性的工作，反而会有兴趣、有积极性。而且据我了解，西方学生比较习惯于这样的学习。在课堂上有的老师吸收了这种做法，学生积极性很高，取得了很好的效果。

（二）具体的教学方法

阅读理解应该是阅读能力训练的关键。要解决什么是阅读理解、如何进行阅读理解的训练、如何检查学生的理解情况等问题。我觉得现在的阅读教材，有些练习（或曰训练方式）是从应试出发设计的，其实不太符合阅读能力训练的要求。真正的阅读能力的训练，要比应试能力的训练丰富得多。在仍然使用现有教材的情况下，教学中不妨对其练习方式做一些改造和变通，甚至适当地删减、补充。比如现在广泛使用的多项选择题，就要慎重对待。因为据我理解，多项选择题实际上是为了解决大规模测试而设计的一种客观测试题型。如果不是大规模的测试，不一定采用这种形式。再者，编得好的多项选择题是一种很好的训练理解能力的形式，但任何一种好的形式都有其适用范围，也都有其编题的技巧。现在的倾向是多项选择题泛滥，出题的人并没有弄明白这种题目是怎么回事：它能做什么，不能做什么，出题的技巧是什么，什么样的题是有效的，什么样的题是无效的。

如此，真正属于阅读能力训练的练习十分缺乏。我们提出的通过阅读扩大词汇量、拓宽学生的语言视野、跳跃障碍、猜测等，都显得不够。查字典、查资料应该是提高阅读能力的重要手段，我们应该引导和指导学生查字典、查资料。

回过头来我又要说预习了。以上这些其实都既是课上的练习内容，又是学生课外预习的内容。比如，语素教学是很有效的扩大词汇量的方法。我们给学生的预习单子上就可以列出若干语素，让学生找出这些语素的意思，并从阅读材料中找出含有这些语素的词，猜测词义。再如，阅读材料中往往有一些专名，与其教师在课上交代，不如预习中加上一项：查找专名的解释。如地名，让学生在地图上找出这个地方的地理位置，课上检查；如人物，让学生查出其简单的生平。开始时，为了简单起见，可以让学生填表。上课时，先让学生说他们查到的信息，互相补充，教师再概括总结。

我们主张应该创造条件，使学生主动地学习、创造性地学习、透明地学习；主张使学生在这样的学习中学到学习方法，终生受用。在这方面，我们每一位教师都可以创造方法。所谓教无定法，前提是要明确教学原则，不然就难免陷于盲目。

以上所讲，唯一的目的是使对外汉语阅读教学走上更为科学的轨道，更符合课程的性质、规律，从而改进教学方法，提高教学效果和效率。

参考文献

鲁健骥．说“精读”与“泛读”[J]. 海外华文教育，2001（3）.

鲁健骥．对外汉语教学随想七则 [M]// 韩经太主编．教学督导的实践探索．北京：北京语言大学出版社，2008.

胡文仲．对北京外国语学院外语教学基本经验的探讨 [M]// 胡文仲学术研究文集．上海：上海外语教育出版社，2017.

（原载崔希亮主编《对外汉语读写课课堂教学研究》，
北京语言大学出版社，2015 年）

读写课中教材、教案与课堂教学的关系①

2013年，北京语言大学教务处会同对外汉语教学各学院组织了阅读课和写作课的教学观摩活动，《对外汉语读写课优秀教案集》就是从观摩课中选出的9份教案的汇集。9份教案中，阅读课有6份（中级汉语阅读2份、高级经贸汉语阅读2份、中级新闻阅读2份），中级、高级写作课各1份，读写结合的1份（初级），大致能够反映出阅读课和写作课这两种课型的全貌。

关于教案，前两次观摩课（综合课、听说课）优秀教案集的前言中已经有了全面的论述，反映了大家的共识。应该说，目前三个学院都已经形成了比较成熟的教案范式，所以我们现在所见的教案，写得都很规范。特别是，由于各学院对观摩教学的高度重视，这次观摩课的教案其实都是集体智慧的结晶，因而具有代表性与引导性。当然，观摩课的各位教师也付出了辛勤的劳动，对所教课程进行了精心的设计，体现了个性。

像前两次观摩活动一样，每份教案都请专家做了尽量恰如其分的点评。除此之外，这些教案在如下几个方面，给了我比较突出的印象。

1. 重视阅读技能和技巧的训练

有几位老师设计了抓关键词语、主题句、处理长句的环节，有的老师设计了用不同方法猜测词义、跳障碍的练习。这些都是必要的阅读技能和技巧。特别是猜测词义和跳障碍的练习，早已有不少论述，相关的教学大纲中也已提出要求，以往我们听课时，有的老师也在教案中有所反映，但感觉不够落实。这次观摩课，朱彤、沈庶英等老师就落实得比较好，教案中也体现得很清楚。

2. 在阅读中比较重视快速阅读的训练

多数阅读课都安排了快速阅读的环节，训练方法比较符合快速阅读的要求。在当前阅读课的性质尚待进一步确定的情况下，加入快速阅读的训练，无疑是一个较好的选择。这对阅读课的整体改进会有推动作用。

在快速阅读的训练中，老师们都有比较强的“时间观念”，注意到了限时阅读，这是我们教学的一大进步。如沈庶英老师明确提出，通过限时阅读，培养学生的速读能力和快速抓住主题的能力。丁燕老师则要求学生在规定时间内用1—3个关键词概括文章

---

① 本文原是为崔希亮主编《对外汉语读写课优秀教案集》（北京语言大学出版社，2016）撰写的“前言”，题目为后加。

的主要内容。吴霄岳老师几乎每读一篇，甚至一段，都给学生限定时间，这对培养和检查学生的阅读能力起到很大的作用。

3. 在阅读中篇章和语素教学有所加强

篇章教学和语素教学，虽然早在20世纪80年代末就提出来了，学界也一直在提倡与呼吁，有些教材中也有所反映，但给人的感觉是训练方式不到位。如篇章的训练就过于单一（如只有给句子排序），还不能说是实质意义上的篇章训练；而语素的教学，则显得比较随意。这次的几份教案在这方面有所改观，各位老师都把篇章的训练提到比较突出的位置，宏观上要求学生能够把握不同文体篇章结构的特点；微观上则注意了篇章（主要是句与句、段与段）的衔接与连贯手段，从篇章的角度进行关联词的训练。在语素教学方面，有的老师有意识地通过语素来扩大学生的词汇量，并将相关练习贯穿全课。

4. 写作课从不同的角度做了探索，颇有新意

写作课虽然是历史比较长的课程，但总的来看，仍然显得不够成熟，特别是如何摆脱第一语言写作教学的影响，体现第二语言写作教学的特点，仍然缺乏成功的经验。正因为如此，写作课才有了探索与创新的广阔空间。收入《对外汉语读写课优秀教案集》的两份写作课的教案和两份读写结合的教案，从不同的角度对写作课进行了有益的探索。比如高典老师对范文的利用，抓住连句成段、组段成篇、总说与分述等文章常用的结构进行训练，就比较成功；黄柏林老师利用连环画，使用过程写作的教学方法，已经形成了比较成熟的教学模式；宋刚老师则注意到了在写作之前进行铺垫式的讨论。老师们还在教学中组织学生进行互动式的写作活动，既能使学生发挥自己的创造能力，又活跃了课堂气氛。

5. 预习环节较前有较大的改进

以往各种课型对预习的要求不高，基本上限于读生词或读课文，很少让学生课前做一些他们力所能及的工作，这影响了课堂教学的效率。在这方面，《对外汉语读写课优秀教案集》所收的这几份教案都有所改变；由于预习加强了，复习环节也就随之发生了可喜的变化。如沈庶英老师的预习要求是：课后分组查找秋季广交会的资料，找到本届广交会的特点，准备交流；制定参加广交会的参展计划书等。吴霄岳老师有一项预习要求是：课后到指定网页填写“使用手机情况调查问卷”，下次上课时报告。丁燕老师有一项预习要求是：查阅丰田是怎样成为世界上最著名的汽车品牌之一的。金娅羲老师要求学生课后读一篇指定的报刊新闻，下次讨论。更值得提倡的是，丁燕老师把教学的各个环节都跟预习结合起来。这些做法给人以耳目一新的感觉，而且也收到了良好的效果。这说明，加强预习作为提高教学质量和教学效率、培养学生独立工作能力和创造能力的一种手段，大有可为。

6. 现代技术运用得更加纯熟

在对外汉语教学中运用现代技术（主要是多媒体课件的使用）的水平不断提高，主要表现在：多媒体课件（PPT）与教学结为一体，成为教学不可分割的有机组成部分；利用网络，不少班级都设立了公共邮箱，在邮箱里实现师生、生生互动，完成作业。这些都是在教学上熟练运用现代技术的表现。因此，本次出版教案集，同时附上各位老师制作的 PPT 课件，可以使读者对如何将教学与现代技术融于一体有更为直观的感受。

以上诸点，都可以说是这几份教案的亮点，是教学中的新气象。

听课与阅读各位老师的教案，引发我思考了一个近乎常识性的问题，觉得可以提出来，跟大家讨论，这就是教学中如何进一步正确处理教材、教案和课堂教学三者的关系。

关于这三者之间的关系，我们可以用戏剧演出中“剧本—演出本（或称舞台本）—演出”或影片拍摄中“电影（文学）剧本—分镜头剧本—实拍”来比喻。要进行课堂教学，当然要有课本，但课本不能直接用于课堂教学，所以习惯于“照本宣科”的教师绝不是好教师；使用课本的教师必须根据课程的特点，结合教学内容和本班学生的特点备课，写出教案。从教材到教案，老师们要做的工作可以是非常有创造性的。这次阅读老师们的教案，我对此也深有感触。

我想起一句老话：“死教材活用。”这是我校 20 世纪 70 年代初复校时的一个口号，我认为今天仍应如此。我曾经有一个观点：教材永远落后于教学法体系的发展，而教学是最需要及时反映教学法体系的发展的。一种新的教学法体系出现了，与教学内容相关的科学研究的最新成果（如对某个语言现象的解释）出现了，教师是最敏感、最关心的，他们一定会及时地运用和反映到自己的教学中去。这是教材做不到的。往往等到按照一种新的教学法体系编写出教材的时候，这种教学法体系本身已经又发展了。只有教学才能最及时地反映教学法体系的发展。阅读这几份教案，发现有的老师已经意识到了这一点。例如，宋刚老师就在他的教案中写道：“教师要深入认识教材并且敢于运用教材。事实上，课本只是提供教师上课的素材。在充分认识课型特征、学生特点等因素之后，教师要勇于大胆地、科学地进行调整与补充。”按照这种思路，他对课文做了灵活的处理，并且“对课本的练习方式也进行了重新整合以适应整体教学的需要”。

“死教材活用”，就是要减少使用教材的盲目性。比如，有的教材紧追 HSK，而我们的教学内容和训练方式应该远较 HSK 来得丰富，那么我们就应该而且必须在备课时对教材加以改造，避免 HSK 给教学带来的局限。有的教材课文提供的信息不准确，甚至有语句不通之处，有的教材没有体现教学上的新认识（如篇章的练习、汉语口语会话规则、语体的教学等），也需要教师加以弥补。

还有，教师在备课时要审视教材的编写者对其所提供的训练方式是否真正理解、设计得是否得当。比如，现在的阅读和听力教材中广泛使用的多项选择练习和辨别正误练习，有些就是值得推敲和商榷的。多项选择作为一种大规模的客观测试题，可以说是出于不得已而采取的测试方法。这种客观测试题使大规模测试的实施成为可能，也给评判带来极大的便利。这是其优于主观测试之处。但这种测试也有其弊病，国外测试领域的专家早在20世纪60～70年代就做过试验，一个完全不懂某一种语言的人，完全随意地在多项选择题上画答案，正确率可以达到20%。这是这种测试方式最受质疑之处。所以，我认为，如果不是大规模的测试，就不一定非采用这种方式来检查学生的掌握情况。何况，设计多项选择题，照猫画虎容易，真正设计得符合要求并不容易。比如，四个（练习中可用三个）选择项是否都合理、符合逻辑，是否都跟上下文相关而不是生造，答案是否具有唯一性，都是设计中要考虑的因素。按这些要求去审视某些教材中的多项选择题，恐怕会发现不少问题。还有，教师与教材编写者要清楚多项选择题的适用性是什么，也就是说，有些内容不适合用多项选择题来检查，特别是那些非理解性的问题，就不能设计成多项选择题。现在的教材里的某些多项选择题其实使用得并不恰当。

辨别正误的练习也如此。最初意义上的辨别正误练习，是用于训练学生的迅速反应能力的，其特点，一是题目数量多，一组题目一般都在10个以上；二是发问快，在课堂上，教师像连珠炮似的快速发问，所谓fire questions at the students，学生要马上判断出正误来。这有点儿像训练乒乓球运动员那样，发球器不停地把球弹出，运动员要不停地接球，以此训练他们的反应速度。反过来说，辨别正误练习如果题目不多，就不合乎要求；如果不是快速发问，而是慢慢地一个一个地问，甚至让学生课后去做，也不合乎要求，意义也就不大了，因为那样学生几乎不会出错。辨别正误这种练习比多项选择题猜对的概率更大，因为只有两种可能，如果全画对或全画错，正确率肯定很高。

说了这么多，我的意思是，教师要注意了解教学法体系的新发展，了解对所涉及的语言现象的新认识和新发现。这些新发展、新认识、新发现，甚至教师间互相借鉴的一些具体教学方法，都应该及时地反映到教学中。不可把教材用死，要善于发现其中的不足，加以弥补。

教案与课堂教学也不完全是一回事。有了教案（哪怕是非常完备的教案）仍然不能保证课一定上得好，所以也不能在课堂上“照教案宣科”。因为许多教学技巧并不能反映在教案中。这要靠教师对先进的、科学的教学理念的掌握和长期形成的经验、素养，也要靠临场发挥。我们每次听课都会发现这样一种有一定普遍性的现象：教案写得很好（比如“讨论”），但在课堂上，教案上的内容并没有得到充分的体现，没有取得预期的效果。有几位老师在他们的“课后记”中也写到这样的问题，值得重视。我觉得，我们对课堂教学应该经常考虑这样一些问题：

（1）学生能够独立完成的工作，是否都让他们准备了？教师是否自己代替学生做了他们能够做的工作？

（2）学生准备的，是否在课堂上都让他们“表演”出来了？

（3）教师在课堂上是否引导学生发表不同意见了？是否创造和抓住一切机会让学生讨论了？

（4）教师是否起到了“导演”的作用？（如是否有跟学生抢话头、代替学生回答问题，或者由于各种原因自己说得多，学生说得少等问题）

这些看似很平常的问题，如果课堂上处理好了，那么学生的创造性就发挥得好一些，学生的积极性、主动性就会提高，学习兴趣也会增加。

要做到这些，靠的是在教学中不断总结，不断积累，所谓“台上三分钟，台下十年功”。但只要我们的教学理念清楚，教学的面貌就会改观，并不需要“十年功”。

总之，《对外汉语读写课优秀教案集》收入的教案有许多创新，有许多亮点，给了我们很多启发，很值得我们研究和借鉴。我们更应该学习各位老师的敬业精神、钻研精神，以及在教学上不断进取和探索的精神。

在此，我们愿意向各位老师表示敬意。

（原载崔希亮主编《对外汉语读写课优秀教案集》，
北京语言大学出版社，2016 年）

建议用“字词表”代替“生词表”

一、简单的回顾

对外汉语教材多年来在处理字和词的关系时，都是把字当成书写符号，而忽视“字”其实还是一级语法单位，即概指语素。绝大部分语素都是有意义的。语素进入词，其意义基本不变，体现了汉语词很强的理据性。由于我们的教材忽略了汉语语素和词的这种关系，所以教材中只有对词的处理，而不见语素，每一课都有生词表，书后则附生词总表。这已是“几十年一贯制”的传统做法了。20 世纪 80 年代以来编制的各种通行的词汇等级大纲、词汇表，也都沿袭了这个传统。这种做法的问题是，学汉语的外国人对词的意义只能死记硬背，不了解词义是怎么来的。如果我们把语素引入教学，使学生能够掌握语素义，了解词义的来源，这对他们掌握汉语的词义肯定是有很大帮助的。

其实，早在 20 世纪 50 年代，对外汉语教学界对汉语的字与词的关系已经有所认识，《汉语教科书》的绪论中，对此有专门的介绍：

> 一个词可以用一个字表示，也可以用两个或两个以上的字表示；但是并不是每个字都能成为一个词。1. 有的字能够单独成为一个词，例如“人”。2. 有的字也能表示一点意义，这样的字不能单独成为一个词，只能成为词里的一个成分，如“语”和“言”；可是它们结合起来能够构成一个具有明确意义的词“语言”。3. 能够成词的一个字也可以跟另一个字结合起来构成另一个词，这另一个字可以是能够单独成词的，也可以是不能单独成词的，前者如“铁路”，后者如“人民”。4. 有的字只出现在一个词里，如“葡萄，”“葡”和“萄”单独都不能表示什么意义，也不能单独再跟任何别的字组成另一个词。

这里把“字”和“词”的关系讲得很简洁清楚。该书的附录二是“汉字组合一览”，我们认为这跟绪论的说法是相呼应的，可惜这个“一览”过于简单，信息太少，并不能使学生了解“字”是如何组成词的。[①] 当时教学语法没有超越词、词组、句子三级语法单位，可能是受了《暂拟汉语教学语法系统》的影响，但这是 70 年前的

---

① 1979 年准备编写《初级汉语课本》之前，我们曾经参照《汉语教科书》的“汉字组合一览”，由编者之一的李继禹对当时最新的教材《基础汉语课本》的出词情况进行了统计，体例与“一览”相同（李继禹的手写稿存我处），对《初级汉语课本》的编写起了重要的参考作用。但我们也没能在此基础上，进一步在《初级汉语课本》中体现字词关系。

事了，我们不能苛求于编者。如果当时能把绪论所论在教科书和教学中充分体现出来，并为后来的教学和教材所继承，那我们的对外汉语教学的面貌就不会完全是后来的样子了。

20世纪80年代初，张志公主持修订《暂拟汉语教学语法系统》，形成《〈暂拟汉语教学语法系统〉修订说明和修订要点》（载《中国语文》1981年第6期），其中重要的一点是把三级语法单位发展为五级语法单位，向下延伸到语素（最低一级单位），向上延伸到句群（最高一级单位）。对此，张志公曾分别著文论述。关于语素，张志公（1981）说：

> 从语素到词，到词组，到句子，就是一个组合过程，而组合的原理是“一以贯之”的。各级的组合，虽有小异，不失大同。这是汉语的一个重要特点。学习汉语，研究汉语，都需重视这个特点。以往，或是就“字”论“字”，不从语素着眼，不把它和语言联系起来考虑处理，或是认定了讲语言尤其是讲语法只能从词入手，不理会词以下的语言单位，或是只把词切分为词素（或称语素），不管它们的组合情况，不把语素的组合和语素以上各级单位的组合统一起来学习掌握，考察研究，这恐怕是对上述汉语这个重要特点有所忽视的表现……

把语素看作一级语法单位，反映了汉语的特点，是对汉语语法研究与教学的一个新的认识，甚至可以说是一个突破。从对外汉语教学的情况来说，吸收语素教学对教学有好处，对学生有用处。1992年，吕文华在《对〈语法等级大纲〉（试行）的几点意见》一文中，建议对外汉语教学语法吸收这一认识，即在对外汉语教学语法中引入语素和句群；1999年，在第六届国际汉语教学讨论会上，她又宣读了《建立语素教学的构想》一文，专门论述了在对外汉语教学中引入语素教学的问题，文中最早提出制定“字词表”的建议。但对对外汉语教学中是否要吸收《〈暂拟汉语教学语法系统〉修订说明和修订要点》，学界一直存在争议。我们认为引入语素和句群很有必要。

1995年由国家对外汉语教学领导小组办公室组织、王还主编的《对外汉语教学语法大纲》显然也吸收了《〈暂拟汉语教学语法系统〉修订说明和修订要点》的成果，在对外汉语教学中又提出字和词的关系问题。该大纲第一部分讲到“词的构成”时，是这样说的：

> 在现代汉语中，一个音节，也就是一个汉字，虽然有意义，但不一定是一个词，不一定能独立运用，仅仅是个词素[①]。有些词素同时又是词。现代汉语中大部分词是

① 这里用了“词素”，而没有采用“语素”的提法

由两个词素构成，是双音词，如：语言、学习、房子、老虎。其次是单音词，如：人、书、山、水、吃、走。三音词或多音词是少数。汉语也有多音的词素，多半是外来语，如：葡萄、玻璃、巧克力。这些也同时是词。所有的单音词都同时是词素，如“人”是个词，但在“工人”这个词中，“人”只是个词素。双音词或多音词多数是由两个或更多的词素组成，如：语言、老虎、共产主义。但也有的是由一个多音的词素构成的，如上面所举的“葡萄”等例子。

可惜，这部语法大纲影响不大，此后的对外汉语教学的各种语法大纲和实际的语法教学都没有贯彻这部大纲的精神。

二、处理字词关系的尝试

2006 年，我和吕文华主编《商务馆学汉语词典》时就采用了语素的概念，体现了汉语“字”和“词”的关系、语素义和词义的关系。每一个字目都先区分它是成词语素（单语素词）还是不成词语素，这样就解决了一个大问题。过去我们的教材和各种词表都不这样区分，一律标注为词，误导了学生，导致他们常常把不成词语素当词使用。比如，《汉语水平词汇与汉字等级大纲》（修订本）和《高等学校外国留学生汉语言专业教学大纲（附件一）》都把“杯”标注为名词和量词，标为量词是对的，标为名词却是错的，因为“杯”是不成词语素，不能单独使用，那么根据这里标注的词性，外国学生就会说“* 我买了一个杯”，这显然就是一个病句。对每一个多义语素严格区分，把所收词条首字（打头的语素）按其意义列在相关的语素义项之下，这样就解决了外国人不能辨别词义与语素义的关系的问题，比如，上述两个大纲在不同等级或年级的词表中都收入了“安、安定、安静、安居乐业、安宁、安排、安全、安慰、安稳、安详、安心、安置、安装”等词条，显然，这些词条里都包含了“安”这个语素。在前一大纲中，“安”出在丙级词里，未分义项；在后一大纲中，“安”出现在二年级词汇表里，标注了“动、形”两个词性和三个义项，但并没有把其他词条按“安”的意义归到“安”的三个义项之下，所以外国学生不会自动地把每个词条中“安”的意义与“安”的三个义项联系起来。与这两个大纲不同，《商务馆学汉语词典》把“安”分为三个义项，把所收以“安”打头的词条分别列在每个义项下：

安

（1）（动）使有适当的位置；安装。（下面列出“安排、安心、安置、安装”等词条。）

（2）（形）安定，心情平静。（下面列出“安定、安静、安慰、安稳”等词条。）

（3）（素）安全（和“危”相对）。（下面列出“安全”一词。）

这样，外国学生立即可以把这些词条中“安”的意义与字条“安”的义项联系起来，从而加深对词义的理解。

再者，只出词而不出语素，既不利于学生理解词的构成，也无法引导学生扩大词汇量，比如上述等级大纲和词汇表都只出了“桌子”，而没出“桌（名词性语素、量词）”，可是，不出“桌”，那么“桌子”一词是怎么来的呢？何况，从“桌”可以派生出很多词，不出“桌”只出“桌子”就堵住了扩大词汇量的路。《商务馆学汉语词典》将字条“桌”标为语素和量词：在语素之下，给出了逆序词“办公桌、电脑桌、饭桌、课桌、折叠桌”，给出了以“桌”打头的词条“桌布、桌面、桌腿、桌子”；在量词之下，解释了作为量词的“桌”的意义，给出了几个例句。当然，这是词典的做法，在教材里或进行课堂教学时，即使不给出那么多带“桌”的词，也可以用“桌”启发学生理解词语（逆序与正序），从而发挥他们的创造能力。

2006年，我主持重编《初级汉语精读课本》（2008年由北京语言大学出版社出版）时，沿袭了《商务馆学汉语词典》的做法，取消了每一课的生词表，而单编一册《初级汉语精读课本字词总表》（以下简称《字词总表》），覆盖全书出现的字（语素）和词，实现了吕文华关于编制“字词表”的设想。下面以《字词总表》第1、2页为例，具体说明编法和所提供的信息。

《字词总表》第1页是体例说明和缩略语表（为了使读者能看得明白，把缩略语表也附在后面，见图2），第2页开始是字词表（见图1）。我们可以看到：

（1）字条（语素）按拼音顺序排列，同音字只标注一次拼音。

（2）《字词总表》用英文缩写标注字条的词性（成词语素）或语素（不成词语素）。

（3）英文缩写后面是英文释义。（学生在使用《字词总表》时，可以把释义翻译成自己的母语文字；对于中高年级的字词表，教师若是指导学生自己做，可以逐步让他们用中文释义。同样，学生也可以用他们的母语文字释义）

（4）对于该语素不在打头位置的双音节或多音节词语，给出汉字和注音，注明课数。这相当于逆序索引，学生根据注音可以在本表中查到该词语的释义。把两处的注释联系起来，有助于学生理解词义。

（5）多义语素（成词或不成词语素）分义项，每个义项下面的编法同上。

A

āi

唉

(Interj.) sound of sigh (pronounced in a low level tone) (1)

ài

爱

(V.) to love

□爱：心爱 xīn'ài (8) /可爱 kě'ài (11) /疼爱 téng'ài (11) /热爱 rè'ài (18)

ān

安

1. (M-A.) calm; at ease
   [安静] ānjìng (Adj.) quiet (making little or no noise) (4)
   [安心] ānxīn (Adj.) relieved, free from worries (1)
2. (M-V.) to cause to calm down
   [安慰] ānwèi (V.) to comfort (speak kind words to a person who is in trouble or pain) (5)
3. (V.) to place in a suitable position
   [安排] ānpái (V.) 1) to arrange; 2) arrangement (3)

àn

岸

(N.) bank (the land along the side of a river, lake or other water-channel), e.g. 西岸，东岸，河岸，etc. (13)

按

(Prep.) according to; in accordance with (5)

暗

(Adj.) secret, private (known only to one person or a small group of people)

[暗暗] ànàn (Adv.) secretly, privately (8)

[暗恋] ànliàn (V.) to fall in love with somebody secretly (8)

B

bā

吧

(N.) bar (a place where drinks are sold)

□吧：网吧 wǎngbā (19)

bǎ

把

(M. W.) *used for some abstract ideas, e.g.* 一把好手 (9)

bǎi

百

(Num.) hundred, figuratively means 'all kinds of'

[百科全书] bǎikē quánshū (N.) encyclopaedia (13)

bài

败

(V.) to be defeated; to lose (in war or contest)

□败：失败 shībài (8)

拜

(V.) to pay (New Year's) greeting or visit, e.g. 拜年 (16)

bān

搬

(V.) to move (house), e.g. 搬家，搬出去 (11)

bǎn

板

1. (N.) a thin piece of hard material
   □板：铜板 tóngbǎn (12)
2. (M-N.) *used in* 老板 (*See below*)
   □板：老板 lǎobǎn (9)

bàn

办

1. to hold (to bring about)

图 1 《字词总表》第 2 页截图

字词总表

GENERAL LIST OF CHARACTERS AND WORDS

说明

1. 本表收入本书出现的汉字和词语，按汉语拼音顺序排列。

2. 每个汉字/语素给出释义；义项多于一个的，用 1、2、3……标出。每个汉字/语素的义项下，先列出该字不做首字的词，用“□字”表示。这里的词语给出汉字和拼音，使用者可以根据拼音在本表中查到词语的意义。接着是本字做首字的词条，给出词性、意义；义项多于一个的，用 1）、2）、3）……标出。

3. 每个汉字或词语解释最后的数字是该字或词出现的课数。

缩略语

ABBREVIATIONS

Adj.	adjective	形容词	xíngróngcí
Adv.	adverb	副词	fùcí
Aux. v.	auxiliary verb	助动词	zhùdòngcí
Conj.	conjunction	连词	liáncí
Id.	idiom	成语	chéngyǔ
I-Phr.	idiomatic phrase	习用语	xíyòngyǔ
Interj.	interjection	叹词	tàncí
M-A.	adjectival morpheme	形容词性语素	xíngróngcíxìng yǔsù
M-Adv.	adverbial morpheme	副词性语素	fùcíxìng yǔsù
M-N.	nominal morpheme	名词性语素	míngcíxìng yǔsù
M-V.	verbal morpheme	动词性语素	dòngcíxìng yǔsù
M. W.	measure word	量词	liàngcí
N.	noun	名词	míngcí
Num.	numeral	数词	shùcí
Part.	particle	助词	zhùcí
Pref.	prefix	词头	cítóu
Prep.	preposition	介词	jiècí
Pron.	pronoun	代词	dàicí
Suf.	suffix	词尾	cíwěi
V.	verb	动词	dòngcí
V-O.	phrasal verb of verb-object construction	离合词	líhécí
V-R.	verb-result-complement phrase	动结词组	dòngjié cízǔ

图 2 《字词总表》第 1 页截图

如何使用《字词总表》呢？我们在课文里出现生词的页边给出生词的汉字和拼音，学生要知道这个生词的意义，就得到《字词总表》里去查。他们先查到的是词的首字（打头语素），在首字下面的不同义项下才能查到所要查的词，这样就把语素义和词义联系起来了。在《字词总表》中查词义，可以作为预习中要求学生做的一项任务。

《字词总表》的作用是，学生在课文里遇到生词的时候，可以通过字义理解词义。从长远来看，《字词总表》的作用还在于，通过不断查阅，学生能养成查阅的习惯和能力，为他们日后使用汉语工具书打下基础。我在《关于创造型对外汉语教学与创造式汉语学习的思考》（2010）一文中提出，"我们要通过教学让学生做他们力所能及的、能发挥他们创造能力的事"，并具体提出学生能够做的 5 个方面的事，实际上也是对学生进行 5 个方面的训练，其中之一就是查找能力，使用《字词总表》就是对这种能力的训练。

《字词总表》体现了我们的一个教学理念：要让学生多做工作，发挥他们的创造能力。学生要通过自己的工作，按一定步骤查到词义，这样做看起来"费事"，但这种字词表肯定比每一课直接提供给学生的生词表更容易引起他们的好奇心和兴趣；这样查到的词义，比不费事就能看到词义，或者比以词为单位，只凭生词表中的释义（外文或中文）理解词义，对学生来说印象会更加深刻，记得也会更牢。同时，学生也可以举一反三，理解汉语词语意义的理据性，提高学习能力。[①]

我们还设想：在各种词汇和汉字大纲中附上字词表的同时，在初级阶段初期（比如一年级第一学期）的课本后面附上课本的字词总表（像《初级汉语精读课本》那样），供学生查检；而从教学的某个阶段（如一年级第二学期）开始，教师可以指导学生自己来编写字词表，逐课积累，最后编成一个字词总表。这样更能发挥学生的创造能力，学生也会有更强烈的成就感。

三、建议

这种在教材中编制《字词总表》的做法，迄今已经十年有余，但据我们所知，仍然只有《初级汉语精读课本》一种教材采用，几种词汇大纲和词汇表也仍然是词语与语素脱节，这可能跟对语素要不要进入对外汉语教学语法体系的争议有关。不过既然有争议，那么，教学中对语素的处理也是可以调整的，而不必放着这样一种有利于教学的做法而

① 在《初级汉语精读课本》中，除了《字词总表》，我们还根据这种理念设计了其他的语素练习。当时参与编写的姜丽萍、刘丽、张伟三位老师都在第一线任课，她们在自己教授的课上采用了这些语素练习的办法，受到学生的欢迎，也收到了良好的效果。这说明我们在教学和教材编写中引入语素的因素是满足了教学和学生的需求的。

不用。有鉴于此，我们建议对外汉语教学界重新审视语素的问题，主张把语素引入教学语法体系的老师们可以把自己的主张落实到教学和教材、工具书的编写中。我们也建议，把目前的各种词汇大纲和词汇表改编成字词表，这样做既能反映汉语的特点，又有助于学生理解汉语语素与词语的关系，两种版本可以并存，在实践中考察使用情况，比较之后再做出取谁舍谁的结论。[①]

参考文献

北京大学外国留学生中国语文专修班 . 汉语教科书（上）[M]. 北京：时代出版社，1958.

国家对外汉语教学领导小组办公室 . 高等学校外国留学生汉语言专业教学大纲（附件一）[M]. 北京：北京语言文化大学出版社，2002.

国家汉语水平考试委员会办公室考试中心 . 汉语水平词汇与汉字等级大纲（修订本）[M]. 北京：经济科学出版社，2001.

鲁健骥 . 初级汉语精读课本 [M]. 北京：北京语言大学出版社，2008.

鲁健骥 . 关于创造型对外汉语教学与创造式汉语学习的思考 [J]. 语言教学与研究，2010（4）.

鲁健骥、吕文华 . 商务馆学汉语词典 [M]. 北京：商务印书馆，2006.

吕文华 . 对《语法等级大纲》（试行）的几点意见 [J]. 语言教学与研究，1992（3）.

吕文华 . 建立语素教学的构想 [M]// 对外汉语教学语法体系研究 . 北京：北京语言文化大学出版社，1999.

王　还 . 对外汉语教学语法大纲 [M]. 北京：北京语言学院出版社，1995.

张志公 . 谈汉语的语素——并略介绍哈尔滨语法教学讨论会 [J]. 语言教学与研究，1981（4）.

（原载《国际汉语教学研究》2020 年第 3 期）

---

① 本人一直有一个看法：目前的词汇等级大纲、汉字等级大纲其实不能称为大纲，因为那只是词汇表、汉字表。若论词汇大纲的话，应该是对对外汉语教学中应该涉及哪些词汇知识（可以是词汇学和词法的结合）的说明，在此基础上分级，后面附上词表；相应地，汉字等级大纲也应该是对对外汉语教学中所应涉及的汉字认读和书写知识的说明和分级。2002 年国家对外汉语教学领导小组办公室主持制定的《高等学校外国留学生汉语言专业教学大纲》把“词汇表”和“汉字表”作为大纲的附件，这种做法比等级大纲的做法进了一步，但字与词也是分离的。

序《汉韩义同音近词语用法例典》

我一直有一个想法，就是以不同国家的人为对象的汉语教学，应该针对那个国家的语言、文化特点找出一些“捷径”。在这方面，韩国、越南、日本是最值得研究的。这三个国家都在所谓的“汉字文化圈”里，由于历史和地缘的关系，他们的文字以至语言都受到过汉语的影响，而且直至今天这些影响仍然存在：韩国语里有大量的汉字词，韩国的中小学要教 1800 个汉字；越南历史上也曾经使用汉字，现在虽然早已废除了汉字，但越南语中仍存在大量的汉字借词；日本也有 2000 个左右的常用汉字。我想，这种情况是这三个国家的学生学习汉语非常有利的条件。从教学的角度说，如果我们对此加以充分利用，以此为基础教这些国家的学生汉语，教学就一定能够大大提高效率和效果，起到事半功倍的作用。

洪海先生可谓先得我心。20 世纪 90 年代初，他就编出了《汉朝义同音近词语对照手册》（以下简称《手册》）。当时我还在北京语言学院出版社工作，我和他初识就是因为这本书。他把书稿拿来给我看，我们一拍即合。《手册》于 1994 年出版。时间荏苒，一晃十年过去，他又和汪向先生合作，拿出一部《汉韩义同音近词语用法例典》（以下简称《例典》）的书稿。显然，这是前者的姊妹篇，更是前者的发展和深化。如果说《手册》只把韩国语里跟汉语义同而音近的词罗列出来，反映出二者的对应规律的话，那么，《例典》则更进一步，将相对应的汉韩词语同中有异的情形加以例释，因此对学习和教学更加实用。洪海先生十年里完成了这样两部著作，可见他是认准了一个目标，一直在锲而不舍地默默耕耘，这种精神和毅力是很令人感佩的。

当然，这并不是说只有洪海一个人在关注这个问题。近年来，已经有些从事对外汉语教学的老师开始了这个方面的研究，中国和韩国的一些研究生也以此为研究的课题。据我所知，目前专门为韩国学生编写的汉语教材也试图利用这个有利条件。但就我所见，这方面的工作还很不够，还比较零散，研究的空间还很大。我希望有人能推动一下，把国内有志于这项研究的力量整合起来，进一步联合韩、越、日三国的汉语教学工作者，一起攻关。我想，经过这样的推动，找到对这三国的汉语教学的“捷径”是指日可待的事。

洪海嘱我为他们的新作写序。论理，我是没有资格为这样的书写序的，因为我不懂韩国语，只好写一点儿想法、一点儿希望、一点儿建议。同时，我也要向洪海、汪向二位表示敬佩和祝贺，希望《例典》早日和读者见面，早日在对韩国学生的汉语教学中发挥作用。

（未发表）

补 记

马、汪二位先生的书，由于某种原因，未能如期出版，但我对利用日语、韩国语、越南语与汉语之间的关系，使这三国的汉语教学走上一条有特色的“捷径”，始终抱有很高的期望，因此，仍将这篇序言收入本书[①]。

2009年，我应越南河内大学邀请，参加为纪念越南开展汉语教学50年而举行的“50年汉语教学与研究”国际研讨会。会上，阮氏翠幸的论文研究的就是汉越词与越南汉语教学的问题，其中有一段讲到汉越词的数量，摘录如下：

> 关于汉越词在越南语中所占的具体比例中所纷纭[②]，1912年，法国汉学家马伯乐（H. Maspero）曾经对越南语中的汉越词进行统计，他认为越南语中汉越词约占越南语词汇总数的百分之六十，而越南学者黄文行在他编写的《常用汉越词素词典》中提到，‘现代越南语约百分之六十的词汇为汉越词，在政治、经济、法律等很多领域，这一比例高达百分之七十至百分之八十’，但是由于汉越词进入越南远自秦汉时期，唐时最盛，汉语的发音一直都在发生变化，所以现在越来越多的研究表明，很多以前被认为不是汉越词的词语实际上也属于汉越词。目前，据越南许多语言学家的统计和考察，这个数字又呈上升趋势。越南语词汇中的汉越词除了从汉语直接借用的借词以外，越南人还用汉越语素构成新的汉越词，称为越创汉越词，比如听者（听众）、劝买（促销）。

我想，比起韩国语和日本语来，越南语中的汉越词可能对越南人学习汉语更有帮助，因为越南语与汉语不但同属汉藏语系，而且越南语的语音、声调与汉语的语音、声调有对应关系。王力先生曾经在越南对越南语进行过一年的研究，对此有科学的论述。

（2014年12月记，未发表）

---

① 指《汉语教学名家文选·鲁健骥卷》。

② 应是“众说纷纭”。

有感于“后方法时代”

搞了几十年对外汉语教学，忽一日听说对外汉语教学进入了“后方法时代”。为了跟上“后方法时代”的步伐，赶紧找来文献稍做补课。读后生出几点杂感，略述于此。

一、每二三十年一个的怪圈

“后方法时代”是美国人库玛在 1994 年提出来的，其出版于 2003 的《超越教学法：语言教学的宏观策略》（中文版由北京大学出版社于 2013 年出版）一书，则集其思想之大成。1994 年至今，时间已经过去了二十几年，我们这里才炒热起来。我们又一次步人后尘了。我之所以说“又一次”，是因为在我国对外汉语教学的历史上，这种步人后尘的事，差不多是每二三十年来一次。在“方法时代”（与“后方法时代”相对），所谓的“相对直接法”如此，“听说法”如此，“交际法”（功能法）如此，以至于在“后方法时代”到来之前已经热了好一阵子，现在又要被“后方法时代”抛弃的“任务法”，无不是在这些方法出现了二三十年之后，甚或在人家那里已经快冷下来了，我们这里才引进。可是一经引进，就被当作世界最新、最先进的东西受到追捧。这似乎成了规律，所以我说这是一个怪圈。现在“任务法”还没完全弄出个究竟，又把二十年前的“后方法”弄出来，好像我们这儿真的是被“方法”“束缚”得喘不过气来，非得“后方法”来给我们松绑。可是我们看到的一些学者的论说都表明，即使在“后方法时代”的故乡美国，“后方法”的提法也远未得到普遍认同，也未见有将“后方法”付诸实践的报告。也就是说，在那里，也还没进入这么个时代。这样一想，我们即使在二十多年后才进入“后方法时代”也未晚矣。

为什么会出现这个循环往复的怪圈呢？

2014 年 6 月 4 日的《北京晚报》说，北京市正在努力把北京建设成“世界学术之都”。晚报上专家们为此建言。时任清华大学校长陈吉宁指出，“目前中国大量的学术研究都是在全球出现几千篇、上万篇文章的时候我们才跟进，这就意味着在学术创造上、在思想领先上都不是我们”[①]。北京市社科联党组书记韩凯说，我们要建立一种学术自信。中国人民大学教授郑杭生说，“我们应当在理念上明确，我们自己的东西才是最核心的。正所谓，越是地方的越是世界的，越是传统的越是世界的。……也就是说看重自己的传

① 参见 tsinghua.edu.cn/info/1182/38390.htm。

统，看重自己现有的东西，只是需要进行很好的提炼”①。他说，“对国外的东西要再批判，对自己的东西要再认识，对现实的东西要再提炼，这样才能够搞好所谓的本土化，在世界上也才有我们的发言权”②。这些肺腑之言，简直就是针对我们对外汉语教学的状况说的。不知诸公读后有无同感？

本人很认同上述专家们的看法。近些年来，我一直呼吁，不要跟着国外的教学法体系亦步亦趋，那样只会被别人牵着鼻子走。国外的教学法体系值得借鉴，但那些教学法并不能完全适应对外汉语教学的特点和需要，因此我们应该走自己的路。我在接受北京语言大学校刊记者采访时提出，我们研创自己的教学法体系（approach）的条件已经成熟了。我们有三大支柱：一是我们60年对外汉语教学的宝贵经验，二是我们传统语文教育中丰厚的、可资借鉴的遗产，三是国外教学法体系中适合对外汉语教学的部分。可惜这么多年来，和者甚少。看来，我们对外汉语教学似乎也缺乏学术自信，忽视了搞“本土的东西”，所以在学术创造上、在思想上都不能领先，缺乏跟世界对话的本钱，一次一次陷入怪圈。

二、所谓“后方法”

如果说这“后方法”是本来意义上的“beyond methods”，就是“方法之外”的东西，倒还说得通，因为从道理上说，语言教学理论不等于教学法体系，在教学法体系之外，还有很多内容。二者并不矛盾，更不是“有你没我”的关系。可是库玛偏要把二者对立起来，然后再把束缚教师的罪名安在“方法”上。美国讲外语教学理论的书，我好歹也读过几本，还没有见过哪一本书里把教学法体系跟外语教学理论的其他内容这样对立起来的；国人写的对外汉语教学理论著作中，教学法也都是整个教学理论的组成部分；我们培养对外汉语教师的课程、培训班，据我所知，也不是只教教学法。不知库玛提出的“后方法时代”为何要把二者对立起来。

在中文里，“教学法”有两个意思：一是具体的教学方法（methods，如怎样教一个音、一个词、一个语法点，以至于一课书等）；二是指教学法体系（approach）或说“路子”。每一种体系都体现着一种理念，不同的体系有不同的理念。在英文里二者的界定是清楚的；在中文里，也可以分得清楚。库玛的书名说的是“methods”，可是书里否定的却是“approach”，不知他为何把两个不同的概念混同，实在让人匪夷所思。

---

① 参见 tsinghua.edu.cn/info/1182/38390.htm。

② 同上。

库玛声言“方法”把教师束缚住了，所以应该来个“后方法”，使教师摆脱这种束缚。如果真有人企图用教学法（method）把教师捆住，连一个音怎么发都只能按一种方法教，那么我也不赞成。但在我们几十年对外汉语教学的历史中，并没有听说有谁提出过这样的霸王方法，还要粗暴地强迫教师执行。相反的，都是鼓励教师根据教学内容、教学对象，发挥自己的主观能动性，创造性地进行教学。我们老祖宗说的“因材施教”，在我们这里还没有被丢掉。至于说作为一种理念的教学法体系，也不是强制性的，教师完全可以认同其中的某一种。教师认同了某种教学法体系，其具体的教学方法往往也体现着该教学法体系的理念。库玛现在连教学法体系都反对，就是反对教学中要有理念。可是库玛提出的所谓十大宏观策略，不也是理念吗？崔永华（2015）把这十大策略概括为三点：外语教学的目标是培养综合语言语用能力，学习者是学习的中心，语言是在使用中学会的。本人眼拙，实在看不出库玛的主张对“方法时代”所说的教学理念有什么“创新”。事实上，我们从《超越教学法：语言教学的宏观策略》后面若干章节对这些“策略”所做的具体阐述中，也确实没有发现在“方法时代”找不到的东西，而且都是说了多少年了；连书中所举的例子，也毫无新意，有些还有“束缚”教师之嫌。比如“语言输入语境化”，不要说术语不新颖，就是做法也不新鲜。我的老师——北京外国语学院的王佐良教授，早在20世纪50年代就是这样教导我们的，他说，与其把一个词念上几遍，不如念几个包含这个词的句子。80年代他在电视上指导英语学习，说的还是这个道理。我们对外汉语教学也一直在提倡在语境中教语音、教词语、教语法，至于语篇，更是离不开语境。许多老师都是这样做的。难道这些都不作数，只有库玛说的“语言输入语境化”才能给我们指点迷津吗？

今之论者跟着库玛之论，也声称要把教师从“方法的束缚”中解放出来，这种推断实在不符合我们对外汉语教学的实际。愚见以为，任何教学法体系都是时代的产物，都跟当时语言教学的基础理论（如语言学、心理学、教育学等）的发展相关联，也跟当时社会需求、科学技术的发展水平息息相关。从另一个角度说，每一种语言教学法体系也都是从一个时期语言教学的经验教训中提炼出来的，是很宝贵的财富积淀。教学法体系不是束缚教师的绳索，而是推动教学发展的动力，因此，教学法体系不能丢。

库玛指责教学方法总是从一个理论极端跨到另一个极端，实例就是有时候注重语法操练，有时候又追捧交际任务。库玛是研究过语言教学法的发展历史的，可是他是如何得出以上结论的，不得而知。不错，一般的规律是，一种新的语言教学法体系的产生，往往是针对前一教学法体系的不足和弊病的，因此开始时会有一些矫枉过正之处，但是随着教学实践的发展，随着社会的进步，它就会受到其本身的种种局限，于是就不断修正，很多情况下是冷静下来，更为客观地看待前面的教学法体系，吸收其长处，所以这种新的教学法体系发展到后期，与其初始面貌已经有很大区别了，正是这样才又催生出新的教学法体系。比如直接法，最初就是反语法—翻译法的做法，绝对排斥教学中使用学生的母语，上课时，教师要提一筐子的“道具”，像演戏似的表演各种概念，让学生理解。相对于完全依赖学生母语的做法，这无疑是一种进步，但很快直接法的实践者就发现，过于绝对化是行不通的，比如学到一些抽象的概念时，直接法就无能为力了，所以慢慢地，直接法就不那么“直接”了。英国有一位很有名的英语教学家 C. E. Eckersley，是直接法的倡导者，他在 1938 年编的一套四册的 *Essential English*（Longman 出版），就摈弃了初期直接法绝对化的主张，使这部教材与时俱进，成为一个时期最流行的英语教材。后来他的儿子继续修订这部教材，在 20 世纪 50—60 年代还是畅销不衰。再说 20 世纪 40 年代初产生于美国的听说法，背景是美国结构主义语言学早已发展起来，出现了一批大师级的人物，又值二战之中，需要为美军在海外行动（包括战后派驻）做语言准备，需要短时间内训练大批初步掌握外语的军人。这靠欧洲的直接法就解决不了问题了，于是那些结构主义语言学大师们就制定了一个以句型教学为特点的听说法方案。50 年代，随着科学的进步及电影、电视在西方国家的普及，法国把听说法推进了一步，研发出视听法。再后来，在教学实践中，听说法、视听法的问题逐渐暴露出来，再也不能满足教学的需要。于是以认知心理学为基础的各种教学法体系应运而生，直至今日。这些教学法尽管五花八门，但都出于一个理念：以学生为中心（不限于语言教学）。而这些教学法在发展初期，也是比较绝对的，如初期的交际法就有忽视语言的难易的弊病，后来的交际法便纠正了这种偏颇。对如今热门的任务法，也应作如是观。可见，对于语言教学法体系，只有继承和发展，不存在什么从一个极端跨到另一个极端的问题。

乍一看去，好像这些教学法体系中，有的已经为其他教学法体系代替了，有的已经随着时代的发展被淘汰了。其实，不完全是这样。作为一种方法体系，有些是过时了，但是它们的一些精华其实是被继承下来了。语法—翻译法过时了吧，可是至今哪一种新的教学法体系没有把翻译作为一种教学手段呢？直接法也不时髦了吧，可是“我们教的是语言，而不是关于这种语言的知识”这一论断，没有后来的哪一种教学法体系否认它。加强教学的直观性（从使用实物、利用实景和图画等，发展到幻灯片、电影、电视，直到今天的多媒体课件）、适当地使用学生的母语，至今仍然被认为是有效的教学手段。听说法最大的弊病是过于依赖句型操练，以为这样就可以学会语言，可是句型操练作为一个教学环节是很有效的，因此传承至今。当这些教学法的精华部分恰当地纳入现代的外语教学中，就成为现代语言教学法体系的营养，在教学实践中发挥着不可替代的作用。

库玛好像很为教师打不平，声称要“解放”教师，鼓励每一位教师“去努力思考和建构他们自己的教学理论”（库玛，2013）。教师的养成，都是靠继承前人的经验，加上个人反复的教学积累。光靠学一点儿“后方法”理论是建构不成自己的教学理论的。可巧，我在澳大利亚新南威尔士州任中文教学顾问的时候（1995—1997年），正赶上他们的新潮流。他们说，使用统一教材的时代已经过去了，只要有统一的教学大纲，老师爱用什么教材就用什么教材，颇有点儿“后方法”的味道。老师们的差别是很大的，有的有经验，有的是新手。对于新手老师，这无异于还没学会走就要跑。所以我去听课时发现，真是五花八门，害苦了那些新教师，教学质量根本得不到保证。有的教师对什么教材都不满意，就自己动手，临时抱佛脚，编出来的东西的质量可想而知。

三、调整目光，建立学术自信，要有超越意识

诚如上引《北京晚报》专家们的论说，我们要有学术自信，要有超越意识，才能跟世界对话。这才是我们在全球化时代应该建立起的观念。外国的那些教学法体系都有它们的针对性，都针对它们各自的教学特点和特定的教学对象，对于对外汉语教学来说，就不一定那么服水土。澳大利亚陈申先生说，后方法对于对外汉语教学是“张冠李戴”（陈申，2014），大概也是这个意思。我们何必言必称希腊罗马呢？

我认为我们应该调整目光，建立学术自信，创造自己的对外汉语教学法体系。

我们要目光向“内”，踏踏实实、认认真真地总结、研究对外汉语教学的历史和现实，汲取老祖宗留给我们的珍贵的、有益的遗产，珍视我们自己的经验。须知，“走遍世界”不等于走向世界，更不等于与世界接轨。

我们要目光向“下”，深入第一线调查研究，了解第一线的需求，了解第一线在做什么、做到了什么程度，重新认识自己。

我们要目光向“小”，不要不屑于做“小事”。有些事看来“小”，实则不“小”，关乎全局。例如我说要创造出有中国个性的、符合对外汉语教学特点的教学法体系，就不是小事。历史上那些主要的外语教学法体系，哪一个不是影响了一个时代，影响了全世界？往小处说，即使这个教学法体系只在一个学校得到推广，那么，就形成了该校对外汉语教学的特色，自成“一家”，其影响也绝不会仅在该校围墙之内；扩大一点儿来看，假如由这个教学法体系形成的教育理念成为外语教学以及其他学科教学的共同理念，那么，整个教学体系将发生质的变化，形成流派。只有超越希腊罗马，对外汉语教学才能

真正立足于世界外语教学之林，才能适应全球化、多元化时代的要求。

我并不是否认外国的好东西，更不反对介绍外国的新事物、新观念，所谓要“知己知彼”，但要恰当地评价它（即使评价上有偏颇，也属正常），不可听风就是雨，更不可盲目。哪怕是外国二十年、三十年前的旧理论也拿来当宝贝，而面对自己的好东西却连眼皮都不抬一下。如若是那样，我们可以想一想，到底是“方法”束缚了我们呢，还是我们的某些观念束缚了我们自己呢？

参考文献

陈　申 . 后方法理论视野下的对外汉语教学研究——第 11 届对外汉语国际学术研讨会观点汇辑 [J]. 世界汉语教学，2014（4）.

崔永华 . 试论后方法时代的汉语教学资源建设 [J]. 国际汉语教学研究，2015（2）.

库　玛 . 超越教学法：语言教学的宏观策略 [M]. 陶健敏，译 . 北京：北京大学出版社，2013.

（原载《国际汉语教学研究》2016 年第 2 期）

汉考漫议

友： 老鲁，听说你最近对汉语水平考试（以下简称“汉考”）产生了兴趣，有何见地？

鲁： 还能有什么见地？对于汉考，我是外行，不过从一个对外汉语教师的角度，以我对语言测试的有限认识，对汉考有些想法。

汉考从初创至今，已经实行了30余年，取得了很大的成绩，走向了世界。不过，任何事物都应该不断创新，才能持续发展。最近听刘英林教授说，汉考正在研究推出3.0版，虽然我不了解3.0版的具体内容，但想趁这个机会，把我的一些零散的想法略加梳理，提出来供汉考的研制者们参考。

友： 老兄到底对汉考有什么想法啊？

鲁： 让我一点一点道来。先说《汉语水平词汇与汉字等级大纲》，这虽不是为了汉考专门研制的，但却与汉考和教学都有直接的关系，是二者的共同依据。我的意见是，其中的《词汇等级大纲》和《汉字等级大纲》名不副实，虽然分了级，也只能看作词汇表和汉字表，应该是真正的“大纲”的附件。我心目中的“大纲”，应该是对对外汉语教学和测试涉及的词汇学项目和汉字学项目的等级划分（像语法大纲那样）。现在的《词汇等级大纲》和《汉字等级大纲》显然不具备“大纲”的要素。

友： 那照你说应该怎么改呢？

鲁： 要制定一个真正意义上的《词汇等级大纲》和一个与之相配合的真正意义上的《汉字等级大纲》。由于词汇跟词法密切相关，所以词汇大纲可以编成《词汇和词法等级大纲》。这样，相应地，原来的《语法等级大纲》就要变成《句法等级大纲》。前者要包含语素知识，后者要包含篇章或语篇知识。这样才能反映出近些年对外汉语教学语法研究在学术界已有共识的新成果，也有一定的实践基础。这一变化也有利于在教学中推动和落实语素教学和语篇教学。

与这两个大纲配合的，是一个最低限度词汇表和一个最低限度汉字表。这两个表和现在的《词汇等级大纲》和《汉字等级大纲》不同。我的这个观点形成于20世纪90年代初。当时，汉办在北京师范大学召开过一个座谈会，讨论修改这两个等级大纲的问题。我在会上提出，这两个大纲（暂且还叫大纲）里的甲、乙两级词有一定的参考价值（当然，也不是没有改进的余地），而丙、丁两级就不够科学了。因为对不同专业方向的学生来说，他们在学习了基本词汇和基本汉字之后，所接触的新的词汇和汉字差别很大，丙、丁两级词汇和汉字不能满足学生学专业的需要。如果大家都按这两个表教学，学生什么时候才能接触跟他们专业相关的词汇和汉字呢？是在那 8822 个词和 2905 个字之外吗？那会浪费他们多少时间啊？特别是对学习专业的学生，丙、丁两级词汇和汉字多数都没用，即使对文史专业的学生，针对性也不那么强。

友：那么你所说的最低限度词汇表和最低限度汉字表是什么样子呢？

鲁：首先要说，制定最低限度词汇表是各国推广本族语时的通常做法，但叫法不同。在这一点上，我们应该跟别的语种走同样的路。所谓最低限度词汇表和最低限度汉字表，收入的应该是汉语中最通用、最稳定的那些词和汉字，我估计，词不超过 3000 个（2500 个比较理想），汉字不超过 1000 个（可以涵盖一般出版物上 90% 以上的汉字）。任何一种语言的词汇在反映社会发展方面都是最灵敏、最及时的，因此词汇是在不断发展的。但最低限度词汇是稳定的，汉语也是如此。最低限度词汇对学任何专业的学生都是通用的。所以，选择最低限度词汇和最低限度汉字之外的词汇和汉字时，要考虑学生专业的需要，也要考虑词汇的发展，但数量不能太多，不要超过 3000 个，过一段时间（最好是一年）修订一次，以反映词汇的最新发展。现行的词汇和汉字等级大纲是 20 世纪 90 年代制定的，后来修订了一次，也不过换了两个词，至今已经使用了 30 年，如果考虑到词汇的发展，那要修改的就绝不是两个词，因此，这两个大纲都无法代替最低限度词汇表和汉字表，更无法代替能反映留学生专业学习、能反映词汇发展的词汇表和汉字表。

顺便说一点，我不主张搞什么汉考词汇表，因为汉考作为一种每年都举办的考试，它使用的词汇，既要参考最低限度词汇表和最低限度汉字表，同时也应该反映考生的专业特点、反映至少前一年词汇的动态发展，而不能 30 年一贯制。据我所知，托福也好，雅思也好，他们的研制机构从来没有编写过词汇表，市面上的这类词汇表，都是一些人和一些机构以应试为目的，追求经济利益编出来的，这些都不为托福和雅思的创制机构所承认。

友：你的意思是不是说在最低限度词汇表和最低限度汉字表之外的词汇表和汉字表应该按专业编？

鲁：正是。我们可以暂时把这种按专业编的，又能反映词汇发展的词表称作“专业词汇表”。这有点儿像 ESP（特殊目的英语）的做法，但不必像 ESP 搞得那么细。

友：最低限度词汇表和最低限度汉字表，分专业的词汇表和汉字表，怎么编呢？

鲁：关于最低限度词汇表的编法，可借鉴的东西不少，如英国 Michael West 的 *A General Service List of English Words*，该表附了一个包含 425 个词语的科技词汇表。还有法国的桑代克法语词表、苏联的《俄语最低限度词汇》，都是很有名的。咱们今天不是专门讨论词汇表的编制，所以不具体说。但我们要编就得体现汉语词汇的特点，所以得先研究出一个方案再动手。有两点我觉得未来的词表应该考虑：一是对所收的词应该限制义项，也就是说，不是收入的词的所有义项都在教学和考试的范围之内；二是标注词性时，也要标注语素，同时区分成词语素和不成词语素。这才不会误导使用者。特别是专业词汇表，更要注意这一点，因为不同专业的词，常用的语素有很大不同。

友：有道理。那么下面是不是该说说你对汉考本身的意见了？

鲁：好的。第一个问题，汉考的目标和功能。汉考的目标在汉考刚刚研制成功时定为五点，现在减少为三点：作为到中国高等院校入系学习专业或报考研究生所要求的实际汉语水平的证明；作为汉语水平达到某种等级或免修相应级别汉语课程的证明；作为聘用机构录用人员汉语水平的依据。在我看来，作为一个水平考试，汉考的目标应该单纯化，越单纯针对性越强，越有效。实际上，说是三点，前两点是一回事。学生已经达到入学要求的汉语水平的，当然凭汉语能力证书就可以入学，而未达到入学要求的汉语水平的，当然要先补习汉语（从理论上说，这样的学生补习汉语是否一定要参加各校办的汉语预备教育，应在两可之间，他们也可以通过其他途径达到标准）。至于第三点，则不一定有什么实际意义。不知汉考做过调查没有，有多少聘用机构承认汉考成绩，并且以汉考的分数录用汉语人才。实际上，聘用机构对应聘人员的汉语要求是跟他们的业务相关联的。不要说汉考，就是比汉考更被普遍接受的托福，也不为美国的很多用人单位承认。比如美国国防部、外交部聘用懂英语的人才，都有各自认为比托福更有效的考试办法。对应聘人员的汉语要求也是如此。比如美国常青藤学校联合创办的斯坦福中心（设在我国台湾），就是专门对美国准备派到华语地区的外交官进行汉语（中文）培训的，他们有自己的一套训练和考核办法。

在这种情况下，汉考不如只确定一个目标：汉考的成绩只对外国学生进入中国高校学习起作用。不然，既然定了三个目标，在出考题时就得都照顾到，反而降低了它对入学一项的针对性和有效性。至于达到什么程度可以入学，标准应该由各校自己定——不同学校的不同专业对学生汉语水平的要求也可以不同，关键在切实施行。在这一点上，我们不妨借鉴美、英或其他英语国家高校的做法，招生简章上写明我这个学校、这个系要求外国考生英语达到托福的多少分才能入学。

友：现在的标准是由汉考中心定的。可照你这样说，变化可就大了。

鲁：起码是改革的一种思路。我看可以试试。

友：那么汉考的功能是什么呢？

鲁：这个问题牵涉到如何摆正汉考和教学的关系。在我看来，二者的正确关系应该是从不同的方向为一个目标——使学生的汉语能力达到入系学专业的水平——努力。教学的任务是千方百计地使学生在有限的时间（预备教育是 1 年）内，具有能入系的汉语水平，并能尽快地适应专业学习；汉考的任务是通过考试准确地测量出学生的汉语能力。二者不应该是依从关系。现在把汉考的功能泛化，甚至可以对对外汉语教学进行宏观指导，推动教学内容和教学方法的改进和改革，我认为不妥。这样界定汉考的功能，结果就是，什么教学都向汉考靠，那教学就成了汉考的备考班；什么教材都标榜学完之后能达到汉考的哪一级，这甚至成了评价教材的一个标准。我认为这是不正常的。

友：这个看法倒是比较新鲜。为什么教学和教材不能这样提呢？

鲁：你想啊，如果教学都向汉考靠，教材都跟着汉考跑，那不成了应试教育了吗？实际上，汉考承担不了宏观指导对外汉语教学的任务。因为现在的对外汉语教学是一个完整的教学体系。从纵向上说，是从本科到硕士、博士研究生的课程；从横向上说，有汉语预备教育、汉语专业教育、汉语短期速成教育、汉语进修教育。在我看来，在这个体系中，只有汉语预备教育能跟汉考挂上钩，其余的都不能也不必把通过汉考的哪一级作为培养目标，如果真的那样设计我们的教学，汉考就限制了对外汉语教学发展。这些不同类型的对外汉语教学，无论是教学内容，还是教学方法，都远比汉考的那几份试卷丰富得多。

即使是汉语预备教育，也不能对汉考“亦步亦趋”。

友：此话怎讲？

鲁：二者应该有一些共同的出发点和原则。《汉语水平等级大纲》就是汉考和汉语预备教育共同的原则。按现行规定，汉语预备教育的时间只有一个学年。在有限的一个学年里，要使学生的汉语能力达到入系的水平，有点儿像戴着脚镣跳舞。因此需要科学地安排这一个学年的教学，要“分秒必争”。比如，听、说、读、写能力的训练，不能平均使用力量，要分析学生入系之后的主要矛盾是什么。我们当初在设计分技能教学实验的时候，就确定了要把听和读的能力作为训练重点，而说和写的能力的训练则要适当，不能按原来的“突出听、说”来要求。具体说来，“说”的能力只要求能够满足日常生活需要即可，“写”的能力包括汉字书写和写作两个方面。假如我们有一个最低限度汉字表，那么就要求学生会写这个表中的字；而写作可以只要求能写常用的应用文，如假条、填表等。这样就可以腾出时间加强听力和阅读能力的训练，以满足入系之后听课及阅读教材和参考书的需要。这一点汉语预备教育和汉考应该有共识。在设计试卷时，应该考虑到“突出听、读”的问题。

友：按理说，汉考是水平考试，它只把水平关，完全可以不管学生如何达到入系的汉语能力，也可以不管用多少时间达到。

鲁：话是这样说，但因为我们规定了汉语预备教育的学制为一年，所以我们必须考虑这个问题。汉语预备教育应该千方百计地改进教学，提高教学效率，使学生尽可能地达到入系时所要求的汉语水平。我们不能让汉考的框子框住。预备教育应该能够创造出许多行之有效的训练方法来。我说过，汉考的那几项测试方法远远不能涵盖第一线丰富多彩的教学训练，因此，我认为，汉考不但不能要求预备教育跟着它跑，相反的，汉考应该及时发现第一线教学中行之有效的训练方法，吸收其中适用于汉考的部分，改进汉考。

友：比方说？

鲁：比方说，不管汉考还是汉语预备教育，都应该提高“实战性”，就是教学和考试应该尽量接近学生实际接触到的情景。我们不是要加强听力训练吗？现在教学和汉考的听力要求，远远达不到“加强”的要求，更不具“实战性”。我曾经归纳出影响听力理解的各种因素：语言因素包括听的内容、语言难度、语体区分、语音条件；非语言因素包括说话人的语速、说话人的音量、说话人与听话人的距离、直接听还是通过设备听、有无背景音等。（参见鲁健骥，2010）如果我们的教学能够从这些方面进行听力理解训练，学生的听力就会得到全面的训练，学生才能获得较强的听的能力。而这些都是汉考的听力试题不能涵盖的。可是我们现在教学中的听力训练都是按汉考的“模子”“磕”出来的，方式单一，连录音方式都很单调——一律是广播调（我知道最早曾经请过著名播音员罗京和邢质斌录过汉考题），更缺乏实况听力的训练，这距离“实战性”差得很远。显然，这是汉考限制了听力训练，不足为训。所以，不管是教学还是汉考，如果能在这方面有所突破，就能提高听力训练的质量和效率。

友：阅读方面你又有什么见解呢？

鲁：阅读能力的训练也应该具有“实战性”，即针对学生入系后对阅读能力的需要进行训练。学生需要通过精读获得深入地、全方位地理解所读内容的能力，需要掌握泛读的技能，培养抓住大意的能力和扩大词汇量的能力，也需要具备检索、扫描等快速阅读的能力，简言之，就是学生应该具有精读、泛读和快速阅读的能力。还有，学生应该具有一定的阅读书面语的能力。这些都应该是汉语预备教育的训练任务，也是汉考应该涉及的测试内容。当然，如何训练和如何测试这几种阅读能力是需要研究的。目前的教学也好，测试也好，似乎都没有达到这方面的要求。比如在教学中还存在“精不精，泛不泛”的现象，特别是泛读尚未跟上，真正意义上的快速阅读能力几乎没有得到训练。而对这几种阅读能力的测试，似乎也没有反映到试卷上。以快速阅读为例，一般地说，应该要求学生（考生）从较长的文本中快速（起码每分钟 500 字）地找出所需要的信息，这是专业学习中不可缺少的技能。现在的教学和汉考都没有这样的内容，学生的阅读能力还没有真正得到全面的训练。

友：对汉考，你觉得还有哪些工作要做呢？

鲁：最重要的是，汉考如何摆脱托福的模式，使其中国特色更加鲜明，更能体现出汉语的特点？

毋庸讳言，现行的汉考实际上是以托福为蓝本研制的，这在开创初期是可以理解的；前几年北京语言大学又推出了一个2.0版，可能受了雅思英语考试的某些启发，增加了改错、快速阅读（据我了解，并不是真正意义上的快速阅读）、缩写三项，口语考试增加了看图说话和看题说话，但就其本质来看，仍然并未脱离托福的框架和理念。因此，我认为，汉语水平考试还有改进的空间。

友：这方面你有什么具体建议吗？

鲁：前面说的，可以看作摆脱托福框架的一些具体建议吧。除此之外，整个考试能不能简化一些？比如，一定要像托福那样，听力得从单句听到小对话，再到成段材料吗？现在这种做法除了对检查考生的词汇量有些好处，整体上显得零散，东一榔头西一棒子，对考生来讲，有点儿像脑筋急转弯，对听力理解能力的测试并不一定有好处。所以我认为，听力试卷可以朝着简便易行而且可以有效地测试考生的听力理解能力的方向努力。上述"实战性"是改进的一个方向，我再说得更具体一些。比如：第一，听力材料加入实况录音，如车站、机场、银行、医院等场所的广播；第二，只使用成段的材料，这些材料的录音要求录音员"说"（说话、演讲、讲课都在此列），而不能"念"；角色要真实，男女老少都要有，声音的快慢高低不同，到一定程度时还可以带一点儿方言，总之，听力材料应该尽量接近真实。如果需要测试听新闻的能力，则可以听播音员的新闻广播。以上这些都可以分成三种程度，互相拉开距离，考生听到哪里"卡"住了，说明他就是那个程度了。

阅读亦如是。如：阅读材料可以加入车站、机场、银行、医院等场所的各种滚动字幕、标牌、通知、告示等；逐渐增加书面语的成分；只使用成段的材料，根据考生的专业可以选取故事性的内容，也可以选取论说文、议论文等。快速阅读则可以使用非散文性材料，如列车时刻表、影视广告、房屋招租广告、招生广告、常用物品和药品的说明书等。如果需要测试阅读新闻的能力，除了报刊上的新闻、社论等，还可以选择电视上的滚动新闻。实际上，为了准确地控制所要求的阅读速度，成段的阅读材料也可以滚动式展现。这些也可以按难易程度、阅读速度等分成三个等级。

以上所说，有少数的老师在教学中采用了，并且取得了良好的效果。但总的来看，教学和汉考都做得不够，都需要改进。教学先行了，汉考应该吸收；汉考先行了，对教学会有促进作用。

友：你说的我都能理解，只是不知如何实施。

鲁：那就是考试专家们来考虑的事了，我只是提出问题和建议。照我说，汉考可以考虑研制成三种类型：一是普通型的汉考（如现在的汉考），考生只想了解自己的汉语水平，并没有特别的目的；二是只针对学生入系学习的专业型汉考，这应该分专业类型；三是给外国企事业单位聘用汉语人才“量身定做”的汉考，首先由汉考研发单位研究出一个框架，然后根据各单位的要求编制试卷。

在这种情况下，试题形式恐怕也应该多样化了。大规模的考试，形式上还只能是客观题多一些，如多项选择题，但应该有所控制。事实上，英国的雅思考试客观题就减少了。而规模不大的考试，如为外国企事业单位设计的水平考试题就更没有必要采用客观题了，应该以主观题为主，因为规模小，不存在阅卷耗费时间、人力的问题，而且还可以避免客观题的弊病。

汉考研制单位应该趁此推出 3.0 版之机，对各种题目形式做一番审视，看看哪些可以用于考试、哪些不适合用于考试。比如，汉考题里有选择正误题（给若干幅小图，每幅图给两个词，考生从中选一个与图相配的），我认为是不妥的。我曾经说过，“正误题”不是用于考试的，只能在课堂上用来训练学生的反应速度，其特点是：问题数目要多，发问的速度要快（连续发问），否则这种题就没有意义了。之所以不能用于考试，是因为考生可以“蒙”，蒙对的概率是 50%；即使完全不懂汉语的人，全部选择“正”或“误”，都能得一定分数。这就是说，这种题对测试考生的能力是没有意义的。我查了几种讲外语测试的书，都没有提到这种正误题。我想这不是它们的疏忽，而是因为这个题型不属于测试题型的范畴。

我的这些设想如果可以落实，可以使得汉考无论是在形式上还是在内容上都更加多元化，更加富有特色。而这样的汉考不是任何一个汉考研制机构可以独立完成的。因此我有一个大胆的想法，即汉考不能独此一家，别无分号，而应该是开放的，要发挥有条件的高校在研究汉考方面的作用，这些高校和研制机构可以共同开发，也可以独立开发。应该允许多种汉考并存，自由竞争，哪个考试效果更好，由使用者去评判，不行的自然会被淘汰。

友：那敢情好！我想你这个设想会得到有条件研制汉考的高校的认同的。

鲁：话又说回来，我说了这么半天，其实都是个人的一些比较零散的想法，所以只能说是“漫议”。

参考文献

国家对外汉语教学领导小组办公室汉语水平考试部 . 汉语水平词汇与汉字等级大纲 [M]. 北京：北京语言学院出版社，1992.

刘镰力主编 . 汉语水平测试研究 [M]. 北京：北京语言文化大学出版社，1997.

刘润清 . 语言测试和它的方法 [M]. 北京：外语教学与研究出版社，1991.

刘英林主编 . 汉语水平考试研究 [M]. 北京：现代出版社，1989.

刘英林主编 . 汉语水平考试研究（续集）[M]. 北京：现代出版社，1994.

鲁健骥 . 关于创造型对外汉语教学与创造式汉语学习的思考 [J]. 语言教学与研究，2010（4）.

鲁健骥 . 对外汉语教学激创法散论 [M]. 北京：北京大学出版社，2014.

鲁健骥 . 认识•问题•对策——对外汉语阅读教学漫议 [M]// 崔希亮主编 . 对外汉语读写课课堂教学研究 . 北京：北京语言大学出版社，2015.

鲁健骥 . 对外汉语读写课优秀教案集•前言 [M]// 崔希亮主编骥 . 对外汉语读写课优秀教案集 . 北京：北京语言大学出版社，2016.

Bernard Spolsky. *Measured Words*（客观语言测试）[M]. 上海：上海外语教育出版社，1999.

Lyle F. Bachman & Adrian S. Palmer. *Language Testing in Practice*（语言测试实践）[M]. 上海：上海外语教育出版社，1999.

（原载《华文教学与研究》2018 年第 4 期》）

序《对外汉语教学的成绩测试》

我国对外汉语教学界关于测试的系统研究，当以汉语水平考试为起点。此前虽然有一些研究，但是很零散的。随着汉语水平考试的发展，其研究也越来越深入，越来越专业化。汉语水平考试从无到有，逐步成为对外汉语教学的一个重要领域，成绩斐然。也许是因为先入为主或是对外语测试的全貌不了解的缘故，多年来，不少人只知道有汉语水平考试，而不知道还有与其性质不同但地位同等的、不能相互替代的成绩测试、学能测试等。尽管偶尔有的研究者也提到后面两种测试，但很少像研究水平测试那样论者多多。在成绩测试方面，除了前几年北京语言大学进修学院研制了一个试题自动生成系统之外，未见其他成果。

有鉴于此，我一直认为我们应该在研究汉语水平考试的同时，对对外汉语成绩测试给予足够的关注，因为在任何意义上说，后者与广大的对外汉语教师关系更为密切。对外汉语成绩测试与对外汉语教学是共生的，因此它的历史与对外汉语教学一样长。第一线的对外汉语教师可以说无时无刻不在使用成绩测试。可是对这样与对外汉语教学息息相关的测试，却缺乏系统的研究，使得对外汉语成绩测试虽然代代相传，却基本上是经验式的，许多教师对之知其然而不知其所以然，因而至今还具有很大的盲目性。这种状况与对外汉语教学的发展极不相称，必须改变。

我认为要改变这种状况，措施之一就是应该在对外汉语教师中普及测试知识（这涵盖各种类型的汉语测试，汉语水平考试也是测试中的一种），使得广大教师都能够了解有关测试的基本理论，掌握汉语测试的基本技巧和方法，减少测试的盲目性。我总是希望有人能担当起普及测试知识的任务。每当我看到国内外语教学界有人做这样的工作时，我都感慨万分。

对于广大第一线的对外汉语教师来说，他们并不需要去掌握测试专业人员研究的那些艰深的理论（像汉语水平考试的专家那样）。比较起来，他们更需要了解成绩测试的知识和技巧。作为对外汉语教师，总得出些小测验的题目吧？总得出些考试题目吧？那么，这些测验与考试都有哪些题型可以使用呢？每一种题型的特点是什么？出题时要注意什么才不至于出“坏题”、无用题呢？每一种题型都适合什么课程的测试、适合什么阶段的测试呢？测验或考试之后，又应该如何评价自己出的整个试卷和每一道题？也就是用什么方法评价试题的信度和效度呢？这一系列的问题，我想都是第一线对外汉语教师所关心的，也是第一线对外汉语教师应该了解和掌握的。能够掌握这些对他们就足够了。如果我们广大的第一线对外汉语教师都能掌握这些基本的测试知识、技巧以及评价方法，我们成绩测试的水平就会上不止一个台阶，这对提高对外汉语教学的总体水平无疑也会起很大的推动作用。

普及对外汉语测试知识与技巧，可以说是我的一个夙愿，因此当我看到杨翼的新作《对外汉语教学的成绩测试》的书稿时，我非常兴奋：在对外汉语教学界，终于也有人做测试知识的普及工作了，我的夙愿终于得以实现了！匆匆读过，觉得这部著作可以起到普及成绩测试知识的作用，书中介绍了成绩测试的基本理论，介绍了各种题型的特点、作用、适用的范围、出题的技巧，在汉语要素测试与技能测试中如何运用，以及简便的评价试题、试卷的方法。更为可喜的是，杨翼还专门就对外汉语语篇测试、语用测试和语体测试进行了初步探讨。

杨翼这部新作是有开创性的。如此规模的讨论对外汉语成绩测试的著作，我是首次看到。这部著作的出版打破了对外汉语测试几乎是水平考试一花独放的不正常的格局。长期以来，可能不少人以为说到汉语测试，只有水平考试，因而造成了一些误解和误区，把汉语水平考试当作评价教学和教材的标准，结果就是许多教学和教材都标榜自己如何按照汉语水平考试的大纲设计和编写，学成之后能达到汉语水平考试的哪一级，从而说明自己教学和教材的科学性，这其实是南辕北辙。因为所谓的水平考试，是根据考试的目的提出的水平要求，或入学，或谋职。同样是水平考试，目的不同，要求也不同，测试方法也不同。我们对汉语水平考试也应作如是观，不能把汉语水平考试的标准作为教学的标准。杨翼的书给我们打开了成绩测试的一扇门：原来在教学中我们应该更加关注与我们关系更为密切的成绩测试啊！因此我乐意向对外汉语教师推荐杨翼的新作，希望这部书能在教学上发挥作用。

就讨论成绩测试这一点来说，杨翼的这本书是有开创性的，既然是“开创”，就不可避免地会有不足。我读后就有一点儿不满足之感。虽然一个学校、一个学院的成绩测试可以简单地说是教什么、考什么，教到什么程度、考到什么程度，但若是就成绩测试本身的研究来说，又不必囿于一个学校、一个学院的做法。要结合对外汉语教学和语言教学法的发展，对成绩测试提出一些具有前瞻性的问题。比如文中提到的语篇、语用和语体的测试，就只是反映了教学的现状。然而这三个方面的教学仍然处于很初步很薄弱甚至仍然阙如的阶段。因此我说杨翼的探讨只能是初步的，是“就教学不足的水，和成绩测试的泥”。如果跳出当前的教学，多做些调查研究，就会发现，这三个领域的测试是可以从深度上进行开掘的。再如，近些年来，外语教学法也有新的发展（如任务型教学法的出现），教学法的发展必然引起教学的发展，也会引起成绩测试的发展。有些教学理念，如“授人以渔”，在对外汉语教学界尽管理解不同，但对于教学中应该贯彻这一理念却已经形成共识。这种理念的贯彻将会引起教学的变革，当然这种理念也应在成绩测试中得到反映：我们要检查的不仅是那些要素项目、技能项目，还要检查学生是否“善渔”。即使这些发展或许还处于介绍、讨论阶段，还没有反映到教学中来，但在讨论成绩测试时应该予以重视，需要做一番新的设计，有所创新。这样就可以给人以更多的启示，不但对测试，而且对这三个领域的教学都会有推动作用。这些也可以算是我在读了杨翼的新作之后的一点儿建议吧。

杨翼是一位刻苦的老师。她在教学的同时，勤于笔耕，我在刊物上经常能看到她的论文。2008年，她刚刚出版了专著《汉语教学评价》（北京语言大学出版社），就又着手撰写了《对外汉语教学的成绩测试》，可谓硕果累累。钦佩之余，应该向她表示祝贺。

是为序。

（原载杨翼《对外汉语教学的成绩测试》，北京大学出版社，2010年）

序《日本学生汉语习得偏误研究》

我国对外汉语教学界开展外国人学汉语的中介语研究，现在已经接近第二个十年的尾声了。在这十年中，我们对中介语研究的基本路向逐渐地清晰了：在偏误分析继续受到较多关注的同时，对外国人获得汉语过程的研究也引起了人们的兴趣和重视。就偏误分析本身来说，研究的领域明显地得到了拓宽。我们认识到，中介语作为外语学习或第二语言学习过程中产生的语言系统，也跟任何语言一样，包含着多种构成因素，不仅是语言的几大要素，同时也包含语用、语篇、语体、语体风格以及社会文化等因素，也就是说，一般语言有的，中介语也都有。这样看来，学习一种语言，若不是把这诸多的构成因素都学到手，在任何一点上仍有欠缺的话，那么，学到的就是中介语。也就是在这个意义上，我们说，外语学习者的外语永远也达不到母语者的程度。打个比方说，如果母语者的语言是一个圆的话，中介语就像圆的内接正多边形，无论这个正多边形的边多到什么程度，它也不会跟圆重合，也跟圆有差距。我们高兴地看到，在中介语研究的第二个十年里，越来越多的人开始关注中介语的语用、篇章层面，这些方面的成果呈增多的趋势。吴丽君等著的《日本学生汉语习得偏误研究》一书，集中地反映了这种趋势。这本书中用一半的篇幅对篇章和文化偏误进行了比较系统的分析，在文化偏误中，又包括了语义、语用、跨文化交际等方面的偏误。在一本书中对外国人学汉语的偏误能做涵盖范围如此广泛的调查与分析，实不多见。可以说，这本书使我国对外汉语教学界在偏误分析领域中达到了一个新的高度，是近二十年来取得的一项令人瞩目的成果。

近些年我一直在思考对外汉语教学科学研究的问题，我的一些想法似乎从吴丽君等作者的研究过程中得到了印证。

首先，科学研究的出发点究竟是什么？这个问题说时清楚做时模糊。但吴丽君等作者是清楚的，他们在前言中说，他们的研究是“在认知理论与中介语理论指导下”进行的，是“应用 — 理论 — 应用”，意为从应用出发，在理论指导下进行分析研究，最后达到应用于教学的目的。这段话看似平常，做起来其实并不容易。我们读过这本书之后，就会发现作者们很好地实践了他们的话。在我看来，他们所说的具有普遍意义，对我们从事教学工作的人尤为重要。我们的科学研究既不能离开理论的指导，更不能脱离教学实践去搞那种空对空的研究。今年五月，我去澳门参加一个学术会议，我宣读的论文跟这里说的问题有点儿关系，其中提到了 Igram（1983）的“语言教学改进模式”[1]图示。就此，我说了这样一段话：

> 该图示清楚地说明了，与语言教学相关的理论体系有二：一是基础理论，包括语言学、心理语言学、社会语言学、心理学、社会学等，这主要是这些学科的专家的研究领域；二是应用语言学理论，包括第二语言学习理论、教学法的研究等，这些主要是应用语言学家的研究领域。而这两方面的理论又都要落实在课堂教学方法和技巧上。这方面主要是语言教师的研究领域。这个图示将基础理论研究者、应用语言学研究者、语言教师之间既有分工又互相联系的关系表示得很清楚。我们不要求每一位专家都“一身三任”，但主张在有分工的前提下互相通气。

现在有一种倾向，以为搞理论就不能说教学，好像一沾教学的边就“丢了份儿”，于是越搞越玄，满嘴洋名词，别人越不懂越表示自己高明。我以为这种心态是不正常的。我们从事对外汉语教学的人，一定要坚持把理论和教学实践结合起来，“应用 — 理论 — 应用”这个原则提得好，这样的科学研究才有用，应该沿着这个路子走下去。

再有，像这种大的课题怎么搞？我想，吴丽君等老师也给我们提供了好的经验。第一是有重点。他们选取了一个国家的学生作为研究对象，既保证了相当的规模，又有相对的单一性，使他们能够准确地了解学汉语的日本学生的中介语现象，发现其发生偏误的规律。他们的研究成果将成为外国人汉语中介语整体研究的一个组成部分，换句话说，外国人汉语中介语的全貌就是由这样一个一个点的研究组成的。吴丽君几位老师所做的工作是很扎实的。他们的做法值得借鉴。

第二，他们有一种“团队精神”。课题组的人有分工有协作，做了大量的系统的调查研究，取得第一手材料，而后进行研究，不互设壁垒、闭门造车，这也是他们能在完成繁重的教学任务的同时，还能在较短的时间内高质量地完成课题研究的最重要的原因。

由此我想到，整个中介语的研究也需要这种“团队精神”。研究中介语要从语料的建设做起。过去，有的学校曾经有组织地、大规模地搜集过“病句”语料，也建立了中介语语料库，取得了良好的效果。但是随着时间的推移和信息技术的发展，我们已经不满足于那种小规模、低效能的搜集方式，不满足于那种封闭式的语料库管理方式。今天，我们要求更大规模地，跨校、跨省市，甚至跨国搜集语料，建立起更高质量的语料库，这个语料库应该不断完善，不断更新，实行完全开放式的管理，实现高度的资料共享。

---

① 参见戴炜栋《构建具有中国特色的英语教学“一条优”体系》，载《外语教学与研究》2001 年第 5 期。

只有这样，语料才能得到最充分的开发和利用，才能推动中介语的研究。关于这个问题，近几年包括本人在内有不少人呼吁。这固然有经费、人力、组织等问题，但在我看来，更重要的是克服思想的障碍。例如，有的人总以为自己搜集到的语料被别人看到了，自己就会受到损失。这是一种误区。老实说，有了语料不等于就把研究做好了。我曾经打过一个比方，假如我得到了一块上好的石料，可这块石料在我手里可以说毫无价值，因为我不会雕刻；但同样是这块石料，拿到工艺美术大师的手里就能雕出一件精美的艺术品来。语料的道理也是这样。同样的语料，大家可以从不同的角度研究，取得不同的成果，互相并不矛盾，更不会给别人带来什么损失（当然，对不会研究的人来说，这些语料是毫无用处的）。因此，在语料的搜集上，不能采取互相设置壁垒、互相保守的小家子气的做法，更不能采取少数人得而私之的态度。我相信，一旦一个广泛的、高质量的、开放的中介语语料库建立起来了，中介语的研究就会更上一层楼。

祝贺《日本学生汉语习得偏误研究》的出版，感谢各位作者通过他们辛勤的劳动，为对外国人汉语中介语的研究写下了浓重的一笔。

阅读书稿的喜悦，引发了我以上一些感想，写出来，权且作为序言吧。

（原载吴丽君等《日本学生汉语习得偏误研究》，
中国社会科学出版社，2002 年）

序《日本人学汉语常见语法错误释疑》

德峰带着他的新作《日本人学汉语常见语法错误释疑》一书的稿子来访，嘱我写序。我虽然限于条件，荒疏偏误研究有年，但兴趣未减，仍在留心这个领域的进展。德峰的新作自然是偏误研究的一项新成果，他给我先睹为快的机会，我当然很感激，于是便应承下来。

专门研究日本人学汉语的偏误的著作不多，在德峰这本书之前，我见过的，早一些的有狄昌运的《怎样说得对？》（北京语言学院出版社，1996），晚近一些的有吴丽君等的《日本学生汉语习得偏误研究》（中国社会科学出版社，2002）。但德峰的书，作为一本以研究学汉语的日本学生的汉语语法错误为主要内容的书，自有其特点。

特点之一，写得深入浅出，通俗易懂，具有中等汉语水平的学生基本上能读下来。我之所以把这一点放在第一条，是因为这是最基本的。书既然是为学汉语的学生写的，如果他们看不懂，那么写得再好，对他们也无用。这种情况不乏其例。

特点之二，虽然德峰的书说的是语法错误（即偏误，下同），但并不面面俱到，而是突出重点，涵盖词语、句子成分、句子、篇章等方面的语法错误，每一部分都提出几个对日本学生来说比较典型的错误加以讲解分析。这一点，懂日语的读者一看目录便知；不懂日语的读者看了内容，也可体会。

特点之三，提供多种信息，使学生对他们的语法错误能够有个全面的认识，并可以从中悟出如何纠正、如何避免。我们看到：书中对每一项语法偏误都是先给出偏误句，再给出正确句，然后对偏误句进行分析，最后通过“链接”对该语法点做正面的说明。

在分析每一个偏误的时候，除了指出为什么是偏误之外，还指出日本学生之所以会发生这类偏误的原因。在我看来，这是一个亮点，是对日本学生最有针对性的，也是我最关心的，读了之后也最受启发。有了这一部分，就使得这本书区别于一般的病句分析。德峰兼通日、英两种语言，做这一部分他是具备条件的，可以做出比较准确的判断。

我大致统计了一下，属于受日语即学生的母语影响而造成的偏误有 77 项，属于过度类推的有 103 项，另外还有 12 项作者认为是受英语影响的结果，其中有 9 项是有两种可能的。在判断偏误成因时，常有“显然”“可能”等修饰语，可见德峰是很慎重的。

按照 Selinker 的说法，形成偏误的原因有五，但就语法的情形说来，主要的可能就是母语的干扰和由于所学目的语知识不足而形成的过度类推这两种。

从德峰给的例子看，母语的干扰又有两种情况：一种是对译造成的，对译之后学生就以为二者在任何情况之下都是相同的，因而造成偏误；另一种是所谓一对多（日语的一个词语对应汉语的两个或更多的词语）的情况。从两种情况中还可以看出日语的一个特殊情况对日本学生汉语中介语的影响，这就是日语中借用汉字的词语，往往是日语和汉语的词都用同样的汉字，而二者在语义、用法上又有着或大或小的区别。这部分词对学习汉语的日本学生有很大的迷惑性。在这里，翻译或释义起了“推波助澜”的作用，也就是说翻译或释义缺乏区别性，或者是不能区别于日语的对应词语，或者是在两个汉语词语只有一个日语对应词语时，没能反映出两个汉语词语之间的差别。其实，要克服这一点并不是很难，只要在翻译或释义时尽量照顾到对应词语的区别性特征就行了。就语法而言，就是要揭示词语在语法功能、搭配、色彩、语体等方面的差异。如果做到了这一点，那么至少会减少偏误的发生。

对汉语规则的过度类推也有两种情况。一种是相近语法项目的混淆，另一种是学生对某种语法规则、语法形式根据自己的理解做不正确的假设并加以运用而产生的偏误。这也牵涉到教材和教学上对这些语法规则和形式的解释。就是说，在出现一个新的语法项目时，教材的编写者和教师应该思考学生会不会联想到前面已经学过的其他项目，会不会出现混淆，他们可能做出什么样的假设，如何讲解才能尽可能地使学生避免过度类推，从而避免偏误。对于相近项目的混淆，应该讲出二者的区别之所在；对于语法规则，应该突显其使用条件与限制。

我们可以看出，以上都牵扯到教学和教材中的语法翻译和解释中的失误问题。不过德峰这本书主要是给学生看的，所以没有说给教师的话。但是，我建议教日本学生汉语的老师们也读一读这本书，从书中的解释和分析也会悟出教学中应该注意什么。

有意思的是有 12 项作者认为是日本学生因为受英语影响而出现的偏误。这里首先涉及的是一个理论问题，就是一个人已经掌握的一门或者几门外语对他学习另一种外语有没有影响、其干扰是不是产生偏误的一个原因。20 世纪 80 年代，我在美国俄亥俄州立大学听一位名叫 Birckbichler 的教授讲语言教与学的原理，我曾经问过她这个问题，她回答说肯定有影响。我后来想查有关的文献，却没有查到，不过我本人很同意她的看法，因为这种看法从道理上应该是说得通的。我个人也有体会。十几年前我在意大利教书时，利用业余时间学意大利语，也常常由意大利语语法（也包括词汇）联想到英语，理解起来就容易得多。我的体会是，这样的意大利语语法项目常常是汉语（我的母语）中没有而英语（我掌握的外语）中有的。那么，学汉语的日本学生由于受了英语（他们掌握的外语）的影响而产生的使用汉语时的偏误，是不是也是在日语中找不到参照物才从自己掌握的英语中找呢？从这 12 项的情况看，似乎是这样。这种情况也是一种干扰，只不过不是母语的干扰，而是学生掌握的另一种外语对汉语学习的干扰。这是一种很值得注意、研究的现象。

以上是我读了德峰的书稿之后受到的一些启发，是学习的心得，写出来，权算作序吧。

祝贺德峰为对外汉语教学、为偏误分析做了一件实事，祝贺这本对学生和老师都非常有用的新作的出版！

（原载杨德峰《日本人学汉语常见语法错误释疑》，商务印书馆，2008 年）

叁

访谈录

《汉语风》人物系列之——鲁健骥
（2009年中国教育电视台杨杨采访）

1. 鲁教授，您对“万事开头难”这句话怎么理解？

鲁：不妨把“开头”理解为“开拓”的意思。对外汉语教学作为一门新兴的学科，有太多的领域需要开拓。需要开拓的往往是学科中的空白、薄弱环节和在实践中遇到的需要解决的难题。这对我们业内的人来说，既是机遇也是挑战。要开拓自然会遇到困难。困难有主观的原因，也有客观的原因。主观的原因如学识不够，客观的原因就是没有可以拿来直接用于对外汉语教学的现成的东西。比如国外的外语教学法、国内外语教学的经验，我们都只能经过消化之后加以借鉴，再运用到对外汉语教学中。依葫芦画瓢容易，如果是有机地、融会贯通地运用，就比较困难了。

2. 俗话说“万事开头难”，可在您的对外汉语教学职业生涯中，似乎就开过几个“头”，比如说“分技能教学”就可以说是您开的头，请您先说说什么是“分技能教学”。您又是怎么想到在对外汉语教学中采取“分技能教学”模式的？

鲁：关于这个问题，我在接受华东师范大学国际汉语教学基地的访谈时谈得比较详细，此处的回答从略。

3. 中介语理论的概念也是您首次引入国内的，中介语理论是一个什么样的理论？它对学习汉语有什么意义？

鲁：准确地说，在对外汉语教学界我是比较早地介绍中介语理论的。我最初接触这个理论是在美国俄亥俄州立大学做交换学者的时候。我们过去对外国学生在学习中出现的许多问题都解释不了，而中介语理论就为我们认识这些问题打开了一扇门。我们曾经受对比分析理论的影响，认为凡是外国学生学汉语的问题都是其母语干扰造成的，因此只要把对比分析搞好了，就可以解决母语干扰的问题。可在实践上，事情并不那么简单，常常发生困扰。

什么是中介语呢？我最新的定义是：中介语是学习外语的人产生的一个语言系统，这个系统是由于在学习过程中受到多种因素的迁移与干扰形成的，它既不同于学习者的母语，又区别于他所学的目的语（如汉语）。中介语系统在语言的各个层面都有表现，但它又不是固定不变的，而是动态的，随着学习的发展，逐渐接近（不是达到）目的语的正确形式。我们可以做一个比喻：把目的语（对外国人来说就是汉语）比作一个圆，那么外国人学出来的汉语就是圆的内接多边形，无论这个内接多边形有多少个边（哪怕多到肉眼分辨不出来的程度），从理论上说，也不可能跟圆重合。

这里说的迁移与干扰，按照中介语理论创始人之一 Selinker 的说法，主要包括以下几方面：母语的影响、目的语知识的影响（正面的影响形成正确的目的语形式；负面的影响形成干扰，产生偏误）、训练的影响、本族或外族文化的影响（主要是本族文化对目的语学习的影响。比如西方人对人直呼其名是关系密切、亲近的表现，哪怕是对自己的父母、祖父母。如果把这种文化用到汉语交际中，就违反了汉语的语用规则）、交际策略和学习策略的影响。

显然，中介语理论对外语学习者语言系统的认识更加全面、深入了，主要是从学习者的心理出发分析他们使用目的语时的表现，并认为这些表现是有规律可循的。我们可以预测他们的学习难点、在什么情况下会发生迁移或可能受到什么干扰，可以对学生产生的偏误做出比较合理的解释，也可以根据学生的中介语表现评价他的语言水平。这对学和教双方面都是很有意义的。现在人们更多的都在讨论语言习得理论，我认为中介语研究是语言获得研究的基础。脱离了中介语研究，语言获得研究就成了无源之水，无本之木。

4. 由您主编的《商务馆学汉语词典》是第一本为外国人学汉语编写的词典。在这本汉语词典出版之前，也有过很多汉语词典，为什么说《商务馆学汉语词典》是第一本为外国人学汉语编写的词典呢？这本词典有什么特点？

鲁：《商务馆学汉语词典》（以下简称《学汉》）是我和我老伴儿吕文华教授共同主编的。准确地说，这是第一本为外国人学汉语编写的单语（即用汉语解释汉语）词典。编纂本词典之前，我们也看过一些给外国人用的工具书，从中学到了不少经验，当然也发现了一些应该解决却还没有解决或还没解决得很好的问题。他们的经验，我们应该学习；他们尚未解决的问题，我们应该努力去解决。我们针对现有词典对外国人（即词典的使用对象）来说难懂、难查、难学的问题，提出“易懂、易查、易学”的编纂原则。这三项原则缺一不可，缺了其中任何一项，这词典就无法为外国人所用。词典编得再好，学汉语的外国人看不懂，或者查起来很不方便，或者不能针对外国学生的特点，看了不能举一反三，那么这样的词典也没用。我们在“易懂、易查、易学”上下了一些功夫。比如：释义、示例控制用字、用词，保证具有中级水平的外国学生能看懂；释义简明，用外国学生能懂的话解释字义、词义，特别是百科词条，如果都用现成的科技词典上的解释，就会大大增加词典的难度。举个最简单的例子，就是数字。《现代汉语词典》（以下简称《现汉》）将数字“一”解释为“最小的正整数”，将“二”解释为“一加一所得的数目”，依此类推。《学汉》的解释是“数字 1”“数字 2”，依此类推。还有，我们避免以词释词。两个词总有这样那样的差异，用甲词解释乙词会引起误会，给外国人用的词典尤其不能用这个办法，而要通过解释凸显词在意义上的特点以及与相近词语的区别。比如："疲乏"，《现汉》解释为"疲劳"，《学汉》解释为"累得没有力气"；"疲倦"，《现汉》解释为"疲乏"，《学汉》解释为"累得没有精神"；"疲软"，《现汉》解释为"疲乏无力"，《学汉》解释为"因为疲劳或有病而没有力气"。我们还通过注意框提示使用对象、场合、在句中的位置、搭配关系、句法功能、文化内涵、语气、感情色彩等。这些对缺乏语感的外国学生来说都是很有针对性的。示例也如是，除了注意控制用词、用字之外，还注重示例语句简短易懂，不生枝蔓，与释义和标注的词性保持一致，还要能提示语法、语义信息，提供使用的语境。这样示例就很容易为使用者吸收。

总之，在词典的各个部分（包括附录的编法）我们都考虑了如何对外国学生有帮助这个问题，希望他们使用这本词典能学到东西。有些做法是同类工具书里所没有的。

5. 张西平教授曾向我介绍了他对汉语教育史的研究经历，他提到，您首次提出了汉语教育史是一个具有重要意义的学科，研读了您撰写的《对外汉语教学学科建设的一个重要课题——谈对外汉语教学历史的研究》[①]这篇文章以后，他才开始深入研究这门学科。那您当时写这篇文章的初衷是什么？

鲁：其实，我也不过开了个头。《对外汉语教学学科建设的一个重要课题——谈对外汉语教学史的研究》是1998年我在大连参加中国对外汉语教学学会第六次学术讨论会时宣读的论文。我开始关注汉语作为外语教学的历史（包括对外汉语教学史）的问题，也是在美国俄亥俄州立大学做交换学者的时候。该校图书馆这方面的藏书比较丰富，19世纪至20世纪初的汉语教材不少。我从那时就开始搜集资料。正好当时有一位华人教授要退休，他把自己私藏的教材拿出来送人，其中有一些比较难得的本子，包括赵元任编的三卷本简易读物 *Reading in Sayable Chinese*，我就挑了一些，一共100册，寄回国，送给了当时的系资料室。我想，放在资料室里大家都可以使用、研究，比放在自己家里更能发挥作用。资料搜集了一些，但始终没有动笔写过什么。1998年要在大连开会。我想，凡事总得有个开头，但是自己手头的材料写史还不够，虽然也可以写对历史上某部汉语教材的研究，但我觉得对外汉语教学史的研究应该为业内所重视，应该大力提倡，这不是就一部书发表意见能起的作用，于是就写了这样一篇论文。论文发表之后，就得到了一些学者的认同和共鸣。张西平先生马上做出回应，提出外国人汉语学习史调查的

---

① 参见鲁健骥《对外汉语教学学科建设的一个重要课题——谈对外汉语教学史的研究》，载《对外汉语教学思考集》，北京语言大学出版社，1999年出版。

课题，2004年他又协同北京语言大学、中国社会科学院等单位联合发起召开了首届国际汉语教学史学术讨论会，这样一来，对外汉语教学史的研究就渐成风气，搞得有声有色了。由此我悟出来一个道理，就是所谓“开头”，绝无抢头功的意思，而是抛砖引玉。你看，我那篇论文就是一块砖，引出了后面的玉，进而产出了一系列的成果。

6. 您在1995—1997年期间远赴澳大利亚工作。据我所知，您是我国派到澳大利亚的第一位中文教育顾问，也是澳大利亚新南威尔士州教育部中唯一的中国人。在您结束两年的工作后，澳大利亚新南威尔士州教育部语言教育处处长对您的工作给予了充分的肯定。您在澳大利亚工作期间，碰到过什么困难？您是如何解决这些困难的？作为一名中国人，作为一名中国的教育官员，您给自己提出了什么样的要求？

鲁：这已经是十几年前的事了，也是我最后一次在国外长期工作的经历，所以至今难忘。而且至今仍然有几位老师跟我保持联系，他们到北京来，都还来看我，这让我很感动。

我去的新南威尔士州教育部负责管理该州的公立中小学，我所在的部门则负责为中小学的外语教学提供指导和咨询服务。这个部门从德国、法国、日本、希腊等国都聘请了顾问，他们都各有一位澳大利亚本土老师配合工作，而我则是“单干户”，没有人跟我配合。要说困难，这就是困难。如果有澳大利亚本土老师配合，因为他们熟悉澳大利亚中小学的运作，了解老师们需要什么，所以外国顾问很快就能适应工作。我却要从头摸索。不要说澳大利亚的中小学，就是国内中小学是怎么回事，我也两眼一抹黑。所以我得一切从头摸起，熟悉他们的教育制度、联邦政府和州政府的语言政策，要比其他顾问走访更多的学校，要跟校长谈，跟汉语老师沟通，去课堂上听课，了解老师的需求，跟他们交朋友。我刚去的时候，全州有70所中小学开设汉语课，到我离开的时候已经增加到了100所左右。两年中除了只有两三个学生一个老师的学校没有去，其他的我至少去过一次。我边了解情况边给老师们提供及时的服务。很多老师不熟悉新选用的教材，我就给他们提供参考资料，举办培训班，给予指导；听课之后，我会跟老师交换意见；跟校长谈话，希望学校对中文教学给予更多的关心与支持；我发现有些华人家长不重视孩子的中文学习，就跟家长见面，做他们的工作。部门要求每个语种的顾问每学期出一本《通讯》，我去之前，《通讯》主要是报道信息，我则把它办成一份以指导教学、提供参考资料为主的刊物，受到了老师们的欢迎和部门领导的肯定。部门领导决定各语种的《通讯》都要效仿中文《通讯》的做法。针对当地一些华人对简体字存在的误解及学生学了简体字但缺乏简体字读物的情况，我利用业余时间，在《澳洲新报》(*Australian Chinese Daily*)上开辟简体字专栏，一方面消除误解，另一方面给学生们提供简体字阅读练习。专栏受到老师们和舆论的重视，有的老师把每期都复印出来发给学生，有的给《澳洲新报》写信表示支持。这个专栏刊出之后，国内媒体也做了报道。总之，通过这些工作，我获得了老师们的信任，他们有问题愿意跟我讨论。部门领导在欢送我的晚宴上（为我开了三次欢送会）说我“为工作定下了很高的标准”。

7. 很多外国人学汉语都有一个共同的感觉，就是学汉语难，学汉字更难。您怎么看这个问题？

鲁：不只是外国人这样说，我们对外汉语教师中也有不少人这样说，好像“汉语难”成了推翻不了的定论。带着这种情绪去学，肯定精神负担很重，影响学习的信心，导致很多人对学汉语望而却步。当然我们也不能反其道而行之，告诉他们说汉语不难，那也是不科学的，不实事求是的。要帮助学生辩证地看待汉语的难与不难。在我看来，任何事件都可以辩证地看待，都有它难的方面和不难的方面。汉语也是这样，汉语的语音、词汇、语法、汉字都有难的方面，也有容易的方面。拿语音来说，有几组声母比较难，韵母 ü 对某些国家的学生比较难，声调比较难。可是汉语普通话的语音也有不难的地方，比如，音节结构比较简单，声韵母的拼合规律性比较强，音节数有限，这都是容易的地方。再说汉字，说汉语难主要是拿汉字说事。其实汉字的难易也是可以辩证地对待的。我在澳大利亚工作时，曾写过一篇短文《不要怕汉字！》[①]，告诉那里的老师和学生们，尽管汉字很古老，但经过多次简化，特别是 1956 年的简化，许多汉字易认、易写了。汉字数量虽然很多，但常用的汉字只有 3500 个左右，而这 3500 个汉字就可以覆盖一般读物用字（不是用词）的 99% 以上。对一个青年学生来说，记 3500 个汉字应该不是困难的事。此外，汉字无论是书写还是认读，都有一定的规律可循，而不是杂乱无章的。世界上什么东西最难？那就是没有规律的东西；只要有规律，掌握起来就没有那么难。再有，汉字是一种语素文字，除了极个别的例外，每个汉字都是有意义的语素，许多汉字同时也是词。假如一个人掌握了常用的 3500 个汉字，那么他就掌握了数量大致相当的语素。在此基础上，又可以进一步掌握由这些语素构成的词。汉语有相当一部分词的意义可以从其语素义推出。这是汉语强理据性的一个表现。换句话说，在学习汉字的同时，已经为学习词语做好了准备，一举两得。这样一分析，我们还能笼统地说汉字难吗？当然，我们还有其他的办法让学生觉得汉字并不像他们想象的或者听说的那么难。比如，我们有一位老师，他到美国去讲学，给从未接触过汉字的美国人讲汉字，他先在

① 参见鲁健骥《汉字书写助学手册·写在前面的话》，载《汉字书写助学手册》，北方语言大学出版社，2021 年出版。

黑板上写了几个象形字，让听众猜是什么意思，结果是都猜对了。法国巴黎第七大学的华为民老师，她开始教汉字时，先出示两张印着汉字的卡片，一张把 9 个字躺着印，一张把 9 个字倒着印，然后问学生这些字印得对不对、应该怎样印，学生都能说对。这也说明，不管哪国人都有共同的认知规律，这就是学汉字的基础。（注：2016 年，我开始根据这样的认识编写《汉字认读助学手册》和《汉字书写助学手册》，并先后于 2018 年和 2021 年出版）

因此，对于汉字的教学与学习，不应该是“师生一片喊难声”，尤其是老师不能跟着喊。有些教师在观念上也觉得汉字难，所以总是想帮助学生逃避。我觉得逃避不是办法，应该想出一些降低难度的巧办法。比如，对于汉字外国学生就怕一遍一遍地写或念。美国的黎天睦（Timothy Light）和姚道中编了一本《华文读本练习本》，其中采用了多种美国年轻人喜闻乐见的游戏，如填字游戏，这就很有创意，既练了汉字，又不让人厌烦。再如，拼音本来就是“拐棍”，不一定按照《汉语拼音方案》一点儿不差地教。我们的《初级汉语课本》就适当地做了一点儿变通，使得拼音变容易了。按照《汉语拼音方案》，字母“y”“w”是隔音字母，于是就产生了在有些韵母前要加“y”“w”和把“i”“u”改成“y”“w”的问题。《初级汉语课本》则把“y”“w”看成半元音，让它们做声母，这样一变，“y”“w”跟所有韵母都是拼合关系，就不存在“改”或加“y”“w”的问题了。1980 年我曾就这个问题请教过周有光先生。他说，为了教学的需要，这样的变通是允许的。他还举例说用拼音拍电报时，为了区分声调也对拼音方案做了一些变通。

8. 我了解到，由您主编的《初级汉语课本》在对外汉语教材中是非常有地位的一本教材，1986 年首次出版，直到现在还有一些国家仍然在使用这本教材，这本教材的特点是什么？

鲁：《初级汉语课本》与分技能教学可以说互为因果。《初级汉语课本》包括综合课课本、听力练习、汉字读写练习和阅读理解四种课本，以综合课课本为核心，其他与之配合。当然这种格局跟教材本身的特点既有联系又有区别。格局很好，教材不一定编得好。反之也一样。关键看编者的编写思想如何。《初级汉语课本》之所以被认为“好教、好学”，就在于它为学习者着想，既考虑学生的需要，又考虑如何使学生容易接受。前者指内容，后者指编写方法。从前的教材内容比较枯燥，讲来讲去也离不开学校生活，学生出了学校，想说的话就说不出来了。后来为了提高趣味性，有些教材又选了一些寓言故事、民间故事等做课文，结果是费力不讨好，学生并不喜欢这样的内容，而且这样的内容常常有很多“废词”，很不经济。《初级汉语课本》改变了这种状况，话题比较广，学生能接触到的生活情景差不多都编进去了。在此基础上，《初级汉语课本》追求语言点与情景有机、自然地结合，使学生能够学以致用。在编写方式上，则要考虑学生的可接受性。比如语法，我们大量地减少了语法术语，语法项目一般都用其功能表示，在编排上主要考虑难易顺序，一些难点则做适当的切分，分散编排。再有一点，量的控制也很重要。有些教材编写者常常出于好心，以为给的东西越多、越全越好。其实不一定，给得太多，消化不良，岂不适得其反？以词汇为例，关键是量要适当、给一个是一个；如果看起来给得很多，却有大量的废词，这个量有什么用呢？

9. 由您主编的《初级汉语精读课本》和《初级汉语课本》有什么联系？又有什么区别？这本精读课本的最大特点是什么？

鲁：关于这个问题，我在接受华东师范大学国际汉语教学基地的访谈时谈得比较详细，此处的回答从略。

10. 您非常强调"学习法"，主张教学时要让学生在不断的创造中学习外语，您为什么那么强调要在创造中学习外语呢？

鲁：只要是一个健全的人，就具有创造力。任何教学都应该发挥人的创造能力，外语学习概莫能外。我们刚才说的那些，其实都包含了发挥人的创造能力的意思。这里还有另外一层意思，就是这种创造能力的发挥，能使学生学会如何学习，就是我们常说的要"授人以渔"。我们现在的教学，从某个角度说，只是"授人以鱼"。我们常常听说，语言教学就是教什么、怎么教；对学生来说，就是说什么、怎么说。我觉得这还不够，还要教会学生怎样学习，即独立工作的能力，观察、吸收新的语言现象的能力，这就是"授人以渔"。这是学生可以终生受用的。"授人以渔"的过程就是教学过程。现在提倡任务型教学，但我认为，不能把"任务"仅仅理解为交际任务，更不能以为学生完成了交际任务，老师就完成了教学任务。仔细想一想，课堂教学并不是从头到尾都在完成交际任务，还有为完成交际任务而进行的讲解以及配合讲解的操练、练习。即使按照某些教学法要求的那样，讲解仅占教学时间的20%，那么算起来一节课也得有10分钟，两节课就是20分钟。这20分钟应该如何充分利用呢？我以为知识的讲练也应该任务化、创造化，即让学生在创造的过程中学会知识、运用知识。按照我们的设想，为了给学生提供创造的条件，让他们做力所能及的工作，需要有大量的预习任务，该查的东西上课之前就由他们自己查出来。课堂教学就是在教师的指导下进一步创造，如讨论、运用，完成观察、吸收语言的过程。这就是说，课前、课上、课后学生要完成的不仅仅是交际任务，还要完成观察、吸收语言知识的任务。这正是学生最需要掌握的方法。久而久之，他们就能够体会出应该如何学习语言。不管是在校学习期间，还是将来离开学校，步入社会，这都会让他们受益匪浅。

11. 您认为一位优秀的对外汉语教师应该具备什么样的素质？在您今后的工作中，您还有什么计划？

对外汉语教师应具备的素质可以从各个角度来谈，比如从学科意识的角度、从业务要求的角度、从知识结构的角度，甚至从如何写教案的角度，都可以提出要求。这些方面已经有不少人说得很详细了，我就不重复了。我想从另一个方面谈一点儿自己的感受。我觉得，作为一名对外汉语教师，首先要了解这个专业，其次在了解的基础上要热爱这个专业。这两条是其他那些素质要求的基础。不了解这个专业而当这个专业的教师，那就是糊涂教，就不是一个自觉的教师；只有了解这个专业才能进一步热爱它。了解它又不热爱它，实在对它没有兴趣，那最好不要当对外汉语教师。千万不能当糊涂的对外汉语教师，更不要心猿意马，一边干一边又不好好干，那是混日子。

了解这个专业，就是要了解它的性质、特点，了解它的历史。特别要消除一种很普遍的观念：只要是中国人就能教外国人汉语。这种观念，不仅是圈外的人，许多圈内的人也有。那些糊涂对外汉语教师、混日子的对外汉语教师，多多少少是受了这种观念的影响。

对外汉语教师容易混吗？我看也容易，也不容易。我国对外汉语界的前辈学者王还教授说过："我们也不否认，教外国人汉语，比你作为中国人教中国人汉语或作为一个英语教师教中国人的英语要容易，特别是如果你对自己的要求不高。……教外国人汉语，不好好备课，上课时总可以对付一气。不过不幸的是我们的教学对象是成人，多半是大学生，有些甚至是教员。他们除了汉语不如我们以外，其他方面有些知识可能超过我们。对于一个语言教员的好坏，他们是评价得了的。究竟在你倒给他那一杯水的后面是一大桶水，还是只有两三杯，他们很快就会发现的。……这时是你自己丢脸，丧失威信，教外国学生，如果丧失威信，就有丢中国人的脸的问题，就有损伤我国荣誉的问题。我们不能做这样的教员。……我们不应该只做合格的汉语教师，而要做出色的汉语教师。"① 王先生的话，应该是我们对教师的普遍要求。

话又说回来，解决了思想观念的问题，才有解决其他问题的基础。前几年我作为学校教学督导组的成员，深入教学第一线，各个年龄段的教师的课听了不少。我发现，课上得好坏，跟教师的资历和年龄的相关性可以说不是那么大。课上得好的教师，不一定是那些年资高、学历高的教师；相反的，一些参加工作不太久的教师，课上得非常好。

---

① 引自王还《和青年教师谈谈对外汉语教学》，载《门外偶得集》，北京语言大学出版社，2012年出版。

课后跟他们交换意见，我发现这些教师有个共同的特点，就是他们热爱这个事业，他们肯下功夫钻研。

有些人总认为搞教学不如搞理论。我一直就不这样看。这也是一个思想疙瘩。作为对外汉语教师，基础理论固然重要，但是这些理论只能是我们搞好教学的必要条件，因此我们不能抛开教学去搞理论。我们有许多教学的问题需要从事教学的人去解决、去研究。从事教学研究与从事理论研究不存在孰高孰低的问题，而且我们在运用理论研究教学的过程中，还能检验理论，能使理论得到进一步的丰富。

我们必须关心并跟上理论的发展。对大到当前流行什么教学法，小到某一种语言现象的最新研究成果，我们都要关心，都要考虑如何把它们转化到教学中去。比如，对于汉语中的一些难题，像“了”、“把”字句等，今天的认识比几十年前要深入多了，我们就不应当再用几十年前的说法，而要把这方面的最新研究成果运用到教学中去。

至于我个人的打算，我已经搞不了什么大的项目了。近两年，我一直想静下心来，做一点儿切实的工作，把自己的经验、自己对教学的一些想法整理出来，给年轻的同行们提供一些参考。

（采访时间：2009 年 10 月 18 日）

华东师范大学国际汉语教学基地访谈

北外非洲留学生办公室

1. 鲁教授是对外汉语教学界的前辈，我们知道您与汉语国际教育结缘于当年北京外国语学院（今北京外国语大学，以下简称“北外”）的非洲留学生办公室。我们对这一段历史非常感兴趣，您当时分派到的工作是什么？接到这个任务时的心情如何？

鲁：北外非洲留学生办公室成立于1960年暑假，我于当年11月从英语系抽调到该办公室工作。当时办公室只有三个人：主任彭伯勋、副主任张高铎、秘书朱平坪。我去时说是有两个苏丹学生很快就要到了，所以抽调我来接待他们。两个苏丹学生来了之后，从接机到安排住宿、购物，都由我管。后来发给我的工作证是“教学翻译”。“教学翻译”到底是做什么的，下面会讲。

那时从系里抽调出来，很简单，系团总支书记找我谈了一次话，说工作需要，我就马上服从，没有任何犹豫，这就叫服从分配。

2. 请谈一谈当时非洲留学生办公室的一些情况。

鲁：非洲留学生办公室是为了配合当时我国支持非洲民族解放运动的形势成立的。当时应非洲国家一些民族主义政党的要求，我们准备接受大批非洲留学生，教育部就把这个任务交给北外了，由北外对他们进行语言培训，然后到其他大学入系学习专业。

据我所知，从1960年底到1963年，最多的时候北外的非洲留学生达到300余名。人数最多的是索马里学生，约100人，其次喀麦隆学生30多人，其他国家的人数都不多，有的只有1人。我教过一个班，只有6名桑给巴尔学生和1名北罗得西亚（今赞比亚）学生。

一开始，由于经验不足，又一下子接待那么多非洲学生，非洲留学生办公室有点儿招架不住，工作比较被动。当时非洲正处于民族解放运动的高潮，非洲学生对种族问题非常敏感。他们乍到一个完全陌生的生活环境里，再加上我们当时又处在困难时期，物质条件很差，处处感到不适应，因此发生了一些矛盾。经过我们多方面地做工作，很快就平息下去了。

非洲留学生办公室设立后不久，教育部决定让北外也接待欧洲学生。最先接受的是两名罗马尼亚学生。非洲留学生办公室很快就改成了外国留学生办公室。

由于处理非洲学生的事，各部门的工作都受到了很大的影响。尤其是北外，一段时间内，学校的其他工作都停下来，影响了北外的正常秩序。教育部决定建立一个学校，外国留学生办公室就于1962年升格为北京外国留学生高等预备学校了。这样，一切问题都由一个学校专门处理，保证了其他学校和各部门的工作秩序。北京外国留学生高等预备学校的教师由北外外国留学生办公室和北大外国留学生中国语文专修班的教学人员（包括教学领导和教辅人员）组成。随着留学生教学事业的发展（如来华留学生的数量和国别都有所增加），1964年教育部决定北京外国留学生高等预备学校升格为北京语言学院。

3. 从您个人的角度和汉语国际教育的角度，您怎样看这段历史？这段历史对您、对我们的事业，有怎样的影响？

鲁：那两三年的时间，虽然比较乱，教学秩序没有很好地建立起来，但确实锻炼了人。我总说，我们当时是“刚学剃头就碰上个大胡子”。对领导们来说，他们虽然有些都是久经沙场的老干部，但从没有碰见过这样的事，而对我这样初出茅庐的年轻人，更是一种锻炼，我知道了什么是涉外工作、如何处理复杂的情况。1965年，印度尼西亚发生“9·30”事件，当时我正在教一个印度尼西亚班，十几个学生分成左、中、右三派。这时候我就显得从容多了。总之，那是一个由乱到治的过程，可惜治的时间不长，“文革”就开始了。这一次就不是乱和治的问题了，而是已经发展了十几年的对外汉语教学事业中断了。

4. 非洲留学生办公室工作开启了您的对外汉语教学生涯，至今已有近60个春秋，是一种什么精神或信念使您坚守至今？

鲁：我说过，我调入非洲留学生办公室，那是事业选择了我，后来则是我选择了对外汉语教学事业。为什么这样说呢？把我从英语系调出来，并没有征求我的意见，而我自己也无条件地服从分配，觉得是组织上对我的信任。那时候就是这个样子。开始时，在非洲留学生办公室是没有什么分工的，等到大批学生到了，我们内部的机构也健全了，我就被分配到教研室里，跟有经验的教师配合，进入课堂。我们懂外语的，开始时叫教学翻译，在讲练课（第二、三节课）上给主讲教师当翻译，同时上复习课（第一节）和练习课（第四节）。这种奇特的上课方式其实是没办法的办法。主讲老师不能用外语讲课，也不能跟学生沟通，只好找翻译。有人把这种上课方式说成是“翻译法”，是很可笑的，因为这跟外语教学历史上的语法—翻译法完全是两码事。我们开玩笑地把这种方法叫“双簧法”，倒是比较确切。

一年之后，领导从教学翻译里挑出几位课上得还可以的独立上课，我是其中之一。所以从第二年（1962年）开始就让我做主讲教师，教讲练课，并给我配复练课教师。

这期间，我有一个机会可以回英语系继续学习，就是说，从系里调出工作的未完成学业的学生，愿意回系的都可以回系。当时，学校（北京外国留学生高等预备学校）负责人事的副书记冯凌同志跟我谈话，说按政策我可以选择回系，但学校正是用人的时候，希望我考虑留下。

经过一年多的教学工作，我发现自己适合做对外汉语教学工作，也喜欢这个工作，做得很投入，上课效果也可以。我这时候对做好教学工作已经比较有信心了。所有假期我都用来补学现代汉语理论，丁声树的《现代汉语语法讲话》、北大的三卷本《现代汉语》、张志公的《汉语知识》《语法和语法教学——介绍“暂拟汉语教学语法系统”》、吕叔湘翻译整理的赵元任的《汉语口语语法》、李荣的《语音常识》等书，我都认真读过。我觉得汉语本身确实很值得研究，再加上跟英语对比，只要钻研下去，肯定有前途。

在这种情况下，我选择留下工作。这就是我选择了对外汉语教学。

教学这件事，特别是教外国人汉语，想混也很容易。我这个人虽不聪明，但不想拿教学混日子，我认真，我总在想如何教得更好一些。我当时看了一些北外内部印刷的介绍国外外语教学法的资料，很受启发。我读了一些英国、美国出版的英语教材，也很有想法。对我影响最深的，是英国 Eckersley 编的四册一套的 *Essential English*，这部经过父子两代几经修订的英语教材，当时在全世界都非常受欢迎。虽然编著者说是用的直接法，但从结果看，是突破了直接法的。编得那么实用、那么有趣，实在是同类教材所达不到的。我当时就想，我们什么时候能编出一套这样的汉语教材就好了。我初读这套教材，看了对直接法的长篇介绍，感到非常新鲜，很是兴奋，就把它翻译出来，交给教学领导李培元先生。李先生是很开明的领导，他看了也觉得不错，就全文打印，发给教师人手一册。

即使在“文革”期间，我也没停止对教学的思考。1971 年，我被借调到广州部队某部教 6 名坦桑尼亚部队派来的学生学汉语。当时，吕必松主编的《基础汉语》第一册刚印出来，还没上市，我是从国际书店直接买了拿到广州的，第二册他干脆把油印稿寄给我使用。所以我是第一个使用《基础汉语》的，大概没错。吕必松嘱咐我告诉他使用之后的意见。我给他写了一封几千字的信，向他汇报课本的使用情况和我的建议。后来的分技能模式，课本、工具书的编写，以至于今天我提倡的教学理念、教学法体系（激创法），大概都源自我的认真思考和不断追求，都反映了我各个时期的一些想法。

对外汉语教学理论研究

5. 怀着对对外汉语教学的这份热爱和使命感，您先后赴巴基斯坦、美国、意大利任教或访学，教学实践中的不断探索和钻研使您在教学模式、教学理论上形成了自己的独特看法，开创了分技能教学模式，引进了中介语理论。请您介绍一下分技能教学模式产生的背景。

鲁：关于分技能教学模式，我已经写了几篇文章，可能你们都看到了。我现在要说，这个模式在当时的形势下是必然要出现的。从大背景说，"文革"之后，一些新的外语教学法体系和做法（如交际法）已经零散地介绍到了我国，我国外语教学界也已经开始运用，这对对外汉语教学有很大的启发；从小处说，当时的形势也迫使我们必须改变不适应事业发展的模式。实际上，当时的教学已经陷入了某种"危机"。内部，兄弟院校对我们的教学质量不满；外部，外国学生对教学（特别是教材）不满，已经不可遏制。客观情况是，明明学生入系后面临的主要困难是听、读，可我们的教学大纲还在强调要突出听、说，而且即使是"听"也没有科学的训练方法。所以我们就大胆地强调听、读两种能力，具体做法就是单独设立听力课和阅读理解课（包括泛读），形成了所谓的按技能分科的模式。前不久，暨南大学主办的《华文教学与研究》（2016年第1期）讨论教学模式的问题，我发表了我的看法。该刊时任执行主编宗世海先生认为，我们这种模式更准确地说应该是"综合+分技能"，我觉得这样说也未尝不可，因为这个模式中的综合课确实没有脱离原来的综合模式。经过多年的实践，我也发现了综合课的问题——任务庞杂，所以我提出了一个改进模式，主要就是改综合课，把它一分为二，分为口语课和笔语课，各自按其规律上课。

6. 分技能模式出现之前普遍使用的教学模式有哪些？跟传统模式比较，它的独特之处在什么地方？教学效果如何？

鲁：分技能模式实施之后，与之前的综合模式相比，显示出了明显的优势（我说的是汉语预备教育），听、说训练加强了，教学效果明显，学生入系之后能比较快地适应专业学习。我们的教学要求提高了，最后的考核方式和成绩都明显地优于普通班。当然，我们当时（1980—1982）的研究意识不够清晰，所以没有做现代意义上的科学总结，这是我们的缺点，虽然有时代的局限性，但毕竟是我们做得不足的地方。但是，这一点不足，不应该成为否定分技能模式的理由。我注意到，有人既没有经历过那段教学，也不了解以前的综合模式是怎么一回事，至今还认为没有理由说分技能模式优于综合模式，甚至武断地认为分技能模式是进步还是倒退都不好说。作为分技能模式的亲历者，我不能同意这种观点。但不必争辩，应该允许有不同看法。

7.《初级汉语课本》是分技能教学模式的集中体现。能不能给我们介绍一下教材编写时的情况？

鲁：《初级汉语课本》的编写是从1979年2月开始的，我和李继禹、刘岚云两位老师讨论了编写方案之后，系里批准进行试验，当年3月和5月，教务处先后组织了两次汇报会，由我介绍编写方案，李、刘两位老师进行课堂教学演示。当时王还、赵淑华等校内先进，学校主管副院长张道一，来华留学生系、编研部、教务处的负责人，都出席了会议，给予了指导。后来教务处出了一期简报，发表了座谈会上的主要发言。综合课教材于次年编出，油印后在两个试验班使用，我们根据试验情况进行了修改，于1981年再次试用，还是两个班。后来又拍成教学录像片《中国话》，那个版本是《初级汉语课本》在国内正式出版前的面貌。

第一年，我们对听力课和阅读课的教学都提出了教学原则，没有来得及编出教材，任课教师就根据原则随编随教，第二年才将教材整理成形。

对于《初级汉语课本》的油印本，美国黎天睦教授曾经有所评论，收在他的《现代外语教学法——理论与实践》一书中，对这套教材给予了肯定。他也有亲身感受。当时他的两个女儿都在试验班学习，他的评论既有其作为外语教学法专家的见解，也有其两个女儿作为学习者的反馈。

《初级汉语课本》正式出版是1986年。本来，华语教学出版社1982年就把稿子拿去了，由于某种原因，他们拖下来了。1985年北京语言学院出版社成立后，我们想把稿子拿回来，他们不同意，于是就变成两家联合出版，出版了英文和俄文注释本。正式出版前，我们对《初级汉语课本》又做了一次认真的、大幅度的修改。1988年新加坡智力出版社买了版权，后来韩国一家出版社出版了韩文注释本。泰国也出版了泰文注释本。

还有一点应该说明，《初级汉语课本》正式出版时，阅读教材我们只出了《阅读理解》，而试验中用过的一本作为泛读的简写读物（是一个反间谍故事，约两三万字），因为觉得不够成熟，没有出版。实际上，我一直是主张在一年级第二学期开设泛读课的。但至今没有落实，很是遗憾。

8. 您觉得《初级汉语课本》“新”在哪里？它对我们后续教材的编写有怎样的影响？

鲁：《初级汉语课本》对对外汉语教学的格局有所突破。“分技能”是一个方面。随着分技能设课模式的提出，初步形成了听力、阅读、汉字教学的教学体系，如果跟此前的综合模式相比，这一点是不难发现的。我说“初步形成”是历史地说的，限于我们当时的认识水平，只能做到那个程度。所以我说我们当时只是开了一个头。

《初级汉语课本》的有些做法落实了我的一些教学理念和想法，比如，让学生做他们力所能及的工作，培养他们观察、吸收、运用语言的能力。在具体做法上，《初级汉语课本》打通语音、语法阶段的界线，采取了语音贯串全年的做法，这是为了解决学生语音不过关、越来越回生的问题。再如，打破了语音只教汉语拼音（声韵调）的传统做法，加上了语调、轻重音等内容。我认为，外国学生的怪声怪调主要表现在语调和轻重音上，而我们过去没有这方面的训练。再如，语法点的切分更为实用，讲解更为简洁，减少术语，这都起到了分散难点、减少难点的作用。还有，我们注意到了文化因素的教学。《初级汉语课本》的第三册是按照精读的路子编写的，否定了过去所谓的“短文阶段”。这一点下一个问题再谈。

至于《初级汉语课本》的编写对后来的影响，我不好说有多大，但不可否认的是，在《初级汉语课本》之后，连续出版了几套分技能的系列教材。你们可以看到，那些教材的做法与《初级汉语课本》并不完全一致。但不管怎么说，大家都在探索，分技能设课这一点是站住了。我应该强调的是，分技能模式与《初级汉语课本》的做法，对汉语作为预备教育的对象来说，是适应的。其他的对象，各有特点，分技能模式是否适合，那倒不一定，我主张它们可以根据教学对象和教学目标设计自己的模式，比如速成教学、专业教学、进修教学。

9. 2008 年您主编的《初级汉语精读课本》又融入了您对对外汉语教学的哪些新思考？

鲁:《初级汉语精读课本》是在原《初级汉语课本》第三册的基础上重编的。这时候，距离《初级汉语课本》最初出版已经有 20 年了，我也已经退休整整 10 年了。当时出版社把《初级汉语课本》列为北语社精版教材，但只出版了第一、二两册的合订本，第三册一直没出版，他们说读者总是询问后续教材何时出版，希望我把《初级汉语课本》第三册修订一下。先说书名，本来油印本的《初级汉语课本》就是由《初级汉语课本》（第一学期）和《初级汉语精读课本》（第二学期）组成的。正式出版时，为了表示是一套书，就把《初级汉语精读课本》改为《初级汉语课本》第三册。实际上，《初级汉语课本》和《初级汉语精读课本》虽然是衔接的，但编写的指导思想并不一样，这一点我在编写说明和后来写的教学总结中已经说清楚了。但应该说，《初级汉语课本》第三册的一些想法并没有完全实现，比如，我们提出要让学生多做工作，学会如何复述、如何阐释等，但在实践过程中并没有完全落实；究其原因，我们在课本中做得不完善，也是这些想法未能落实的原因。再有，在 20 年间，对外汉语教学事业发展了，教学理论研究发展了，与对外汉语教学相关的语言本体研究也发展了，原来的第三册已经不适合发展后的形势了。还有，我退休以后可以静下心来思考一下教学问题了。在这种情况下，如果完全在原来的基础上修修补补，显然不行了。所以就决心对《初级汉语课本》第三册做大手术，重编。大家可以看到，《初级汉语精读课本》跟原来的《初级汉语课本》第三册相比，已经“面目全非”了。重编最主要的原则就是要调动学生的积极性，让他们做力所能及的工作，发挥他们的语言创造能力，这是一条主线。课文要求有时代感，能引起学生的兴趣，与他们的生活贴近，语言上要求“有练头”；我们按照吕文华的思路，把语法教学向语素和语篇两个方向延伸，设计了相应的练习；全书的练习量加大了，加强了练习的可操作性。最为大胆的一个设计是，每一课后不设生词表，而是在课文中出现生词的地方，在页边给拼音，学生如果想知道词义，就要去查我们单独编写的《字词总表》。《字词总表》的编法跟我们的《商务馆学汉语词典》一脉相承，区分成词语素和不成词语素，语素分义项。学生在查找词义时，要先找该词首字（语素）的语素义，在语素义下才能找到词和词义。这对学生来讲，要知道词义，得经过自己创造性的劳动，这样得来的知识是牢固的、扎实的，同时也为他们日后查词典打下基础，养成查阅工具书的习惯。总之，《初级汉语精读课本》的重编，应该说是有一些新的思考的。这为我后来提出对外汉语教学激创法做了铺垫。

10. 80年代初，您把中介语理论引进对外汉语教学的研究领域，中介语理论一时之间成为各种学术会议的“热门话题”。您怎样看中介语理论的引入对学科建设的作用？

鲁：我最初接触中介语理论，是在美国俄亥俄州立大学做交换学者的时候。当时听了课，看了一些参考资料，很受启发，觉得这个理论能够解决对外汉语教学中的一些问题，也能够帮助我们理解学生的学习过程，所以当时就写了那篇《中介语理论与外国人学习汉语的语音偏误分析》[①]。中介语理论的引进后来在对外汉语教学界产生那样大的影响，是我始料不及的，或许是因为我的研究比较能紧密地结合对外汉语教学的实际，能够解决对外汉语教学中的问题吧。但总的来说，我说过，我本人只是起了个开头的作用，正如有的批评者所说，我的研究多为经验性的，缺乏实证性。后来的研究者比我当时的研究广度和深度都有很大的发展。说到中介语理论研究对学科发展的贡献，后来的研究者的贡献更值得重视。

11. 2014年，您在《国际汉语教学研究》第2、3期上发表《对外汉语教学理论的发展回顾（1950—2000年）》（上、下）。该文回顾了这50年间对教学对象、教学性质、教学任务和教学目的的认识，回顾了教学目标与要求、教学设计理论研究，回顾了教学原则发展路向，回顾了教学模式与教学法体系的发展，以及各个时期教学大纲的制定与理论研究等。您能不能给我们介绍一下1950—2000年这50年我们在理论研究领域做了哪些工作？您怎样看待这些工作在当时及以后对学科发展的影响？

鲁：前50年的对外汉语教学理论研究，我认为大致可以划分为两个阶段，可以以

---

① 参见《语言教学与研究》1984年第3期。

80年代为界。此前的30年，又可以把“文革”前的十几年作为一个阶段，跳过被“文革”中断了的几年，从70年代末到80年代算一个阶段。我们现在对最初十几年的理论建设研究，主要是通过当时的教学大纲和在《汉语教科书》等教材中反映出来的理论内涵进行的。由于历史的原因，50—60年代的理论研究是很薄弱的，现在能读到的论著很少，就是现在能找到的几篇论文，如周祖谟、邓懿、王学作等先生的论文，也只是他们对自己教学经验的总结。即使是钟梫《十五年汉语教学总结》[①]，也是“文革”后正式发表以后才产生了很大的影响。这篇论文基本概括了“文革”前十几年对外汉语教学的经验（当然，也有不同意见，比如李培元先生就对钟梫把当时的教学法叫作“相对直接法”表示了不同意见）。

从北京语言学院1973年正式复校到70年代末，对外汉语教学的理论研究开始转暖，但那时的研究多为“应景”之作，比如：吕必松到美国去访问，就得准备一篇论文[②]；美国语言学家代表团来访问，要到北京语言学院来，就安排毛成栋、房玉清、王还写了一篇关于新词语的论文[③]。1979年《语言教学与研究》创刊，成为对外汉语教学科学研究正式开始的标志。

80年代是对外汉语教学理论研究大发展的时期，在这方面吕必松先生的贡献是很突出的。一方面，他做了大量的卓有成效的领导和组织工作，办成了几件大事；另一方面，他自己扎扎实实地做了研究，他的研究涉及对外汉语教学的方方面面，为后来的研究打下了的基础。尽管对外汉语教学的发展在这期间也时有起伏（如关于文化教学的讨论对对外汉语教学的冲击），但总的趋势还是发展的。吕必松先生功不可没。

学术伉俪

12. 鲁教授致力于教学模式和语言习得研究，吕教授则专注于对外汉语教学语法体系的研究。您二位怎样看对方的研究？

鲁：吕文华在对外汉语教学语法研究方面有一定的贡献。对外汉语教学语法体系的

---

① 参见《语言教学与研究》1979年试刊第4期。

② 吕必松.汉语作为外语教学的实践性原则[M]// 载盛炎、沙砾编.对外汉语教学论文选评1949—1990（第1集）.北京：北京语言学院出版社，1993.

③ 毛成栋、房玉清、王还.建国以来汉语词汇的发展变化[J]. *Jornal of Chinese Linguistics*, 1974（23）.

基础是《汉语教科书》打下的，这套教材中语法点的设置、讲解等，至今仍有影响。但后来的研究出现了“两张皮”的现象，圈外人不必说了，圈内人的汉语本体研究，包括语法研究，也常常不能结合对外汉语教学的实际。吕文华的语法研究恰恰在这方面表现出了她的特色，得到了学界的肯定。她的语法研究紧密结合对外汉语教学，解决对外汉语教学中的语法问题，很好地完成了把一般的语法研究成果转化到对外汉语教学中去的工作。她在对外汉语教学语法体系的研究方面着力尤多，也有一定的影响。

吕文华的学术成就得益于她长期以来的研究作风。一面教学，一面跟踪学术前沿成果，并在教学实践中认真思考、潜心研究，所以她的研究总能接地气，解决实际问题。她前两年出版的《对外汉语教学语法讲义》，是她研究和讲授对外汉语教学语法的总结性成果。

13. 您觉得教学语法、教学模式、语言习得三者是否有内在的联系？这种联系如何像一条“主线”牵引着我们事业的发展？

鲁： 简单地说，语言习得研究属于基础理论的范畴，研究的是人学会语言的过程，这无疑为外语教学提供了依据，就是说，语言教学要符合人学语言的规律，这里当然包括语法教学。教学模式则是针对某一类教学对象和教学目标对教学所做的安排，跟语言习得和语法教学没有直接的关系。语法教学跟教学理念有密切的关系。

汉语国际教育史

14. 在立足于教学本身的同时，您还关注着对外汉语教学整个学科的建设。1998 年您发表的论文《谈对外汉语教学历史的研究》[①]引发了对外汉语教学界对学科史研究的关注。请您谈一谈您对 2000 年后汉语国际教育发展的看法。您觉得新世纪最值得写入历史的汉语国际教育领域的重大事件有哪些？

鲁： 我 1998 年就退休了，虽然仍然关心对外汉语教学的情况，但对这一领域的重大事件，确实不甚了解。

15. 我们现在正在编写中国国际教育史，希望您对我们的工作给予指导，并提出一些寄语与希望。

鲁： 对于汉语国际教育史的研究，我 1998 年只是呼吁了一下，其后的发展完全得益于学界的几位有心人，如张西平教授、董明教授，他们认同了我的呼吁。至于如何编

---

① 参见《语言文字应用》1998 年第 4 期。

写一部历史，我想得不是很多，因为我没有想过自己来编写这样一部历史，也不具备条件。从我见到的几部对外汉语教学史方面的著作看，它们各有千秋。我 2014 年曾经写过一篇《对外汉语教学史研究中值得关注的几个问题》①，或许你们可以拿来看看。至于现在编写学科史，我觉得还要考虑几个问题。

（1）书名。汉语国际教育是很新的提法，用它作为学科史的名称是否合适，请考虑。我的想法是，汉语国际教育是一个很宽泛的概念，只要教外国人学汉语，不管是在哪儿教，也不管是中国人教还是外国人教，都包括在内。而我们要写的，却是我们中华人民共和国教外国人汉语的历史。这里面是有矛盾的。我还有一个观点，就是“汉语国际教育”不能代替“对外汉语教学”这个名称，因为“对外汉语教学”有其特性。

（2）这部历史从什么时候写起？程裕祯讨了个巧，他用“新中国”来限制了一下，于是就理所当然地从 1949 年写起了，而且排除了我国台湾的情况，也排除了在海外教汉语的一些著名人物，更排除了一些文化界的名人在 1949 年以前进行的对外汉语教学工作（我认为他们的经历和经验是一笔不可忽视的遗产，比如老舍先生）。这样做我觉得有点儿可惜，不知你们如何考虑？

（3）我希望这部历史应该是一部信史，应对一些人物（我认为写史离不开人物）、事件做出客观的、实事求是的叙述和评价。当然，入史的人物和事件要禁得住考验，所以要谨慎。还有，现在世界上到底有多少人在学汉语，我看谁也说不清楚。现在提供的数字，不尽可信。

（4）作为一部学科史，应该突出的是学术的发展。可能需要注意两点：第一，不要写成大事记；第二，不要喧宾夺主，如各个时期的大环境只是对外汉语教学发展的背景，而不是对外汉语教学本身，不宜着墨过多。

（采访时间：2017 年 11 月 23 日）

① 参见《海外华文教育》2014 年第 2 期。

答人文学院研究生问

1. 您作为北京语言大学（以下简称北语）非常资深的老师和学者，见证了北语的发展和变迁。同学们特别想知道，从您的角度来看，北语经历了哪些重要的变化？

鲁：这个问题很大。要说北语经历的变化，看你从哪个角度说。上周我们一些老对外汉语教师举办了一个“梦回来华部”活动。会前我们统计了一下，现在健在的老来华部教职员仍有 88 人，调出的有 28 人，去世的有 40 余人。也就是说，到“文革”前夕，来华部已经有教师、干部约 160 人，当时看来，这个队伍已经相当庞大了。会上我说，这支队伍是从 1960 年的三四个人发展起来的。就像一条大河，它的源头可能只是从山石的缝隙里滴下的几滴水，这几滴水汇成小溪，向下流淌，一路又与其他的小溪汇合，逐渐成为水势宏大的大河。我有幸成为那最早的几滴水中的一滴。几十年后的今天再来看，光是北语，对外汉语教师就已经有几百人了。这个体量的变化不可谓不大。再说，从 1950 年开始，对外汉语教学只有两个年级的预备教育，到 1978 年才增加了汉语短期培训，后来又有了汉语专业，现在则有了 4 个学院，设了学士、硕士学位，还有研究机构。可以说，对外汉语教学已经羽毛丰满了。

再看学校的变化。1962 年北语单独建校时，只有 3 个教学单位：来华部、外语系、出国部。现在我们有多个学院，还有多个研究院，这也是一种不小的变化。

从历史上看，北语是几经坎坷才发展到今天的。“文革”期间，北语遭到撤销，全体教职员工下放干校参加体力劳动，六年之后才复校。“文革”结束之后，其影响还持续了一段时间，之后正常的教学秩序才慢慢建立起来。

上世纪 80 年代是北语对外汉语教学事业最辉煌的时期，这期间，逐步完善了专业，研制出了 HSK，创办了专业刊物、专业出版社，建立了专业学术团体，开始举办各种规模的专业学术会议。无论是国际的还是国内的学术团体，抑或是学术会议，都是北语主导。连国家汉办都设在北语，人员也是从北语调集的。为什么如此？主要是北语有一批对外汉语教学领域的专家，特别是有吕必松这样的学者型领导，勇于开拓。其他院校的对外汉语教学那时才刚刚起步。

自上世纪 90 年代以后，北语雄风日衰，风光日下。究其原因，有内因，也有外因。外因是兄弟院校的教学发展得很快，而且出了一批很有实力的中年学者。用他们的话说，“现在我们跟你们是在同一个起跑线上，我们可以超过你们”。但这只是外因，事物的变化主要是内因起作用。不必讳言，90 年代以后，在某种程度上讲，我们发展缓慢了（如果不是停滞不前），对新事物不够敏感。在一定时期内，没有在自己的优势和特色上下功夫，不少我们本来可以发挥作用的地方都被别人“抢”去了，我们的中心地位就动摇了。北语地位的上下起伏，牵动着我们这些为对外汉语教学奋斗了一辈子的老教师的心。

进入新世纪以后，北语发生了很多变化，但我觉得实质的变化不大。如何办好我们的优势专业，仍是很值得思考的问题。因此，对这一二十年的变化，我还要观察。也许再过若干年，才能对之做出客观的评价。

2. 您当年是大学时期就被分配到北京外国语学院非洲留学生办公室（以下简称非洲办）工作了，开始的时候只是管一些和教学无关的留学生的生活琐事，那后来是什么让您开始对对外汉语教学产生兴趣，并决定终身从事这个事业的呢？

鲁：看来你们还是做了功课的，对我的情况挺了解的。在非洲办初期，只有三四个人，一位主任、一位副主任、一位秘书，只有我一个“兵”，只有我一个懂英语的人，所以，来了学生由我接待和安排是很自然的事。随着学生人数的逐渐增多，我们的机构也趋于完善，分工也就清楚了。大约过了不到半年，我就定位在教学单位了。当然，有一两年的时间，非洲学生不停地“闹事”，我们这些懂外语的教师也得上阵，到第一线去做他们的工作。北语单独建校之后，教学秩序正常化了，学生逐渐平静下来，我们才能把主要精力投入到教学工作中。

我说过，我之所以安心做对外汉语教学工作，投身到对外汉语教学事业中，有一个选择过程。开始时是对外汉语教学选择了我，后来是我选择了对外汉语教学。过程是这样的：1960 年非洲办成立时，需要懂英语的人，得从英语系找人，于是我就被选中了。当时是系团总支书记找我谈的。说实在的，他们大概也不清楚这个非洲办到底是干什么的，既然那里需要人，就给挑一个。我呢，则二话没说，马上表示服从组织安排，而且还觉得这是组织对自己的信任，不能辜负。这是我们那一代多数人的思想状况。说工作选择了我，就是这个意思。1962 年，我有一个机会可以回英语系继续学习。北外那几年（大概是从 1960 年开始），从学生中挑了一些人，准备单独培养留下做教师。于是规定，这些调出的学生愿意回系学习的可以回系。当时是主管人事的党委副书记冯凌同志跟我谈的。她说，按政策我是可以回系的，但学校（指外国留学生高等预备学校）确实需要人手，所以希望我能选择留下。经过考虑，我同意留下。这一次是我选择了对外汉语教学。

我为什么选择对外汉语教学？如冯凌所说，学校需要人手，一下子撒手不管，不太合适。但这不是主要的原因。主要的原因是，经过两年的教学，我对对外汉语教学有了了解，开始熟悉起来，感觉自己适合做这个工作，也愿意做这个工作，愿意钻研这个工作。所以一开始，我就很认真地对待这个工作，一边做好教学工作，向李德津、赵淑华、赵桂玲等有经验的老师学习、请教，一边努力进修相关的知识，如现代汉语理论。当时指定我们青年教师学习的几种汉语语言学的著作，如丁声树的《现代汉语语法讲话》、张志公《汉语知识》、北京大学的三卷本《现代汉语》、吕叔湘翻译整理的赵元任的《汉语口语语法》、李荣的《语音常识》等，我都是利用暑假自学的。我体会到，光有知识还不够，还要善于把这些知识教给外国学生，这才是对外汉语教学的魅力之所在，很值得钻研。所以我又开始从当时影印的外国英语教材里汲取营养。比如 Eckersley 的 *Essential English* 是直接法教材，但它又不是早期的直接法，而是改进的直接法，书中对直接法的长篇介绍使我很开眼界。我甚至把它全文翻译出来，交给教学领导李培元，给他参考，看能否吸收到对外汉语教学里面。李培元是一位思想比较开明的领导，他安排把这份材料打印成册，发给来华部的老师人手一册。我想，这份材料是给了老师们一些启发的。当然，这也给了我这个年轻教师很大的鼓励。当时《外语教学与研究》编辑部编印了一份不定期的刊物《外语教学参考资料》，介绍国外的外语教学法等，我都找来学习。由于我教学上熟悉得比较快，第二年（1961 年），我就有幸被选中直接上课，不再当“教学翻译”了。当时只在原来学外语的青年教师中选了三名直接上课。从此，我算是“上路下水”[①]了。

1971 年，总参外事局接受了 6 名坦桑尼亚部队派来的学生，安排在广州部队某部学汉语，跟教育部科教组借调对外汉语教师，科教组就找到了已经撤销的北语，北语就选中了我。这是我独当一面的开始，可能跟我会外语又熟悉教学有关。

3. 我们知道您当时和同事一起开创了分技能教学模式，这套模式沿用至今，您当时是怎么想到这个模式的？在开发的过程中又遇到过哪些状况呢？

鲁：关于这个问题，我在接受华东师范大学国际汉语教学基地的访谈时已经谈到，此处的回答从略。

4. 在对外汉语教学发展的这些年里，您认为我们的汉语教学领域需要面对的主要问题发生了哪些变化？现在对外汉语教学领域的学者和教师应该做出怎样的调整呢？

鲁：先说一件往事。2001 年，在我国对外汉语教学事业开创 50 周年之际，北语汉语学院开过一个纪念大会。会前，学院让每一位老教师写一段话——“寄语对外汉语教学”。我也在老教师行列中，就写了这样一段话：

如果说 20 世纪后 50 年是对外汉语教学初步形成学科的时期，那么 21 世纪的

① 王亦山语。王亦山曾任北京语言学院院长。

前50年应该将是这一学科走向成熟的时期。学科的成熟有赖于从事这一事业的老、中、青三代教师的不懈努力。

这是我对对外汉语教学事业前后50年发展状况的总体评估和发展前景的预测。现在，新世纪已经过去20年了，回顾一下这20年，我觉得对外汉语教学事业确实是在走向成熟。我相信，再经过30年，即到了本世纪50年代，对外汉语教学将可能作为一个成熟的学科出现在世上。

作为一门语言教学学科，对外汉语教学学科成熟的标准是什么，这是我们当前面临的问题。我认为，对外汉语教学学科的成熟应该表现在如下几个方面：

1. 有自己特有的、科学的教学理念；

2. 有能够体现教学理念的具有对外汉语教学特点的教学法体系（approach）；

3. 有能够体现教学法体系的教学模式；

4. 有能够体现教学法体系的、成系统的教材；

5. 能够为学生和教师提供丰富的、体现教学理念和教学法体系的工具书和参考书；

6. 有一批掌握了教学理念和教学法体系并有丰富的教学经验，又有从事教学研究能力的有广泛影响力的教师。

这六点中，教学理念是统摄全局的，而教师则是这一切的实施者，是实现教学理念的关键因素。

当然，这是我个人的看法，肯定有许多不同意见。关于教学理念的统摄地位，我认为可能多数人还没有认识到。没有教学理念的教学只能照本宣科，没有教学理念的教材只能照猫画虎。这是我们多年来教学上没有突破，教材重复、缺乏特色的根本原因之所在。我们现在出版了许多教材、教学参考书（各种语言要素的教学法、语言技能的教学法等）。如何评价它们呢？用什么标准去衡量呢？就是要看它们有没有教学理念和教学法体系的指导。非常遗憾，多数的教材、教学参考书都没有提到它们所遵循的教学理念和教学法体系，这就是说，它们所说的“法”，只是一些具体的方法（method），把教学看成了纯技术性的东西，缺乏灵魂，因而其价值就很有限了。

在建立教学理念上，我们首先应该破除一种观念，即只要国外的就是好的、先进的。其实，国外的那些教学法体系所遵循的教学理念，不是不可以挑战的。首先，这些教学理念和教学法体系引入中国的时候，早已不是什么新鲜的东西了，少说人家已经实行了20—30年或者更长的时间了，其后来的形态与其初始时的形态相比早已有了变化。即使如今在国内被视为最时髦的理论，如所谓的“后方法”理论，也是人家20年前的东西，结果一引进来，我们就宣布对外汉语教学进入了“后方法时代”。如果我们总是跟在别人后边追，就永远追不上，永远跟国外同行对不上话。

其次，这些国外的教学理念和教学法体系虽然有好的地方，但如果我们仔细分析就会发现，他们在中国有“水土不服”的地方，特别是在对外汉语教学领域。比如，西方的这些教学理念和教学法体系主要是针对印欧语的，印欧语之间的亲属关系决定了学习的难度不会很大。有人说，印欧语之间的差别还没有我们汉语方言之间的区别大呢。这不是没有道理的。北外王佐良教授在20世纪50年代就说过，西方的经典文学作品在西方语言之间互译，家庭妇女在打字机上就完成了，所以在他们那里翻译的门槛不高。但要把西方的文学作品译成中文，就不那么简单了。反之也一样。这说明，西方语言之间的互相学习，相对来说，要比他们学汉语容易得多，这也许就是西方外语教学法体系的局限性。所以把这些理念和方法搬来教汉语，有时候就不那么得心应手了。再者，对外汉语教学是一个从初级到高级的完整的教学体系，而西方那些教学理念和教学法体系则主要是针对初级和中级教学的。西方国家有一个传统观念，认为语言教学不应该是大学的课程。这种观念虽然近些年有所改变，但其影响仍然存在。所以我们很少见到他们那里有像对外汉语教学这样的语言教学，从初级一直教到高级，还能拿到学士学位、硕士学位。而且，我们说的高级和他们说的高级也有区别。所以，我们应该根据汉语的特点，提出自己的教学理念和教学法体系。这个问题已经引起了外语教学界和对外汉语教学界的重视。进入新世纪以来，这方面的探索逐步多起来了。这是一个好现象。但要说我们已经有了成熟的教学理念和教学法体系，还为时尚早。

在这里，我想再谈一谈我对对外汉语教学理念和教学法体系的思考。教学理念对整个教学活动起统摄作用，那么，我们提出的教学理念就应该能够起这样的作用，同时，我们的教学理念应该具有广泛的适用面，比如适用于各个等级、各种课型的教学，甚至能用于其他学科的教学。西方教育学20世纪60年代就提出应该以学生为中心，关注“学”的方面。这一理念一经提出，西方的教学法体系就发生了一个根本的转变。我认同这个提法，我们的教学理念应该加以借鉴。考虑到这样几个方面的因素，我于2010年提出了一个教学理念和教学法体系的框架①。这个理念就是：不管什么教学，都应该发挥和利用人皆有之的创造能力。由此出发，我提出了对外汉语教学激创法的体系框架，这个体系框架可以表述为：对外汉语教学应该使学生的学习成为一个不断“创造”的过

① 参见鲁健骥《关于创造型对外汉语教学和创造式汉语学习的思考》，载《语言教学与研究》2010年第4期。

程，学生在教师的激励、指导和引导下，在“创造”中理解汉语、掌握汉语，在认知与理解的基础上形成汉语的言语能力，包括用汉语进行交际的能力，同时发展独立地观察、发现、吸收语言的能力。我认为，这样的教学理念和激创法体系符合我对教学理念和教学法体系的要求。同时我也提出了激创法的教学原则（这是每一种教学法体系都必须回答的问题），即激创法对教学中的各种关系的处理原则，主要包括 9 点：外语知识与外语能力的关系，听、说、读、写四种语言能力的关系，学生母语的作用，学生与教师在学习中的角色，对学生偏误的态度，学习能力的培养，让学生做自己力所能及的事，课内、课外的活动相结合，课前、课中、课后的活动相结合。①

我认为，教学理念和教学原则只有贯彻到教学实践中去，并在实践中得到证明，才能站得住脚。也就是说，教学实践必须能体现教学理念和教学原则，二者不能脱节。我提出，在教学中要培养学生的查找能力、调查能力、比较能力、总结归纳能力、联想能力、创造性运用的能力。② 这就是我们所说的要让学生做他们力所能及的事。可以看出，这些事都是从学生出发的，目的是锻炼他们的语言能力和学习能力。这些能力的培养跟激创法的教学体系是一致的。

激创法提出以来，和者甚寡。但也不是完全没有反响。当时中国人民大学的剪报资料全文转载。后来在北语校内陆续有一些青年教师响应，现在我们有一个微信群。至今学界还未见有人对激创法发表正面评论，也没有对激创法进行系统的试验。从我这方面找原因，主要有两条：一、体系本身还不够完善；二、由于我已退休，所以没有试验的机会。但我对这个教学理念和教学法体系仍然有信心，只是我年事已高，无力去做更多的具体工作了，很期待年轻的老师们和青年学子们对之予以关注。如果我们能够有一个站得住脚的教学理念和教学法体系，而不是盲目跟着外国的教学理念和教学法体系跑，我们学校就有了底气，就有了特色，就能形成优势，也就有了和国外同行对话的本钱。我始终认为，走出国门不等于能与国际接轨。希望同学们在学习中也能多关注我们自己的创造。

5. 每年都有很多同学开始接触语言学理论。能不能请鲁老师就您的相关研究领域，跟同学们分享一下，应用语言学和语言教学之间的理论基础有哪些联系？刚刚接触这些理论的同学们应该以什么为切入点展开学习呢？

鲁：美国 Ingram 认为跟语言教学相关的理论有三个领域：基础学科（包括语言学、

① 参见鲁健骥《关于创造型对外汉语教学和创造式汉语学习的思考》，载《语言教学与研究》2010 年第 4 期。

② 同上。

心理语言学、社会语言学、心理学、社会学)、应用语言学理论(包括第二语言学习理论及其应用，教学法理论——教学法体系、教学大纲、教学目标等)；教学实践(包括教学方法、技巧等)。基础学科是相关学科专家们的研究领域，应用语言学理论是应用语言学家的研究领域，教学实践是广大外语教师的研究领域。我们应该注意的是：我们不要想"一身兼三任"，作为以外语和汉语教学为主的学校，作为对外汉语教师和对外汉语教学专业的研究生，要准确地给自己定位。我认为，学校应该根据自己的教学任务确定自己的定位，应该侧重于研究应用语言学和教学实践；对外汉语教师和对外汉语教学专业的研究生也应如此。那些基础理论的研究就留给那些专家们去做吧。

今年一月，《世界汉语教学》编辑部召开了一个小型的座谈会，讨论学科建设问题。我在会上提出要做到"上天"和"下地"的平衡。什么意思呢？就是希望我们学校不要在基础理论、高精尖理论(所谓"上天")上占用过多的学术力量，要多做接对外汉语教学实际地气的工作(所谓"下地")。我们在"下地"方面需要做而没有做的工作太多了，许多基础工作无人问津。这不能不说是很遗憾的事。我们在这方面有所欠缺，就不能说对外汉语教学走向了成熟。我希望在未来的 30 年，我们在这方面能够急起直追。作为对外汉语教学专业的研究生，你们也应该有这种责任感，将来在应用语言学和教学实践领域发挥作用，做出贡献。

6. 鲁老师在偏误分析问题的研究上有着非常突出的贡献，能不能请您简单地分享一下，同学们在相关问题的探索思考中应该有怎样的研究思路？在教学实践中，对偏误有怎样的训练方法？

鲁：早在 1993 年，中介语理论之父 Larry Selinker 就把偏误分析看作是中介语理论的一部分了。我们今天谈偏误分析，应该是在中介语理论的框架中来谈。这样，我们就会避免偏误分析理论的某些片面性。

中介语理论在整个第二语言习得(获得)理论中，我认为是最基础的，也是最接地气的理论。因为只有中介语才是看得见摸得着的。内存语法也好，底层结构也好，都是看不见的，谁能钻到人的脑子里去看呢？只有中介语才是实实在在的东西，可以由此推测语言获得的心理过程。同时，中介语的研究也可以直接运用到语言教学中去。我对偏误的研究就是本着这样一种精神进行的。或许与我更关心教学问题有关。

但我做的工作是初步的，主要是方法不够现代化，比如数理统计的方法，我没有接受过这方面的系统训练。在今天大数据、云计算的时代，中介语的研究可以更上一层楼，这只能留给你们来做了。

在中介语研究中，也存在着基础工作做得不够的问题，比如：经典文献的介绍；语料库的建设仍显不足，仍欠规范，还未见影响较大的成果问世；有不少作者对偏误分析的认识不够准确等。这些基础工作需要后来者进一步完善。

7. 咱们北语的同学们都非常热爱对外汉语教学，对于他们在学术和教学道路上的成长，您有什么叮嘱？

鲁：作为对外汉语教学事业的一名老教师，听说同学们都非常热爱对外汉语教学事业，我非常高兴。是的，要把对外汉语教学当作一个事业，只有这样，我们才能执着，才能坚守，才能不计个人的利益得失。我想，我们老一辈的对外汉语教师之所以能有一些成就，跟这一点有很大的关系。在社会环境如此浮躁、物欲横流的时候，能够对一门学问产生热爱，确实是难能可贵的。至于说有什么叮嘱的，其实前面都已经捎带着提出来了，但那不能说是"叮嘱"，只是我希望大家能够关注。同学们还在学习，是朝着做学问的方向走的。做学问要脚踏实地，不尚空谈，要独立思考，不要人云亦云，不要跟风、赶时髦。要潜下心来调查研究，多读书，读够书。所谓读够书，就是研究课题的参考文献要搜罗尽净，要读够。美国大学对硕士毕业论文的要求不是有创见，而是要把有关的能找到的参考文献都找到并做梳理。他们有一个硬性的规定，硕士毕业论文要有不少于 100 种参考文献的支撑；少于 100 种，就算不合格。大家将来走上学术之路的时候，不要言必称希腊罗马，要有创新意识，做出一些有中国气派的事来。这是一个老教师对大家的期望。大家找对了方向，走对了路子，我们就觉得对外汉语教学事业后继有人了，我说的在 30 年之后对外汉语教学能够成为一门成熟的学问的希望，就能实现了。

谢谢你们的采访。我把我的想法"和盘推出"了，有什么说什么，没有保留。希望大家能够提出意见，提出问题，大家可以一起探讨。

（原载《北京语言大学报》第 316 期，2019-12-10）

附记：

这是我按照采访提纲准备的稿子，采访的学生记者是庞榕榕、喻茜、吴佳航。她们根据我的答问，写了一篇《鲁健骥：一滴水的开始，一炉火的传承》，发表在 2019 年 12 月 10 日《北京语言大学报》上。

后　记

在本书即将出版之际，我对对外汉语教学的教育学原则“以教师为主导，以学生为中心”有了一点儿新的认识，跟本书所论密切相关，所以需要做必要的补充。

“以教师为主导，以学生为中心”作为一个教学原则，早在20世纪80年代就提出来了，据我所知，这可能是受了我国著名教育学家王策三教授的启发提出的。

我们知道，20世纪60年代，西方教育学发生了一次从“以教师为中心”转变到“以学生为中心”的“革命”。我国实行改革开放政策之后，“以学生为中心”的原则被引入我国的普通教育领域，这本来也是一个进步。但什么事都怕过分，过分了就会出问题。“以学生为中心”过分了，就出现了忽视教师作用的偏颇。有鉴于此，王策三（1983）提出了“以教师为主导，以学生为主体”的教育学原则①。随后，我国对外汉语教学界就提出了“以教师为主导，以学生为中心”的原则。

遗憾的是，这个原则提出之后的近40年，都未见深入的论述，对其重要意义认识不足，更未见进行实践的报告。我在设计激创法的时候，也只是把它列入一般的原则，直到2018年文秋芳在《“产出导向法”与对外汉语教学》②一文中引述了王先生的论述，我才恍然大悟，觉得有必要认真探讨一下“以教师为主导，以学生为中心”了。

首先，王先生是把“以学生为主体，以教师为主导”作为教育学原则提出的，而我们的“以教师为主导，以学生为中心”是作为教学原则提出的。一字之差，相去甚远。教育学是外语教学（包括对外汉语教学）的基础理论之一，对外语教学的教学理念和教学法体系起着指导作用。西方外语教学法体系最初受“以教师为中心”这一教育学原则的影响，提出了直接法、听说法等教学理念和教学法体系，随着“以学生为中心”教育学原则的出现，又提出了功能法、交际法、任务法等教学理念和教学法体系。这样看来，应该把“以教师为主导，以学生为中心”提高到教育学原则的高度去认识。这样，从理论上讲，随着这一教育学原则的提出，也应该出现一些受其指导的对外汉语教学理念和教学法体系才对。可惜，近40年过去了，并没有这样完整、系统的教学理念和教学法

① 参见王策三《论教师的主导作用和学生的主体地位》，载《北京师范大学学报》（社会科学版）1983年第6期。

② 参见《世界汉语教学》2018年第3期。

体系出现。如果这一认识能够达成业界的共识，我相信会有一批这样的教学理念和教学法体系出现。这就像门捷列夫的化学元素表那样，最初时留下不少原子价的空格，但随着新的化学元素的发现，这些原子价的空格逐渐得到填充。

其次，“以教师为主导，以学生为中心”纠正了前两个阶段的偏差，王策三先生说，“强调‘教’就轻视‘学’，强调‘学’就轻视‘教’，从一个片面走向另一个片面，来回摇摆，反复循环”[①]。而“以教师为主导，以学生为中心”则达到了教学中“教”和“学”的平衡，明确了“教”和“学”是相辅相成的关系，所以我们可以从中悟出一种新型的“教”和“学”的关系，教师的教学不是传统意义上的“教”，而是在激发、引导学生的语言创造能力，使之贯彻到“学”的全过程；学生的学习也不是传统意义上的“学”，而是在教师的激发、引导之下发挥自己的语言创造能力，达到掌握语言的目的，培养用语言进行交际的能力。我们可以把这种“教”和“学”的关系比喻成交响乐中的指挥和演奏员的关系，二者缺一不可。

在教育学原则发展到“以教师为主导，以学生为中心”的阶段时，任何新的教学理念和教学法体系都必须符合这一原则，一切教学活动，教材编写，工具书、参考书的编写，也必须符合这一原则。在这个阶段，“以教师为主导，以学生为中心”的原则应该是衡量、评价一切教学理念，教学法体系，教学活动，教材编写，工具书、参考书的编写是否具有先进性、科学性的尺度。

最近，我在网上读到我国著名教育家刘道玉讨论如何建设世界一流大学的文章。刘先生总结了世界一流大学的共同特点，提出什么是世界一流大学，他说，世界一流大学要有“世界公认的学术大师，国际公认的学派，国际水平原创性的重大研究成果……培育出在世界上有影响的顶尖人才等”[②]。他又说：“世界一流大学需要独特的办学理念，追求学术的终极目标。理念是大学的灵魂。”[③]

我很认同刘先生的这些提法，我认为这些提法虽然要求很高，但都很具体，具有可操作性。对于对外汉语教学，这些提法也有很重要的启发意义，我们也可以从中看出我们的努力方向：我们也要有教学理念，要形成国际公认的学派，要有世界公认的学术大师。说到“学派”，我们不妨把它先缩小一点儿，是不是可以先创立我们已经提出的教

---

① 引自王策三《论教师的主导作用和学生的主体地位》，载《北京师范大学学报》（社会科学版）1983 年第 6 期。

② 引自刘道玉《当下谈论我们的世界一流大学不过是宣传秀》，详见 https://new.qq.com/rain/a/20210826a0evv500。

③ 同上。

学法体系？有了“体系”，就可以成为“流派”，章兼中先生就把西方的外语教学法体系称作“流派”。对外汉语教学法体系要想立于世界外语教学法体系之林，必须有以上这些条件，否则就是空谈。

鲁健骥

2022 年 11 月